新版

所有権法の理論

川島武宜著

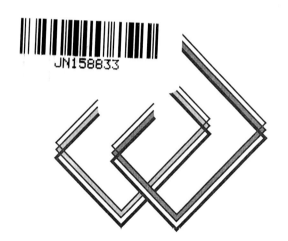

岩波書店

目　次

新版　所有権法の理論

はしがき

本書の基礎となったのは、昭和一七年(一九四二年)から同一九年に至る間に私が毎年東京帝国大学法学部においてなした「民法第一部」の特別講義である。当時その講義は、「物権法の基礎理論」と題し、物権法の一般の講義(末弘教授)をすでに聴講した学生(大体において第一学年の学生)に対し、近代物権法についての基礎的理論をのべることを目的としていたのであるが、近代物権法の基礎的理論は結局近代的所有権を中心とすることになるのであり、したがって本書においてははじめから焦点を近代的所有権にあわせて、「所有権法の理論」と題することとした。

本書の内容が、元来、一般の講義とならんでの特別講義に由来したという事情に基いて、私は本書の重点を近代的所有権の法社会学的な分析においた。本書の中で私が所有権法の解釈論を目的としなかったのは、そのような理由によるのである。法社会学に対して加えられる非難或いは攻撃は、しばしば、法社会学が法解釈論を無視或いは軽視するということを論拠とするが、少くとも私は、法解釈論を無視し或いは軽視したために所有権の法社会学的分析を企てたのではないことを断っておきたい。法解釈学が有用であることは言うまでもない。元来一つの実践的モメントを含むところの法解釈学は過去においてもしばしば進歩的役割をもったし、また現在においては進歩的な法解釈学はわれわれの歴史的前進のために特に必要であり、重要である。(このことは憲法や労働関係諸法規についての解釈論的争いを想い出すだけであきらかとなる。)

本書の意図したところは、「所有権」として法律的に現象してくるところの近代的所有権について、その規範論理的意味をではなくして、その現実的な社会現象としての構造を分析することである。そうして、そのことは、法律の世界において「所有権」として現象してくるところのものの現実的な諸関係、——終局的には、社会的個人相互の間の諸関係——をあきらかにし、法的現象を現実的な社会的個人の間の諸関係に還元することを意味する。ところで、この場合における私の立場は、現実にわれわれがおかれているところの日本の社会における非近代的諸関係——特に、農村における——の止揚という現実的課題の解決ということである。したがって、日本の非近代的諸関係・非近代的社会規範と対蹠的な近代的所有権の典型を描きだし分析することが、本書の当面の課題となっている。近代的所有権の理解、したがってまたそれと対立するところの日本の所有権の理解——これなくして、民法の解釈をなし、また外国の解釈理論を輸入することは、しばしば無用のみならず有害でさえある。温泉利用権や水利権か「物権」であるか「債権」であるかを論ずることがしばしば非論理的且つ無用な論争を惹起したという事実、また、近代的所有権のアトミズムについてのドイツ・ロマンティシズムやナチズムの教説ないし理論を輸入することが、わが国においては非近代的な諸関係を謳歌しこれを固定させる方向への反動的意味をもち得たという事実、——これらの事実を想い起すならば、右のことはあきらかであろう。ただ、法解釈学がそれ自身の主体性を失い権力に隷従し、また、無思想で煩瑣な教義学に堕するかぎり、それは無用となり或いは有害となるだけである。

さらに、法解釈学は有用であるのみならず、一つの経験科学として成立し得ることもまた承認されねばならない。すなわち、裁判所で現実に行われる具体的な法規範、特にその法技術的な観念論的構成を認識し分析し理解することは、教義学 Dogmatik とは別な・一つの科学であり、また真に創造的な法解釈論の・欠くべからざる基礎＝出発点である。これらすべてのことは承認されねばならない。しかし、それにもかかわらず、法社会学の必要性と重要性もまた承認されねばならないと考える。

要するに私が本書で目的としたことは、近代の法・政治・社会・経済のもっとも基礎的なものであるところの近代的所有権について、客観的に科学的に分析することである。本書は、近代的所有権を「唯物的」、「ユダヤ的」、「アトミズム的」として排撃する人々の気には入らないであろうし、また近代的所有権を神聖不可侵な悠久な絶対的なものとして賞讃する人々の気にも入らないであろう。歴史の現実は複雑で矛盾にみちており、白塗りの善玉と赤っつらの悪玉とのいずれかに問題の対象を属せしめられ得るようなものではない。(ただ素朴な人のみがそう考えることができる。)万人に気に入ることはむずかしい。

当時の私の講義は、個々の点においては私の勉強によって毎年多少の進歩をなし得たつもりであったが、全体としては、年とともにゆがめられまた貧弱化しさえしたことは、私の深く遺憾とするところである。というのは、当時の言論事情のもとにおいては、日本の伝統的な社会関係を非難することはもとより、批判することも禁止されており、われわれにはただその無条件的な讃美のみが許されていたからである。当時私の講義をきいた学生に対しては、私は私の貧弱な講義内容について心から申訳なく思っている。ただ私のせめてもの心やりは、それにもかかわらず聴講生の中には日本の封建的・半封建的諸関係に対する認識と批判とを把握した者が少くなかったこと、さらに法社会学をとおして法律学さらに社会科学一般に対し学問的興味をもつに至った学生が多少なりともいたということ、である。学校閉鎖の措置がとられてから後は、私はこれを独立の著書の形に改める仕事に着手し、昭和二〇年の四月ごろに一とおりこれを終了した。終戦後昭和二一年の正月休みに私は本書の最終章を書き、それに基き同年五月に大学で特別講義をした。今ふたたび所有権法の講義をしなければならなくなったので、学生の参考用に本書の出版を決意したのであるが、原稿を読みかえして見ると、不備な所だらけである。ことに戦争中書いた部分は、一方においては言うまでもなく私の実力の不足に由来して、同時に、他方においては当時の言論事情の影響をうけて、表現のみならず考え方までところどころ情なくもゆがめられており、私は自分の無力、不甲斐なさに悲しくなってしまうのである。したがって私は、全体を書き改めたいのであるが、営養障害のため本年一月に眼底出血を患いそれ以後は読書がきわめて僅かしかできなくなったので、それも果せなくなってしまった。このままの姿で、本書を世に送ることは、忍びがたい気持であるが、現在の私にはこれもいたし方がない。私は、他日自由に本を読めるようになった時には、本書全体に手を入れたいと考えている。したがって、今これを公にして、一般の批判を得ることは私にとってこの上ない幸である。こう考えて自ら淋しい慰めとしている次第である。

私が、本書における様な「問題」——近代的所有権法の歴史的性格の分析——と、「方法」——法社会学——とに興味をもつに至った端緒は、大学入学以来民法学研究の指導を与えられた末弘厳太郎、我妻栄の二教授である。特に、我妻教授の「近代法に於ける債権の優越的地位」というわが国の民法学史上の画期的論文は、近代的所有権についての興味を私によび起した最初のものであったし、また末弘教授の数多くの著書論文は、法社会学に対する興味を私によび起した。本書はこの二教授に負うところははなはだ多いことをここに記し、感謝の意を表する。

私のこの講義をきいた学生はほとんど全部戦線に出た。その中の相当多くの人々は帰還した。ことに個人的に知りあった学生諸君に久しぶりでめぐりあった時の喜びは何にたとえよう。私は、本書がこれらの人々によって読まれることを何よりも喜びとする。だが、同時に、少からざる学生は、私の不完全な講義をきいたままもう永遠に帰ってこない。本書を、私はこれら戦没学生の逝ける魂に、かぎりない友情をもってささげたい。

一九四七年八月

著者

第一章　序　説

1　所有権についての実用法学上の概念

一　実用法学、すなわち、法律の制定およびその解釈・適用という実用に奉仕するための法技術的「構成」を中心とする法律学[1]は、所有権の概念をつぎのように規定する。たとえば、——

「物に対する人間の、制限されない排他的な支配。[2]」(Savigny)

「所有とは、(有体)物がある人に属しているということを指し示す。……一つの物が法に依ってある人に属している、ということの意味は、その物のあらゆる関係において所有者の意思がその物に対し法律上決定的であること、である。……所有権は、本来は無制限のものである(als solches schrankenlos)。」(Windscheid[3])

「所有権は、物に対し人がもち得るかぎりの、もっとも包括的な支配権である。」(Wolff[4])

「絶対的且つ排他的なしかたで物が一人の訴権および意思の支配の下におかれる状態をつくるところの権利」(Aubry et Rau[5])

「排他的且つ永遠に、物を利用し、また物が与え得べきあらゆる利用を物から引き出す、権利。」(Colin et Capitant[6])

「所有権トハ法定ノ範囲内ニ於テ物ニ付キ一般ノ支配ヲ為ス権利ヲ謂フ。」(富井博士[7])

“La propriété est le droit de jouir et disposer des choses de la manière la plus absolue, pourvue qu'on n'en fasse pas un usage prohibé par les lois ou par les règlements." (art. 544 c. c.)

"Der Eigentümer einer Sache kann, soweit nicht das Gesetz oder Rechte Dritter entgegenstehen, mit der Sache nach Belieben verfahren und andere von jeder Einwirkung ausschliessen." (§ 903 BGB)

(1) praktische Jurisprudenz の訳語として、この「実用法学」の語を用いることにする。このことばは、おそらく末弘博士が用いはじめられたものである。praktische Jurisprudenz というのは、立法および裁判所における裁判(或いは行政官庁における法の執行)という法的実践のための手段としての、法律学である。その特色は、(1)そこでの直接の目的は認識ではなく実践であること、(2)研究の対象は常に裁判規範 Entscheidungsnormen であること(Entscheidungsnormen については、E. Ehrlich, *Grundlegung der Soziologie des Rechts*, Kap. I, II, III, VI を見よ)、(3)そこでは、法律ないし裁判規範の構成要素としての「法律構成」juristische Konstruktion, construction juridique という・技術的な概念の構成、技術としての論理の操作が、主たる課題であること、などである。

(2) Savigny, *System des heutigen römischen Rechts*, I, S. 367-8.

(3) Windscheid, *Pandekten*, 9. Aufl., § 167, S. 856-7.

(4) M. Wolff, *Lehrbuch des Sachenrechts* (dritter Bd. des Enneccerus-Kipp-Wolff's Lehrbuch des bürg. Rechts), 1932, 9. Bearb., S. 154.

(5) Aubry et Rau, *Cours*, II, § 190, p. 256.

(6) Colin et Capitant, *Cours élémentaire*, I, 7me éd., n° 693.

(7) 富井政章『民法原論』(第二巻物権九〇頁)。横田秀雄『物権法』(改版増補版二六九頁)、末弘厳太郎『物権法』(三一九頁)、その他一般にわが国の学者のほとんどすべてが、同様の表現を用いている。——なお、最近には、このような定義的表現をさけ、所有権の「内容」或いは「性質」を具体的個別的に列挙する傾向がある。たとえば、石田文次郎『物権法論』(三七六頁以下)、我妻栄『物権法』(一三五頁以下)、末川博『物権法』(新法学全集三一〇頁以下)など。その主たる理由は、所有権を包括的な一般的な権利として表現しないで具体的にその内容を限定してゆこうとするにあろう。だが、のちにのべるように、ここでは、実用法学的概念決定としては同一のカテゴリーに属し、この多少の差は問題にしないでよいのである。

二　右のような実用法学的定義に現われる所有権の「本質」は、つぎの点で特色的である。すなわち、第一に、そこでは所有権は人と物との関係として構成され、人と人との関係たる他の諸権利（たとえば、債権や、親族法上のいわゆる身分権や、或いは団体法上の諸権利など）に対立させられる。第二に、右の定義は純粋に論理的、或いは法律的である。言いかえれば、所有権の歴史的性質は捨象され、また所有権の根拠は法律そのものである。(8) このような定義は、のちにのべるように、現実的存在としての所有権の本質的な内容を含んでいない。勿論そのこと自身は実用法学的定義に対し何ら非難されるべきではない。けだし、実用法学的定義は、法律の解釈適用という目的、すなわち解釈される法律の存在そのものよりもむしろ、それを当然の前提としてその実際的適用の範囲をあきらかにし限界づけるという目的、に奉仕するものであり、したがって、そこでは常に他の制度・他の権利との限界が最大の関心事となり（したがって、極端な場合とかいわゆるGrenzfälleがこのんで論議される）、権利や制度の本来的な内容はそこでは既に承認された前提でしかないからである。だから、権利の本来の内容については、「排他的包括的な支配」ということを言うだけであるが、それは要するにWindscheidの表現がみずから示しているように、「私のもの」ということのtautologyにすぎない。ところが所有権とは何であるのか、ことに近代的所有権とはいかなるものであるのか、を問う場合には、まさに、この「私のもの」という抽象的な――その意味はつぎにのべる――概念の、具体的歴史的且つ現実的な内容が問題となっているのである。

（8）　これが、すなわちいわゆる法実証主義の考え方であり、特に法律家によって愛好されるところのものである。法律家が、特に法律解釈の場合に法律上の所有権をその出発点とするという程度ならば、それは特に積極的には政治的意味をもたないが、経済学者や政治的評論家や法哲学者などがこのような理論（いわゆるLegaltheorie）を主張する場合には（Hobbes, *Leviathan*,

c. 14; Montesquieu, *Esprit*, XXVI; Bentham, *Theory of Legislation*, I-1-8; A. Wagner, *Grundlegurg d. pol. Oekonomie*, 3. Aufl., II Teil (1894), S. 247 ff.)、それは積極的に、所有権についての実質的な考察や分析や批判を回避し、国家や国家法の権威によって現存の秩序を基礎づける、という意味をもつことになる。なお、所有権の由来(起源)および根拠を論ずるところのいわゆる「所有権理論」Eigentumstheorien は、私所有権制度(特にその一定の歴史的型態)の弁護を目的としていることについては Mombert, *Einleitung zu "Ausgewählte Lesestücke zum Studium der pol. Ökonomie v. Diehl u. Mombert."*, Bd. 17, S. 1 を見よ。ただサヴィニーのみはやや異っている。彼は、しばしば近代的概念法学の始祖のように言われるが、彼は法律に先行する所有権の存在をまず承認し、法律はただこれを調整するにすぎないのだということを、きわめて正当にも認めているのである。Savigny, *System*, I, S. 367-8.

2　現実的な存在としての所有権

一　言うまでもなく所有権は「外界の自然に対する人の支配」である。ところで、外界の自然に対する人の支配は、人間の生存そのものとともにはじまっている。けだし、人間の生存は、彼らの生活資料の生産ということとはなれないのであるから。この意味においては、所有権すなわち外界の自然に対する人の支配は "antediluvianisch" な起源をもつものと言われねばならない。所有権は、人の自然の(本来の)性質に由来するところのものであり、人の起源とともにはじまり且つ人の生存のつづくかぎりつづくと解する考え方(特に自然法論)[9]は、右の意味においては、誤っていない(特定の歴史的型態としての私的所有が問題となっているなら、それはのちにのべるように具体的な歴史的現象であって、永遠不変のものではないことは、経験的にあきらかな事実である)。しかし、右のような抽象的な意味での所有一般——或いは外界的自然に対する人間の支配一般——の存在や存続は、現実の問題と相関するところがない。それにもかかわらず、所有一般の、過去から未来への無限永久の存続が論ぜられる場合には、論者の主観的意図はいずれにもあれ、客観的な現実の結果においては、特定の私的所有の歴史的型態の、過去から未来への無限永久の存続が一つの自然法則(あたかも重力の法則のように自明な)であるかのような錯覚を生ぜしめる。現実の歴史的問題は、いつ、いかなる所においても、そこで現実に存在したところの・所有権の具体的な歴史的型態をめぐって起ったのであり、われわれの問題把握もまた端的にこの問題に直面すべきである。

所有権の現実の問題は常にその歴史的型態をめぐって存在したということ、またその問題が歴史的な問題、すなわち人間対人間の問題であったということ、所有権は人と物との関係の側面において現われる人間と人間との関係であるということ、[10]——これらのことがわれわれの問題提起・把握の出発点でなければならない。まず、これがわれわれのつぎの問題である。

(9)　カトリック自然法(トマス・アクィナスは問題を相当にリアリスティックに取扱っていることに注意)や Grotius, Pufendorf 以下の啓蒙期自然法論の他、近代ドイツにおけるこの理論の代表者をあげれば、——Fichte, *Grundlage des Naturrechts* (Fichtes Werke, phil. Bibl., Bd. II), § 18 f. (S. 212 f.); *Der geschlossene Handelsstaat*, I Buch, 7. Kap.; Hegel, *Grundlinien der Philosophie des Rechts*, § 44 f.; Ahrens, *Naturrecht*, 6. Aufl., II, § 68 f.; Stahl, *Rechtsphilosophie*, II, 1, S. 350 f.; Samter, *Gesellschaftliches und Privateigentum*, 1877, S. 40 f.; Radbruch, *Rechtsphilosophie*, 1932, S. 132 f. ただし、Radbruch は、所有権が apriorisch な法のカテゴリーであり、法の考察に欠くことのできぬ思惟形式である、というときには、所有一般を考えている。——ここで注意すべきことは、啓蒙期自然法論者や右の一九世紀ドイツ観念論者のいわゆる「人間の本質」や「人間の精神」の具体的内容は、近代的市民社会における個人、中世的協同体から自由な・個人的利益追求を全面的に承認されたところの・しかもその相互の承認の上に成り立つところの個人、という歴史的存在であることである。

(10)　すでにギールケは、このことに言及している。「債権が人的結合に外ならないのに対し、物権は物に対する人の法的関係にほかならないものとされている。すなわち、物権は、義務者の存在と関係のないところの・物に対する人の直接的〔支配〕力として、言い表わされる。しかし、真実においては、すべての権利は、終局には、人と人との関係である。」(O. Gierke, *Der Entwurf eines bürgerlichen Gesetzbuchs*, S. 282) ただし、ギールケがこう言う場合に、その重点は、主として物権の協同体的関連、彼のいわゆる社会法 Sozialrecht 的な拘束におかれていることに注意されねばならない(後述)。私がここで言うのは勿論そういう場合に限らず、権利の性質一般について考えているのである。

二　外的自然に対する人の支配の具体的なしかたは、生活資料の生産の一定のしかたによって決定され、また後者は同時に一定の協働のしかた・一定の社会的関係と結びついている。これらすべてのことは、終局においてはその一定の歴史的社会において人間が支配し得るところの諸生産力によって必然性をもって決定される。ところで、歴史をつらぬくところのこの必然性は、この必然性の支配のもとにある人々にとっては、個人相互の間の関係に関しては、一定の行為の要求・命令 Sollen として現われる。これが、直接的存在型態における規範である。したがって、外界的自然に対する人の支配は、一定の歴史的社会におけるこのような規範の総体によって媒介される。すなわち、外界的自然に対する支配は、規範によって社会的に与えられ、社会的に承認され、「権利」として現われる。この関係が人の意識に反射した場合には、「これは私の(或いはわれわれの)ものである」という抽象的な・人と物との関係(帰属・支配)として現われるのであるが、その現実的な本質は、右のような歴史的に一定した・具体的な・人と人との関係そのものなのである。[11] ところで、一般に、意識の世界における現象型態、或いはそれが外的存在に転化したところのものたる・制定法上或いは判例法上の「構成」物において、法や権利したがって所有権をながめる場合には、意識に媒介された(しばしば抽象的な)現象型態のかげに、法や権利の現実的な具体的な本質がかくれてしまう(「法律」の物神性[12])。これが、所有権をして、「人と物との関係」そのものとして抽象的に現われしめることの、一般的抽象的な基礎である。だが、近代的所有権については、さらに特殊的な歴史的事情が加わる。

のちにのべるように、近代的所有権においては、所有権の私的モメントと社会的モメントとが分裂してそれぞれ外的に独立し、所有権の私的モメントは「近代的所有権」として現われ、所有権の社会的モメントは「契約」としてこれに対立するに至った(近代法の体系における、観念や構成の「峻別」の論理の基礎＝出発点)。その結果、第一に、近代的所有権はもっぱら物に対する・人の私的な支配として現われ、また第二に、その本質をなすところの人と人との関係がこれから分離したという意味において、所有権はもっぱら「物化」した。前者の現象は、近代的所有権についてのつぎのような観念的型態の基礎となった。すなわち、自然的状態“Naturzustand”においては個人がまず外界的自然の支配者となり、このような個人が契約によって社会的関係を結ぶようになるのだという、自然法論の「構成」。また後者の現象(所有権の「物化」)は、人と人との「協同体的」関係とはなれて所有権(ことに土地)を観念し得ない人々にとっては、近代的所有権をして協同体破壊的な反社会的なものとして見えしめ、「唯物論的」な人間の所産として見えしめる。——要するに、所有権を人と物との関係と考えることは、所有権の観念型態に由来するところの、或いは近代的所有権の特殊＝歴史的な構造に由来するところの、錯覚或いは一面観である。それは、あたかも、「地代は社会からでなく土地から生ずるというフィジオクラットの幻想」に比せられるべきものである。

つぎに、所有権をもっぱら法から生ずるものだと観念するところの・特に法律家の間に支配的な見解について一言しよう。一般に「権利」というものは、さきにのべたように、規範によって支えられ承認されることによって「権利」として現われるのであり、したがってその意味においては、権利は規範から——言いかえれば、法から——生ずると言うことができる。所有権を、現実の社会関係から捨象してもっぱら法——特に制定法——の規定から理解する傾向の一般的基礎は、この点にある。だが、それだけではない。のちにのべるように、近代的所有権はその特殊＝近代的な私的性質のゆえに観念的存在となっており、現実的な人間相互の関係から分離され、独立の存在に転化している。

その結果、近代法においては所有権は特殊的に法的な存在となっている。このことが、近代的所有権を特に法的に観念せしめ、また近代的所有権が法から生ずると観念せしめるところの、特殊＝近代的な事情である。だが、「権利」の基礎たる規範は、さきにのべたように歴史的に必然的なものとして現われる一定の社会関係そのものであり、また近代的所有権の観念性は、特殊＝近代的な社会関係に基礎をおくところの・――且つ特殊＝近代的な社会関係そのものであるところの――所有権の特殊＝近代的な私的性質であり、したがって、近代的所有権が法から生じまた特に法的な現象であるという観念は、ただ近代的所有権の法的な現象型態に関するかぎりのものと認められねばならない。近代的所有権の本質は、この法的現象型態の背後にあるところの・この法的現象をつくりだすところの・現実の歴史的な社会関係に求められねばならないのである。

そこで、われわれの課題は、所有権を、その制定法的または解釈学的な――いわゆる rechtsdogmatisch な――現象型態(すなわち、法技術的な観念的な存在型態)においてでなく、むしろ、このような現象型態において現われるところの現実の社会的関係において把握することである。言いかえれば、所有権の理論的把握は、それを、一定の歴史的な社会関係に分析し還元することでなければならない。だが、ここで問題となるのは、所有権を社会関係に分析し還元するということの意味である。法・権利をつくりだし、また法・権利の現実的事実そのものであるところの「社会関係」は、終局においては、社会的個人相互の間の関係である。一切の人間の歴史の第一次的の前提は、言うまでもなく、現実の生ける人間的個人の生存であり、すべての社会的・政治的諸関係は、このような個人の間にとり結ばれる関係である。社会構造・社会関係が、このような現実の生ける人間的個人の関係として分析され示されるときにはじめて、経験科学的現実性が確保される。[13] したがって、所有権の社会科学的分析もまた、所有権を、一定の歴史的な・個人と個人との関係にまで還元しなければならない。このように法・権利そうして社会関係を終局において個人と個人との関係に還元しようとすることは、多くの法律学者には(おそらくは、倫理学者にも)「誤れる個人主義的見解」として受けとられるであろう。社会は個人の単なる集積ではない、また、社会はその個々の部分(個人)を超越する独立の有機体である、ということが、右の理論に対し対抗されるであろう。そうして、法・権利の現実的な社会的基礎として、家や村や国や民族やギルドやその他の諸々の団体が――個人を超越するところの・独立の存在として――あげられるであろう。(14)

これらの社会有機体説または団体説に対しては、私は二重の意味で賛成し得ない。第一。なるほど、法の行われる場面は、社会また団体である。そうして、法を制定法から説明しないで社会や団体から説明するということは、法の科学が法の観念型態から解放されその現実的基礎＝実体の把握に進んだことを意味し、一つの進歩であることはたしかである。また団体や社会が孤立的な個人の単なる集積ではないこともたしかである。しかし、それだからといって、われわれの探究・分析が社会や団体そのもので留まってよい、また留まるべきだ、ということを意味しない。これらの学説が、個人と個人との関係にまでさかのぼらなかったのは、彼らが、「自然状態」における孤立的な個人から出発して社会や法を説明するところの「自然法論」的個人主義に対する対抗関係において理論を構成しているからである。しかし、現実において個人が社会関係からはなれてあり得ないと同様に、社会や団体もまた個人からはなれてはあり得ない。すなわち、社会を構成する個人は、「自然状態」における孤立的個人という非現実的な・観念の世界においてのみ想像され得るような存在ではなくして、本来的に社会関係に立っているところの社会的個人である。社会や諸々の団体は、終局においてはこのような社会的諸個人の間の一定の関係である。(15)この具体的な個人と個人との関係にまで分析されないで、協同体関係が他の諸関係の出発点となる場合には、しばしば、「団体」や「社会」そのものは疑うべからざる事実として前提され、法および社会関係に内在する矛盾は見失われる。たとえば、「共同の確信」は中世の村や家において団体を結合した。しかし、歴史の上には「共同の確信」をもたない者に対して法が強行された実例は少くない。また「共同の確信」が生成しまた衰滅する場合にも、法は現実に必ずしもそれとは一致しないことがあり得る。社会有機体説或いは団体説は、現実の社会関係における矛盾＝対抗関係を見ないで、その総体をただ統一の面においてのみながめ、その結果しばしば現状への妥協、その讃美に終っている。社会科学が、終局において社会的個人から出発する場合にのみ、現実の生ける人間を物理的および社会的自然から解放し人間の優位を確立することへの努力たるヒューマニズムの立場に立つことが、可能となるであろう。第二。典型的な近代社会においては、一切の「協同体」的関係は原理的には消滅し、社会関係は現実に個人と個人との関係として確立される。ここでは、協同体については勿論、社会一般について語ることは無意味である。そればかりではない。一般に、他の社会諸規範や単なる力から分離され区別されるところの・固有且つ独立な存在としての法は、相互に主体者的な独立個人の間の規範であって（その基礎＝端初は私的所有権である）、そのような法においては個人が出発点である。ヘーゲルの法哲学体系が主体的な個人（「自由な意思」）を端初とする弁証法的構造をもっていることは、意味ふかきものと言わねばならない。(16)この意味において、法をつくりだしまた法の現実的実体をなすところのものは、個人と個人との関係そのものだと認められねばならないのである。と同時に、法が、社会的個人の間の関係であるという事実が人間の意識にとってあきらかになったのは、そのことが歴史の世界において現実のものとなったところの近代市民社会の成立によってであった。社会現象を個人の関係に分析し還元するところのリアリスティックな社会学の理論がイギリスやアメリカやフランスにおいて発展したこと、また社会有機体説や団体説が近代化のおくれたドイツにおいて有力に唱えられ、より多く立ちおくれた日本で有力な支持をうけたこと、それがナチス・ドイツで華やかに復活したこと、は決して偶然ではない。人類生活の諸型態に関する省察、したがってまたその科学的分析は、一般に現実的発展とは反対な進路をとるということ、言いかえれば、それは、後方から、すなわち発展過程の完了した結果から、始まるということは、ここでもまた真理である。

(11) 所有権が、人の自然の性質に根拠をもつところの超歴史的な存在ないしカテゴリーだとする説に対し、それが歴史的に規定される存在ないしカテゴリーだと主張することは、観念形態の歴史の上で革命的な意義をもつものであった。Lorenz v. Stein, *System der Staatswissenschaft*, II, S. 224, 230–1; O. Gierke, *Deutsches Privatrecht*, II, S. 348, Anm. 12.

(12) 右にのべたような諸点については、きわめて簡単ではあるが、川島「法律の物神性」(大学新聞一九四七年四月一六日号)にのべておいた。

(13) McIver, *Community*, 1920, p. 69 seq. マルクス『ドイツ・イデオロギー』(唯物論研究会訳九頁、岩波文庫版四六頁)。

(14) この方向においてもっともすぐれた法律学者としては、O. Gierke および Eugen Ehrlich をあげることができる。「孤立せる個人が法をつくりださぬのと同じく、個人の集り(Summe)は法をつくりだすことができない。むしろ法の源は協同精神 Gemeingeist であり、それは、生ける全体としての協同体の中にはたらき、またこの全体の有機的部分(Glieder)としての個人の中に活動する。だから、法は、共同の確信 Gemeinüberzeugung の中に、そうして共同の確信を伴うところの共同の意思 Gemeinwille の中に、根ざしている。……法を創造する能力をもっているのは、すべての有機的な organisch 協同体である。〔その例として民族・種族・宗教的団体・等族・職業的階級などがあげられる〕……法を創造する能力をより高い程度でもっているのは組織された organisiert 協同体である。〔その例として国家・教会・地方自治団体・産業組合 Genossenschaften があげられる〕……」(O. Gierke, *Deutsches Privatrecht*, I, S. 119 f.) なお E. Ehrlich, *Grundlegung der Soziologie des Rechts*, 1913, Kap. I–V を見よ。——注意すべきことには、ギールケもエールリッヒも、団体が個人と個人との関係に還元されることを意識していたことである。このことについては後でのべる。

(15) O. Gierke も「人の人たる所以は、人と人との結合(Vereinigung von Mensch und Mensch)に負う」と言うときには、社会関係が現実には社会的個人の間の関係であることを見のがしてはいない。また E. Ehrlich が、観念的な統一体としての団体のかわりに、ギールケよりもよりリアリスティックに、"Tatsachen des Rechts" について——すなわち、社会的諸個人間の諸々の関係について——語るときにも同様である。しかし、同時に、これらの学者にあっては、重点は、近代の市民的社会の法にではなくて、「協同体」的な団体の法に、おかれている。このことは見のがされてはならない。

(16)　E. Ehrlich が、「法は社会的団体の内部秩序である」という彼の理論を近代法に適用して、市民社会を一つの団体だというとき(*Grundlegung*, Kap. VII, insbes. S. 120 ff.)、彼の団体の概念はきわめて非団体的のものとなっていることに注意すべきである。

3　法秩序における所有権の地位

一　人間の生存は、生産、すなわち外界的自然に対する支配、と本来的に結びついている。外界的自然は何らかのしかたで人間のものとされる。所有権の直接的な端初はここに与えられている。しかし、外界的自然に対する人間の支配が、「所有権」として現実化するためには、その支配が「私のもの」というふうに諸主体者の間の対立関係によって媒介されねばならない。言いかえれば、所有の私的性質が社会的モメントによって媒介されねばならない。そのような対立は、或いは、それまで互いに接触しなかった協同体があらたに接触すること——たとえばその余剰生産物の交換という行為によって——、或いは、原始協同体の内部における自然生的な分業の成立や、個々の対立する諸家族への協同体の分裂、によって成立した。要するに、所有権を独立のものとしてつくりだす根本的モメントは、生産における人・家族等の分裂と対立、すなわちひろい意味での分業である。[17] 分業と所有権とは同一のことを表現している。すなわち、社会関係における分裂と対立とが、「分業」においては生産の活動に関係して言い表わされており、所有権においてはその基礎たる物質(生産手段)——およびその結果たる物質(生産物)——に関係して言い表わされているだけである。そこで所有権と法との関係はつぎのごときものとなる。すなわち、——

所有権は、生産関係の基礎的な構造の一つの側面であり、言いかえれば、生産関係そのものの中にまた生産関係そのものとして直接的に存在するところの・端初的直接的存在型態における法[18]の、基礎的部分である。[19]さらに言いかえれば、生産手段の支配は労働力に対する支配を意味するのであり、したがって所有権の中には同時に人間に対する支配が含まれており、それが全生産＝社会関係の基礎を、したがって法(特に政治的権力の強制権力によって強行される規範としての意味においての)を、決定する。要するに、所有権の中に、生産関係・社会構造における分裂と対立とが、矛盾と対抗とが、与えられており、その点において所有権は全社会構造の——したがって法の——発展の原動力を含んでいるのである。

(17)　パシュカーニス『法の一般理論とマルキシズム』(山之内一郎訳)第四章は、近代法の特殊＝法的性質(これについては、本書第五章を見よ)およびその基礎たる法的人格の基礎を、「市場における商品の処分」すなわち商品の流通に求めている。右の理論は二つの点で正しくない。第一に、右の理論は、法的人格の基礎を商品流通に求めているが、流通におかれた商品の所有権の私的性質は、流通すなわち「市場における処分」から生ずるものではない。それは、資本制的な商品生産・再生産の社会構造そのものによって直接的に、——すなわち商品生産・再生産の物的側面そのものとして——存在しているのであり、商品流通はその結果、その現象にすぎない。第二に、商品流通のないところでは、彼の理論にしたがえば、法的主体性は成立の余地がないことになるが、歴史的事実の上においては、一定の私的所有の形態がつねにそれに応じた法的主体性をつくりだし、相対応している。中世のゲノッセンシャフトの中での、その構成員 Genosse の一定の法的主体性、また封建領主に対抗する農奴の一定の法的主体性、——これらは、商品流通によっては媒介されていない。これらは、分業における一定の関係、すなわち生産における一定の関係——および、その物的側面としての私的所有——によって規定されているのである。法的主体性の存在の基礎・根拠を、商品の流通という点にのみ求めると、法的主体性の有・無(全くの有と全くの無。Sein と Nichts)のみが問題となり、法的主体性の歴史的成立と発展(無から有へのWerden)の側面・カテゴリーが無視されるであろう。

(18)　この点については、川島「法律の物神性」(前掲)参照。

(19)　L. v. Stein, *System der Staatswissenschaft*, II, S. 66-7(シュタインは、そこで、法はそれ自身の固有の歴史をもたぬことにも言及している。), 224-5, 230, 373 f.

二　所有権は、ただに、政治的強制権力によって強行される規範としての意味における法の基礎、その端初、となるだけではない。それは、より厳密な意味での法すなわち単純な権力関係から区別されるところの・法主体者の間の行為規範としての法の、基礎・端初でもあるのである。すなわち、生産手段の私的所有権は、――そうして、所有権一般ではなくしてそれのみが社会構造の法秩序の基本的関係を決定するのであることは右にのべたごとくであるが――生産における支配権、したがって所有者の支配的な独立的な地位、をつくりだす。生産手段を全く所有しない者は、資本制社会に至るまでは常に決定的に低い社会的地位におかれ、法的協同社会の構成員とはなり得ないで、そこにはただ権力的支配の関係があるだけであった。古代ローマにおいては、土地と奴隷の所有者のみが法協同体の構成員すなわち法的関係の当事者であった。中世においては、生産手段の所有は、土地所有者とその他の農業生産手段所有者とに分裂し、それに応じてヒエラルヒッシュな法的関係と、ヒエラルヒッシュな法主体性とが成立した。[20] 近代において、労働が生産手段・生産物と同じく商品となるに至ってはじめて、生産手段の非所有者も商品所有者として、形式的には平等に対立し、法主体者となるに至ったのである。厳密な意味での法、すなわち権力的支配から区別され分離されたところの・仲間的関係の規範としての法――この意味の法は、政治的権力の強制を欠く場合にも(たとえば、中世の商人仲間の慣習法)存在する――は、所有権の私的性質のこのような側面(社会関係における独立主体性)に基礎づけられるのである。ヘーゲルの法哲学体系は、この点に論及している。歴史的具体的な市民社会の抽象的基礎的前段階たる abstraktes Recht においては、出発点は主体的個人たる Person（「自由な意思」）であり、その現実的な基礎は所有権 Eigentum だとされているのである。(21)

(20)　これをイギリスについて言うと、――commutation 以前の農奴 villain も決して奴隷のごとき無権利ではない（当時のイギリスの法律家はしばしば villain の地位をローマの奴隷と同視するが）。彼らは、封建体制の権力分立・王権の劣弱のゆえに、common law の裁判所においては、領主に対抗し得べき権利を認められなかったが、manor の内部の慣習的秩序においては、領主との間に一定の権利をもっており、また領主との間の契約も存在した。このことが、commutation の場合に、小作条件について農奴と領主との間の 'bargain' と契約とを可能ならしめた社会的基礎である。詳細は、P. Vinogradoff, *Villainage in England* (1892), first essay. 特に p. 134, 212–214, 220 ; Maitland & Pollock, *History of English Law*, vol. I, 2nd ed., p. 361.

(21)　Hegel, *Grundlinien der Philosophie des Rechts*, §41 f.――ただし、ヘーゲルにおいては、出発点は、生ける人間的個人という現実的存在ではなくして、自由な主体的精神（或いは人格）という観念的存在であり、このことと照応して、生ける人間的個人が私的所有の基礎の上に自由なる主体者となるのではなくして、はじめから存在する自由な主体者の精神が私的所有において外的に自らを主張し自らを現実化するのだとされている。このことには注意を要する。――L. v. Stein はこのヘーゲルの観念論的逆立ちを立て直し、人格が所有権の成立を規定するのではなく、所有権が人格の成立を規定するものであると、明瞭に断言した。L. v. Stein, *System der Staatswissenschaft*, II (1856), S. 152–3. 同様に Jhering, *Der Zweck im Recht*, Bd. 1, S. 91–3 (Volksausgade).「われわれの人格的自由および独立は、われわれが支払い得ることの上に基礎をおいているだけでなく、われわれが支払わねばならぬということの上に基礎をおいている。――貨幣の中に、われわれの経済的独立とともに道徳的独立がひそんでいる。」イエリングは、ここで彼独特の皮肉な表現を用いており、わが国の多くの読者には「唯物的」とか「浅薄」とかに見えるかもしれない。

三　そればかりではない。所有権の私的性質は、近代社会においてはさらにより高い意味において、全法体系・全社会構造に対し、基礎的決定的意義をもつに至った。という意味はつぎのごとくである。すなわち、近代的所有権においては、所有権の私的モメントと社会的モメントとが分裂して外的にも独立し、私的モメントは「所有権」において、また社会的モメントは主として「契約」において、独立の現象型態としてあらわれるに至った(「商品」の法的構造)。このことは、一方において近代的所有権の私的性質のみを強調せしめ、それと内面的に関連し結びついている社会的側面(現象的には「契約」においてあらわれる)を見失わしめることになったが、同時に、この二つの側面の分裂の現実化によってその対抗関係もまた現実的のものとなり、矛盾の発生が必然的となった。近代法においては、このこと——所有権における私的側面と社会的側面との分裂と対立、対抗と矛盾——は、多くの特殊＝近代的な法的現象を生みだしたことは、以下本書に順次のべるとおりである(所有権の「自由」についてのドグマ・構成、物権と債権との峻別、「権利濫用」という法的構成、近代的所有権の観念性など)。と同時に、このような対抗と矛盾とは、私的所有権と契約との発展的な統一の諸々の法的型態をつくりだし、その中において自らを解決した(たとえば、手形・株式会社・トラスト・コンツェルンなど)。これらの諸々の近代的な法的型態(勿論それらの諸々の法的型態の萌芽は、中世にまで、或いはもっと古くまで、さかのぼり得るであろう。ここでの問題的立場にとっては、その系譜ではなく、その歴史的——特に近代的——構造が、問題となるのである)の端初・基礎は私的所有権と契約とであるが、この諸型態への全発展の起動力は、近代的所有権に存在するところの私的性質と社会的性質との矛盾の・外的に独立した型態たる、私的所有権と契約との対抗と矛盾とであり、この矛盾を矛盾たらしめているものは、所有権の私的性質、すなわちまさに所有権の所有権たる所以のものである。これらの諸点は、以下にさらに詳しくのべるところである。

以上の意味において、近代的所有権は、近代法のすべての法的諸型態——端初的のおよび発展的の——の端初・基礎であり、且つその全発展の起動点・起動力である。まさにこの点に「近代的」所有権が「近代」法の基礎をなすということの意味が存在する。

4　本書の目的・構成

本書は、近代的所有権の法的構成物――特にわが国では、民法典と判例と解釈学説――を中心とする。そうして、本書は、以上のような問題的視点から、法的構成物をその実体たる現実の社会的諸関係に分析し、その両者の間の関連をあきらかにしようとする。そうすると、問題はつぎのようになるであろう。

第一に、近代的所有権の私的性質とその歴史的成立。すなわち、近代的所有権として現われる現実的社会諸関係とその歴史的成立。そこにおける、所有権の私的モメントと社会的モメントとの分裂と外的対立（第二章）。

第二に、このような外部的対立から生ずる法的現象の中で特に重要なものであるところの、近代的所有権の「観念性」（と私が呼ぼうとするもの）。これは、近代法の各種の法規に影響を及ぼし、多くの特殊＝近代的な規定・制度をつくりだした。それは、所有権のほか、契約、さらには全私法、いな全近代法の構造に、決定的な特質――「観念性」――を付与した。その上、この観念性そのものの本質が理解されぬために、多くの法律学上の難問題が惹起された。これは、全く、観念型態としての法の世界の内部の問題であるが、ただにそこでの大問題であるのみならず、それをとおして現実の社会関係の基本的問題にふれることになるであろう（第三章）。

第三に、近代的所有権が、現実にその社会的モメントにおいて運動する段階、すなわち、契約を媒介として現実に社会的存在となる段階、のはじめの法型態。それは、所有権の私的性質が「商品」であること、そうして所有権が商品として流通・交換されること、の法的型態。これは、法的にも、所有権法の固有の領域に属しており、近代所有権法（ないし物権法）の――また、それについての実用法学の――もっとも大きな且つ実際上もっとも重要な部分を構成している（第四章）。

以上の法的諸型態、諸現象のうちに、全近代法の基礎・その発展系列の起点としての近代的所有権が、その抽象的端初的段階において存在する。つぎの問題は、このような抽象的基礎・起点としての近代的所有権が、その動的社会的モメントたる契約との統一を媒介として、いかに特殊＝近代的な諸々の発展型態をつくりだしてゆくか、しかもその全発展の系列のうちに所有権がいかに自らを貫徹し全発展運動の起動力としてはたらいているか、である。そこでの法的諸型態は、現在の法律学的分業の限界づけによる民法学（いわゆる所有権法は言うまでもなくその一部分であるが）の世界の外にあるのであるが、それらのすべてに、所有権が一般的な基礎・起点としてあることを明らかにすることは、近代法の全構造を綜合的に把握する一つの鍵であると考えるのであり、それはただに民法学の責任であるのみならず、学問的分業の結果相互の間の内的連関を失ってしまった法律学諸領域にとって、一つの課題であると思われる。これが最後の章の問題である。

〔**参考文献**〕

E. de Laveleye, *De la propriété et de ses formes primitives*, 1874（長野兼一郎訳『原始財産』改造文庫）。
Sir H. Maine, *Ancient Law*, chap. VIII (Early history of property), 1861.
Sir H. Maine, Lectures on the *Early History of Institutions*, chap. IV, VI, 1875.
Philippe Sagnac, *La législation civile de la Révolution Française*, 1898.
Charles J. M. Letourneau, *Property, its origin and development*, 1892.
Paul Lafargue, *The evolution of property from savagery to civilization*, 1894.
J. S. Lewinski, *The origin of property and the formation of the village community*, 1913.
O. Gierke, *Das deutsche Genossenschaftsrecht*, I, 1868.
Rudolf von Jhering, *Geist des römischen Rechts*, 1852–1892.

Fritz Schulz, *Prinzipien des römischen Rechts*, 1934.

Marx u. Engels, *Die deutsche Ideologie*, I, Feuerbach, Marx/Engels Gesamtausgabe, 1. Abt., Bd. 5(herausgegeben v. V. Adoratzkij), SS. 1–67(古在由重訳『ドイツ・イデオロギー』岩波文庫版)。

Max Weber, *Wirtschaftsgeschichte*, 2. A., 1924(黒正巌訳『社会経済史原論』)。

John R. Commons, *Legal Foundations of Capitalism*, 1924.

Ernest Beaglehole, *Property*, 1931.

Hobhouse, Wheeler & Ginsberg, *The Material Culture and Social Institutions of the Simpler Peoples*, 1915.

エンゲルス『家族・私有財産・国家の起源』(岩波文庫版)。

我妻栄「近代法に於ける債権の優越的地位」(法学志林二九巻六・七・九・一〇号、三〇巻三・五・六・一〇・一一号、三一巻二・三・四・六・一〇号)、同「資本主義的生産組織に於ける所有権の作用」(法協四五巻三・四・五号)、同「所有権」(法律学辞典)。

山中康雄『市民社会と民法』一九四七年。

第二章　近代的所有権の私的性質

1　近代的所有権の論理的構造――その一、商品交換の法的カテゴリー

一　近代的所有権は私的所有権の一つの歴史的型態である。すなわち、それは、私的所有権の特殊＝近代的な型態である。ところで、私的所有権というのは、抽象的に言うならば、所有権を「権利」たらしめるところの社会的モメントが所有権から分離されその結果客体に対する支配がその現象型態においてはその社会的関係から一応捨象されて独立に――すなわち「私的」なものとして――現われるところの、所有権の型態である。私的所有権の私的性質の・このような社会的諸関係からの抽象性のゆえに、それは、その私的性質に執着してながめられるときには、歴史的に不変であるごとくに見える。私的所有権の歴史的型態は、一定の社会的諸関係のうちに、また一定の社会的諸関係といて、存在するところのこの私的性質の一定の歴史的型態、また言いかえれば、社会的モメントと私的モメントとの分離の一定の歴史的型態、にほかならない。結論をさきに言うならば、近代的所有権においては、私的モメントと社会的モメントとの分離が徹底的となっており、そのことはまた同時に、私的性質の徹底と社会的関連の徹底とをもたらした。この特殊＝歴史的な構造の分析が、まずわれわれの問題である。

二　所有権は一定の歴史的な生産関係の基礎を構成するのであり、所有権の一定の歴史的型態・構造すなわちその私的モメントと社会的モメントとの歴史的な関連の型態・構造のうちに、それがおかれている歴史的社会の経済的社会的構造が反映する。したがって、近代的所有権の歴史的型態・構造のうちに、資本制社会の経済的社会的構造が反

映している。ところで、資本制社会における富――「所有権」の経済的実体――の端初的且つ普遍的な型態は言うまでもなく商品である。すなわち、資本制社会の富はすべて商品として現われ、且つ資本制社会の全構造は、究極においては、商品としての富に内在する社会的諸関係を基礎・起点とする。したがって、近代的所有権の特殊＝歴史的な性質・内容は、近代的所有権の経済的社会的実質の端初的型態たる商品そのもののうちに含まれているのである。

商品に内在するところの・それに固有な社会的構造は、抽象的にはつぎのごとくである。商品は、自らと交換さるべく対立する他の商品の存在を前提するところの――すなわち他の商品との相対的関係を自らのうちに固有するところの――富であり、この意味において商品は、富(物)の・本来的に社会的な型態である。商品の固有の本質は、他の商品との交換であるが、交換とは、交換されあう客体に対する人の支配が相互に承認されあうという社会的な関係を前提とし基礎とし、その上で行われるところの――したがって、その自由意思に基く合意によって可能となるところの――富の相互的な主体者転換である。このことを、さらに詳しく言うならば、交換においては、単純な暴力による奪取や、人的支配関係に基く献納におけるとはことなり、「物」の外にあるところの力によってではなくして、「物」の中にあるところの・物自身の価値のみによって、富の主体者転換が行われる。このゆえに、交換はもっぱら物質的な過程として現われ(勿論、その本質は人と人との関係なのであるが)、――だから、商品交換社会においては、人間対人間の関係のすべての側面(法や道徳までも)が物質的な(いわゆる「唯物的」な)ものとして現われる(人間関係の「物」化)――、また「物」の外にあるところの人間対人間の力によって媒介されないところの平和的な関係である(交換される客体に対する人の支配の相互的な承認はこのことの一つの側面である)。

したがって、物が商品であるということと、物が交換されあうということとは、相互に他を前提し且つ自らのうちに包含するところの不可分な統一である。商品は、交換の論理的前提であり、交換は商品の動的な側面である。だが、商品の交換が、もっぱら物質的な・したがって平和的な過程であるという、まさにこのことが、必然的に、商品と交換とのこの不可分の統一を分裂せしめ、その静的なモメントたる商品と動的なモメントたる交換とを分離し、対立する独立の存在たらしめる。このことに、商品所有権の私的性質の根拠が存在する。というのはつぎのごとくである。すなわち、商品の交換がもっぱら物質的な・したがって平和的な過程であるということは、交換が商品＝交換当事者の「意思」を媒介とすることを意味する。このことによって、第一に、商品は、個人の「意思」の支配に服することが社会的に承認される——ところの私的な存在(私的所有権)となり、しかも第二に、その交換という社会的な過程は、この私的な「意思」を媒介とする独立の過程(契約)として私的な所有に対立し、そのことによって商品の所有権の私的性質を独立せしめ、所有権をして純粋に私的なものとして現わしめる。これが、商品交換関係において必然的に成立し、また内在するところの、所有権の特殊な私的性質の根拠・構造である。要するに、私的所有と契約とは、統一的な商品交換の過程が、それを構成するところの対立的モメントに分裂して独立の存在型態に転化したものである。ところで、この分裂の必然性への起点は、商品所有者の「意思」として現われるところの所有権の私的性質であり、したがって、交換としての社会的過程も、究極においては、所有権の私的性質を基礎とし起点としている。この「商品」＝「交換」の規定者・起点たるところの所有権の私的性質の主体的人間的側面、すなわち主体者的(「自由」)意思の担い手としての人間 Mensch が、人格 Person である。純粋に物質的関係として現われるところの商品交換は、この主体者的側面においては、「自由」な意思というモメントにおいて成り立つところの人格的な関係である(物質的関係の「人格」化)。——右の諸点を要約するとつぎのようになる。すなわち、一つの人間対人間の関係としての商品交換の規範関係においては、その論理的構造は、第一に私的所有権(商品交換の静的基礎、権利の私的モメントの定在 Dasein)、第二に、契約(商品交換の動的過程、権利の社会的モメントの定在)、第三に、人格(相互に媒介しあっているところの私的所有権と契約との、且つその両者を統一し且つその基礎・起点たるところの、所有権の私的性質の・人間における定在)。

商品交換の規範関係を構成するこれら三つの基本的カテゴリーは、特殊な抽象的性質をもっている。さきにのべたように、商品の交換においては、商品の外にある人的関係はその構成的な要素ではない。すなわち、そこでは人的関係は捨象される。商品交換の構成的な要素となるのは、ただ商品に内在する物質的関係のみである。まず、交換される商品の有用的性質(使用価値)が相互にことなっていることが要件となる。しかし、それは交換の動機である。交換の過程そのものの内部においては、対立する商品は、ただ「価値」Wertとして、その具体的現実的な有用的性質を捨象して、関係しうるのみである。(1) だから、商品交換の過程の内部における、人間対人間の関係およびそこでの規範関係したがってその基本的カテゴリーとしての私的所有権・契約・人格は、質的なものから捨象された単なる量的カテゴリーとしての「価値」を中心とするところの、抽象的存在である。

（1）この点については、後述第三章一〇一頁以下を参照されたい。

三　商品交換そのものは、言うまでもなく、資本制社会にのみ特有のものではなく、いつ・いかなるところにおいても、余剰生産物の存在するところに存在した。原始的な協同体相互の間において、(2) 古典古代において、(3) 中世の封建制社会において、(4) それぞれ一定の歴史的型態をもった商品交換が存在した。しかし、資本制社会以前における商品交換は、つぎの点で、資本制社会におけるそれと、ことなっている。第一に、原始的協同体の間における商品交換は、余剰生産物の発生の偶然性のゆえに、偶然的であったし、またしたがって個別的にしか行われなかった。その場合には、物は交換されることによって商品となり、且つ同時に、交換されることによって商品としての性質を失った。だから、商品交換の規範関係における三つの基本的カテゴリーは、ここでは発生とともに消滅し、ただ瞬間的にのみ存在し、いわば一つの可能性として、一つの傾向として、存在するにすぎない。第二に、古典古代および中世においては、それぞれ一定の商品生産が存在し、その基礎の上において、その結末として、商品交換が行われた。ここでは、商品交換は恒常的で必然的であった。したがって、商品交換の規範関係を構成する三つの基本的カテゴリーは、商品交換の過程においては、現実に成立している。しかし、ここでは、商品の生産過程と流通過程とは、全く分離された別の独自の世界を形成している。すなわち、この二つの過程は、ただ外的に連結しているだけであって、生産関係そのものを商品交換が媒介し形成するという・資本制社会に特有の現象は存在しない。ここでは、奴隷とその所有者との関係、農奴と領主との関係、家族と家父長との関係が、商品交換の過程の外において、生産の過程を支えている。だから、ここでは、商品交換の規範関係の三つの基本的カテゴリーは、ただ全社会構造のペリフェリーにおいてのみ存在しているにすぎないのであり、ここでの生産関係の社会規範体系の基礎をなすものは、右のような人的な・経済外的な権力のカテゴリーである。

(2)　商品交換の最も古い型態は、原始協同体内の偶然的な余剰生産物を他の協同体の(同じく)偶然的な余剰生産物と交換する場合である。たとえば、偶然的に大漁があった場合、「天地の恵み」によって豊作であった場合など。交換は、現実的な物々交換の型態において行われるのが普通であるが、余剰生産物の偶然性のゆえに、しばしば、有償的贈与 entgeltliche Schenkung の型態において行われる。

(3)　ローマとその近郊農村との間における農産物・手工業生産物の取引、ローマ市民の間における手工業生産物の取引、ローマ貴族の latifundia の生産物やプローウィンキアの奴隷制生産物の国際取引など。Frank, *Economic history of Rome*, 1927; Speck, *Handelsgeschichte des Altertums*, 3 Bde.

(4)　農村とその近在の都市との間のローカルな商品交換。封建領主の手に集まる余剰生産物の商品化。

四　私的所有権・契約・人格という三つの基本的カテゴリーは、資本制社会の成立とともに、「飛躍的な発展」をと

げ、特殊＝近代的な型態をとるに至った。

資本制生産は、商品交換が商品生産を必然的に媒介するという・商品交換と商品生産との内的な結合によって、特色づけられる。このことは、周知のごとくであり、あらためて説明する必要はないであろうから、ここではその規範構造に関連するかぎりで簡単にふれておくことにする。——資本制生産は、生産手段の所有者が、生産手段から分離された(したがって、自ら生産し得ない)賃労働者から労働力を買入れてなす生産であり、その生産物は、他の生産者の生産素材として、或いは他の生産者および賃労働者の生活資料として、市場において売出される。だから、生産および再生産は、商品交換によって必然的に媒介されている。生産手段の所有者と非所有者との対立、後者の労働力の販売、商品交換による労働力の再生産、という資本制社会に特有の生産構造は、一切の生産関係を商品交換関係によって必然的に媒介せしめる。すなわち、一切の物が商品となり、商品的「私的所有権」の客体となり(私有財産制度)、一切の生産関係は商品交換的「契約」によって構成され、したがって、一切の人間は法的人格としての資格をおびる。要するに、商品交換の規範関係の三つの基本的カテゴリーは、全社会的規模において、全法規範体系そのものの基本的カテゴリーに転化する。商品が全資本制経済の普遍的且つ抽象的な端初的型態であることに対応して、私的所有権・契約・人格の三つのカテゴリー——特に、その起点としての私的所有権——が全法体系の普遍的且つ抽象的な端初的型態となる。

資本制社会のこのような構造は、その基本的な法的カテゴリーに特殊＝資本制的な特質を与える。言いかえれば、資本制社会における私的所有権・契約・人格の三つのカテゴリーは、単純商品交換社会におけるそれらのものと同一ではない。結論的に言うと、これらの基本的カテゴリーの私的性質と社会的性質とは、資本制社会においては質的な飛躍的発展をとげ、より高められ、よりするどく対立するのである。

第一に、私的所有権は、単純商品交換における場合のようにその個別的の商品交換において現実的に現われる(そこに、その現実化の根拠をもつ)のではなくして、はじめから資本制生産・再生産の基礎・起点として、資本制生産・再生産の全構造のうちに、規定されている。すなわち、まず特殊＝資本制的な社会的生産の社会的前提としての・生産手段の所有と非所有との社会的対立。この社会的な規模での対立が、所有権の私的性質の特殊＝資本制的な意義・本質である。つぎに、社会総資本の再生産の必然的行程としての・諸々の商品交換の総体。商品としての私的所有権は、ここにその第二の社会的な基礎・根拠をもっている。これらのことが、社会経済組織の基礎としての「私有財産制度」の根拠である。所有権のこのような社会的性質・社会的規定が高度であればあるだけに、これと対立するところのその私的性質もまたそれだけより一そう高度となる(第五章参照)。

第二に、近代的所有権の私的性質のこのような社会的根拠・規定は、所有権の動的現象型態たる契約においても現われる。すなわち、資本制社会においては、交換＝契約は、個別的な商品と商品との間の運動にとどまるのではなくして、資本制的生産・再生産によって全構造的に必然性をもって、つくりだされ規定される。単純商品交換の社会における個々の商品交換＝契約の間の関連とはことなり、資本制社会においては、個々の商品交換＝契約は互いに内的に関連しあい、一つの商品交換＝契約は無限の商品交換をその中に含んでいる。[5] 契約＝債権は全生産関係の構成的な動的なモメントとなる。「身分より契約へ」("from status to contract")というモットーは、この点を表現するものとして適切である。しかし、だからといって、資本制社会の法の基本的構造がもっぱら契約によって構成されているのだと誤解されてはならない。契約は、私的所有権の動的な社会的な「側面」にすぎず、究極の基礎・起点は私的所有権そのものなのであるから。

第三に、これらのことは、また、法的人格というカテゴリーが全社会的規模において全構造的に基礎づけられ規定されていることを示している。このような社会においては、法的人格は、個々の商品交換においての人間の属性ではなく、すべての人間の全生活的資格である。経済的側面について言うならば、商品交換の等価性(単純商品交換そのものの中には本来的に an sich に存在したところの)は資本制社会においては徹底され、したがって、このことは、法規範的側面について言うならば、商品の外にあるすべての力(「経済外強制」)からの分離・解放の徹底、また人間の「意思」による媒介・決定の徹底、を意味する。これらのことは要するに、経済的また精神的世界におけるいわゆる「自由」の確立、精神史的意味における「人格」の確立、にほかならない。資本制経済、近代法の倫理的意義、その歴史的意義はこの点にある。(6)

(5) ヘーゲルの論理的カテゴリーをもって表現するならば、単純商品交換における関連は "schlechte Unendlichkeit" であり、資本制商品交換における関連は "wahre Unendlichkeit" であろう。vgl. Hegel, *Enzyklopädie*, §§ 94, 95 (松村訳『小論理学』、一九四六年岩波版二五八頁以下)。

(6) Kant, Fichte, Hegel などの一九世紀ドイツ観念論の「自由」の哲学・倫理学・法学の現実的基礎である。――なお、これらの点については、かつて川島「自由経済における法と倫理」(法律時報一四巻六・七号)において、やや立ち入って論じたことがある。ただし、そこでは当時の言論事情の下において論理や表現をゆがめることを余儀なくされたこと、また私自身の分析の不十分のゆえに理論上の不正確と誤謬もあること、を付言する。

五　商品交換が全生産関係の構成的組織化的モメントとなるという・資本制社会の右の事情は、私的所有権と契約との分裂と対立を、より発展させる。念のためくりかえすならば、単純商品交換においては、私的所有と契約との分裂と対立、私的所有における私的モメントと社会的モメント、静的モメントと動的モメントとの分裂と対立とは、商品交換そのものの中に直接的に本来的に含まれている。しかるに、資本制社会においては、社会的分業が、再生産そのものが、したがって生産と消費とが、商品交換によって必然性をもって且つ大規模に媒介され、そうして商品交換そのものは、現象的には人間の自由意思によって、しかし究極的には人の意思から独立した経済法則によって、規定されているのであるから、したがって、交換という動的な過程は、所有者にとっては一つの外的な力として独立し対立するに至る。このことは、商品交換が貨幣の媒介によって販売と購買との二つの独立の過程に分裂することによって、決定的にされる。――このようにして、商品＝私的所有の中に本来含まれていたモメントの分裂と対立とは、商品交換が社会的な規模で行われるという量的な発展によって、質的な発展をとげるのである。これが、特殊＝資本制的な・所有権と契約との分裂と対立の、根拠・実体である。

ここでは、私的所有権と契約とは、単にカテゴリーとして分裂し独立化しているだけではなく、現実的に分裂し独立化して対立している。すなわち、所有権の私的性質は、右にのべてきたような高度の・全社会構造的な社会性を自らの中に含んでいながら、しかも所有者の「自由」意思として独立化し、所有権の内在的な社会性に対抗して、それ自身の運動をなし得る。また他方において、契約において・また契約を媒介として・現われるところの商品交換の社会的性質は、究極においては商品＝所有権の私的性質を起点とし・またその中に含まれていながら、しかもそれから独立して自らを貫徹する。このように所有権の私的性質と社会的性質とは独立の存在型態・現象型態において独立し互いに対抗するが、しかしその私的性質も社会的性質もともに「商品交換」という統一的過程の分裂であるのであり、だからこの二つの対立物は交換の主体者の意識における存在型態においてはともに「自由」として統一される。元来「自由」ということばは西ヨーロッパにおいては一つの magic word であり、はなはだ多義的であって、それぞれの歴史的時代はそれに固有な意味での「自由」をもったのであるが(たとえば、Ritterfreiheit, Stadtfreiheit などの封建的自由)、所有権および契約の特殊＝資本制的な「自由」というのは右のごとき内容をもつのである。

「自由」という統一的な概念の中に含まれるところの右のような二つの側面が、本質においては同一でありながらも同時にまた対抗的なものであるがために、しばしばその一方のみが強調された。——第一に、所有権の私的性質のみが、現実の問題の前面に、したがってまた意識の前面に、現われた。まず、このことは特に、近代的所有権の成立期、すなわち所有権の私的性質に対する諸々の封建的な制限や拘束への対抗関係において問題が意識され、それからの解放が現実の実践的課題であった時代、において見られる。啓蒙期自然法理論の「自然状態 Naturzustand における所有権」という理論構成は、そのような時代における・所有権の私的性質の理想型であった。そこでの私的性質・「自由」は、既存の制限や拘束からの解放という・言わば否定的な・一つの社会構造の解体期における現象として、ローマ奴隷制末期の所有権と、その側面では、抽象的には共通性をもったのであり、ここに、近代的所有権の成立期におけるローマの所有権の法律構成の継受の必然的な基礎があった。「所有権が、客体に対する使用・収益・処分の自由な無制限な権能の総体である」という意味の、近代実用法学および近代諸法典の法律構成は、右のことに由来するのである。(7)

ところで、一定の「法律構成」として、さらにまた条文として、外形化して独立化したところの観念型態は一般にそれ自身独立の運動をするということ、および所有権の私的性質そのものが(さきにのべたように)独立化し所有権の社会的性質に対抗して独立の運動をするということ、——この二つのことは、所有権の私的性質と社会的性質との対抗・矛盾関係を現実化し拡大する(しばしば極度にまで)。その場合には、この矛盾は「権利の濫用」として意識され、さらにその矛盾の修正原理としての「権利濫用」(「濫用」ということばは、カズイスティックな修正の原理であることを示している)という法律構成が必然性をもって現われたのである。(8)「権利濫用」の法理がまず所有権を中心として形成されたということは偶然ではない。「権利濫用」の法理の成立は、所有権の私的性質の独立化の矛盾の現象型態、その所産にほかならない。

つぎに、所有権の私的性質は、——以上のような所有権への封建的協同体的な制限拘束からの解放という実践的課題(したがって、その当時における進歩的意識)に媒介されてではなくして——現存の封建的協同体的な制限拘束の維持という実践的態度(そのような「秩序」の支配に対する服従・承認という意識)に媒介されて、意識の前面に現われた。この場合には、所有権の私的性質は、歴史の歯車を逆に廻転させる方向において封建的協同体的関係と対抗・矛盾関係に立つものとして現われ、協同体破壊的な・いわゆる“Atomism”(孤立・否定的な自由——私的性質 an sich)として非難された。たとえば、一九世紀ドイツにおいては、歴史学派に属するゲルマニスト(特にギールケ)によって、また二〇世紀においては、ナチス・ドイツの学者、およびその影響をうけた日本の学者によって[9]。このような意識や論理の現実的基礎は、——後進の資本制経済社会においては、近代的所有が、まだ残存し支配する前近代的な「協同体」的諸関係との対抗・矛盾関係において現われるということ、より詳しく言うならば、そこでは、一方では前近代的な「協同体」的諸関係が解体の過程にありしかも他方では資本制的な再生産の構造的連関がまだ全社会的規模において確立されていないことの結果として、解体の消極的側面たる・所有の孤立化的な私的性質のみが前面に現われるということ、である。ナチス・ドイツのアトミズム論は、一九世紀ドイツのこのような精神的伝統の地盤の上にナチ的経済統制を正当化するイデオロギーとして使用され、また最近の日本のアトミズム論は、右にのべた解体期的理論とこの全体主義的統制経済イデオロギーとの「二重写し」であった。

第二に、所有権の社会的性質のみが、現実の問題の前面に、したがってまた意識の前面に、現われた。まず、それは、特殊＝資本制的な・社会総資本の再生産の全構造的連関が確立して明確に人の意識に現われた場合であった。はじめには、「権利の濫用」という・私的性質の絶対化に対する対抗・修正という消極的な形で、所有権の社会的性質が意識され主張されたが、さらにすすんで、所有権の私的性質そのものが否定され、所有権が社会からの信託であるとか、本来的に義務(道徳、或いは法律的の)を含んでいるとか、いうような教義・学説が立てられるに至った。[10] これらの学説は、近代的所有権の社会的な側面を明確に認識したことにおいて一つの進歩を意味するが、同時に近代的所有権の私的側面を軽視しまたは無視するという誤りにおちいっている。近代的所有権の社会的性質は、その私的性質の基礎の上にあり且つそれとの矛盾・対抗関係にあるということ、このことが無視されてはならない。そこで、一方では、この矛盾の面に重点をおいて私的所有権の制度一般を攻撃するところの無政府主義および共産主義の理論が、このような矛盾が現実化したところの一九世紀後半に西ヨーロッパにおいて現われた。[11] 同時にまた他方においてはこのような私的所有権の否認論への対抗関係において、資本制社会の中においてこの矛盾が解決されていることを主張するところの・諸々の「理論構成」および制定法の規定が成立した。前者の例は、所有権(そのほか債権も労働関係)も本来的に「国民協同体」(Volksgemeinschaft)的な存在であり所有権の私的性質との矛盾が本来的に存在しないというナチス・ドイツの「協同体」理論(Gemeinschaftsgedanke)およびその日本版。[12] 後者の例は、「所有権は義務づける。その行使は、公共の利益に適するようになされねばならない。」というワイマール憲法第一五三条[13]や、「私権ハ公共ノ福祉ノ為メニ存在ス」という日本改正民法案(昭和二二年八月議会提出)第一条。

(7)　一九世紀のフランス・ドイツ・オーストリア・スイスにおける学説史については、Justus Wilhelm Hedemann, *Fortschritte des Zivilrechts im XIX Jahrhundert*, II-1, S. 125 ff. フランス革命前後の学説史については、Sagnac, *La législation civile de la Révolution Française*, 1898, p. 21 et seq. に詳しい。一、二の例をあげると、「この権利は、人も知るごとく、所有者をして、彼の物の maitre また seigneur たらしめ、また物に対する絶対的な全能 une omnipotence absolue を、完全な専制支配 un despotisme entier を、彼に与える。」(Marcadé, *Explication du Code Napoléon*, 2. tirage, t. 2, p. 395)、また、「所有権は本来無制限のもの schrankenlos である」(Windscheid, *Pandekten*, 9. A., Bd. 1, S. 857)、「所有権は、物を使用し濫用する権利 droit à user et abuser を所有者に与える」というフランスの古典的定義(Sagnac, *op. cit.*, p. 191 を見よ)は、現代におい

ても多くの学者を支配している(Planiol, *Traité élémentaire*, I, n° 2331; Planiol-Ripert, *Traité pratique* (Picard), III, n° 216 など)。また art. 544 c. c. "La propriété est le droit de jouir et disposer des choses de la manière la plus absolue,……"

(8) 代表的文献――

Motive zum I Entwurf des BGB, S. 274-5; O. Gierke, *Der Entwurf eines bürgerlichen Gesetzbuchs*, S. 183; Hager, *Schikane und Rechtsmissbrauch*, 1913; Wolfgang Siebert, *Verwirkung und Unzulässigkeit der Rechtsausübung*, 1934; Charmont, L'abus du droit, *Rev. Trim.*, 1902, p. 113; Louis Josserand, *De l'abus des droits*, 1927; Ripert, *La règle morale dans les obligations civiles*, 1927, n° 89-103; G. Cornil, *Le droit privé, Essai de sociologie juridique simplifiée*, 1924, chap. IV.

(9) O. Gierke, *Der Entwurf*, S. 279 f., S. 323 ("starrer Romanismus")――「かれら〔ドイツ民族〕は、土地所有が、法的概念を通過して行く過程において、法的に1つの商品のごとく取扱われることに対しては、我慢できないのである。」(Schlegelberger, *Abschied vom BGB*, 1937. 舟橋諄一訳『民法典との訣別』二六―七頁)(問題は法律にあるのではなくて、そのように法律が取扱うことを余儀なくさせる生活の現実そのものが問題であるのだが)「サヴィニーにつづく法律学の言うところによれば、人 Person は個人を意味する、すなわち、純粋にそれ自身として、言いかえれば彼が組みいれられている具体的な協同体とは関係なく、その倫理的自由の故に、権利義務の担い手たり得るところの個人を意味する。だから、それは相かわらず啓蒙時代の個性なき個人であり、社会生活のこのアトムが、かの自然法におけると同じくここでも、私法の基礎概念にまで高められるのである。」(Karl Larenz, *Rechtsperson und subjektives Recht*, 1935, S. 9. これはナチ法律学の代表的文献である。我妻栄「ナチスの所有権理論」『牧野教授還暦祝賀法理論集』三八一頁以下に詳しい紹介がある。) R. H. Tawney, *The acquisitive society*, 1920, chap. II.

(10) H. S. Holland, Property and personality, in "*Property, its duties and rights.*" (*Essays by various authors*), 1922, p. 179 et seq.; Léon Duguit, *Les transformations générales du droit public*, 1925, chap. III; J. M. Mecklin, *An introduction to social ethics*, 1921, p. 302 et seq.; O. Gierke, *Der Entwurf*, S. 323 ff. ――権利の内的な制限――「自由」の否定――の傾向は、権利濫用論と深く内面的に関連しあっている。権利「自由」が肯定されているときには、権利濫用はただ例外的にのみ承認さ

れ、厳格な形式法に対する衡平法の「修正」としてうけとられるが、権利「自由」が否定されるときには、権利濫用はより広い範囲において承認され、権利の内面的な拘束の他の側面としてうけとられる。

(11) Proudhon, *Qu'est ce que la propriété?* 1840; *La théorie de la propriété*, 1866.; Karl Marx, *Das Kapital; Deutsche Ideologie.*

(12) たとえば、「市民法の成立時代に於ける個人所有権は一切の国家的干渉から絶縁された、自由な完全な絶対的な支配権であつた。それが現在に於ては、社会的な一機能と化し、共同体の利益との調和に於て物を使用し処分する所有者の義務と化したことは、まさに所有権概念に於けるコペルニクス的転換と謂はねばならぬ。……権利は国家公益のために許与されるものであり、国家目的を遂行する限りに於て法は権利者に保障を与へてゐる。」(石田文次郎『現代物権法の基礎理論』日本国家科学大系七巻二六頁以下) Heinrich Lange, *Liberalismus, Nationalsozialismus und bürgerliches Recht*, 1933, S. 22 f.

(13) ワイマール憲法のこの規定と、ナチの Gemeinschaftsgedanke との間に、親近性があることは注意される必要がある。H. Lange, *Liberalismus, Nationalsozialismus und bürgerliches Recht*, S. 22 f. は、ワイマール憲法の所有権の規定と、ナチ理論との間に本来的な矛盾を見出していない！　こう言うことは、一見驚くべきことのように見えるが、そうでないことは、本文にのべたところから明らかであろう。

2　近代的所有権の論理的構造——その二、近代法体系の構成

一　われわれのつぎの課題は、右にのべた三つの基本的な法的カテゴリーの上に成り立つ近代法の体系的構成である。

第一に、私法と公法とへの法体系の分裂と対立。この分裂と対立とを規定する決定的モメント、その起点は、特殊＝近代的な私的所有権である。近代的所有権の私的性質は、さきにのべたように、他者の排斥(解釈法学における・所有権の決定的メルクマールとしての「排他性」)というような消極的な・an sich としての私的性質(たとえば、古代ロ

ーマの、patria potestas にひきいられる家族団体の、またその家族法の、私的性質)にとどまるのではない。それは、「交換」の起点としての私的性質、すなわち、その運動が、その物財自身の中にひそむ「価値」以外の何ものによっても——すなわち物財の外にある力(経済外的強制)によって——決せられないという意味での私的性質、だからその物の「価値」の人格化(人格的側面)としての——「価値」の運動の媒介者としての——所有者の意思の「自由」、である。このような・「価値」に媒介された私的性質のゆえに、所有権は、一切の人的な支配関係また協同体関係から分離されたところの・「物質的」支配ただそれ自身として自己完結的な存在となり、またそれを基礎・起点とする人間関係およびその規範もまたこの私的性質を反射した自己完結的な存在となる。このようにして国家権力から遮断された・独自の・自己完結的な存在としての私法の成立が必然的となる。私所有権とその発展型態としての契約とその人的側面としての人格との・前国家的な自然状態における存在を構成する自然法論は、近代法的カテゴリーの私的性質と私法の自己完結的な独立性についてのイデオロギー(特に、否定されるべき封建的諸権力への対抗関係を意識するところの、したがってその正統の系譜・運動の本来的な方向においては革命的な)である。

近代的私法の存在は、近代的公法の存在を本来的に前提し、且つそれによって保障されている。近代的公法は、ただの政治的権力関係の法 an sich ではない。政治的な権力的支配は、本来原理的には、特殊＝近代的な所有権の私的性質や人格の主体性と矛盾するはずであるのに、近代的公法が近代的私法と歴史的＝論理的に矛盾なく両立し得るという点に、近代的公法の特殊＝近代的な特質があるのである。というのは、この原理的な矛盾は、つぎのように解決されている。すなわち、近代公法は近代私法の政治的反射であり、この関係は、近代国家と市民社会との関係に照応している(14)。近代国家の権力は本質においては市民社会と敵対するものではなくして、市民社会自らの中にある社会的強制の独立化した現象型態であり、だから人格の主体性はこれと矛盾することなく、公法の領域においても「市民」

Bürger, citoyen として存在し、「市民」と国家との関係は本質的に私法関係とことなるところなく主体的な権利義務の関係として成立するのである。要するに、公法と私法との分裂と対立は、資本制社会における全社会関係の起点としての所有権の私的性質と自由(個別的存在の段階における構造)およびその発展としての強制と必然性(総体的存在の段階における構造)との分裂と対立とに照応するものであり、したがって両者は対立するとともに対立していないのである。私的所有権は市民社会および近代国家の基礎であり、したがって、私的所有権の保障は近代市民国家存立の重要な目的の一つである。近代国家の憲法はいずれも私的所有権の保障を憲法中にうたっており(15)、私的所有権は近代国家法の ultima ratio legis と言われ得るのである。

近代法の体系における公法と私法との分裂・対立は、しばしば学者の理論において絶対化され、人類としての生活関係を規律する法と政治権力の関係を規律する法として、或いは平等対立関係の法と命令服従関係の法として、——論理(必然)的に考案可能なカテゴリーとして——非歴史的に固定される。しかし、このような考え方は、解釈法学上の技術的概念構成としてはともかくとして、現実を認識する手段たる概念としては観念的抽象にすぎると言わざるを得ない。近代法の体系における公法と私法との対立はただ歴史的にのみ理解され得るところの、特殊=歴史的なカテゴリーである。

所有権の私的性質、およびそれを基礎とするところの公法と私法との分裂は、最近の経済統制法によって否定されたかのように見える。経済統制法があらわれる前までは、個々的な所有権制限立法(土地収用法・都市計画法・森林法・河川法など)は、所有権の私的性質・自由に対する例外的一時的性質のものにすぎず、したがって、それらの制限は所有権の外の世界の公法上の問題として意識され、所有権の私的=私法的性質には何の影響を及ぼさない無関係のものと考えられていた(16)。ところが、いわゆる経済統制法(特に日華事変、太平洋戦争の際の)は、それまでの個々的な国家的干渉とはことなって、単に例外的個々的一時的ではなく、一般的恒常的な干渉であって、所有権の私的＝私法的性質そのものの否定、公法と私法との分裂と対立との否定をもたらすものとして意識され、理論構成されるに至った。そのような理論は、特にそのような統制を観念的に基礎づける政治的必要があったナチス・ドイツにおいて、また同様の必要をもち且つナチス・ドイツの強い影響の下にあった日本において、流行をみたが、必ずしも常にそのような政治情勢や全体主義思想と結びつくことなくしても存在した。[17] そのような経済統制は、所有権の私的性質と社会的性質との分裂・対立、その結果生ずる矛盾が増大してただの経済的強制によって強力的に解決される限度をこえた場合(戦争・恐慌)に必然的となったものであり、だから国家はこの場合に資本制的な再生産を、すなわち近代的な所有権の私的性質と社会的性質との統一を、国家権力を媒介として強力的に確保することを目的としている。そこでは、所有権の私的性質は否定されていないのみか、逆にそれが拡大され、国家権力を媒介として強化されている。現象的には、国家権力(公法)によって所有権の私的性質(私法)が否定されているが、[18] 本質的には、その国家権力そのものは、典型的な近代的な市民的国家においては、私的所有権の政治的社会的な現象型態(私的所有権＝資本のための存在)として否定されており、したがって、公法と私法との対立は、論理的により高い段階において、再生産されているのである。だから、経済統制法の出現、強度の統制にもかかわらず、全法体系の基礎には所有権の私的性質が保存されており、したがってまた、私法と公法との分裂は決して消滅していない。ナチの学者のいうように、公法と私法との分裂と対立とが消滅し、そのかわりに統一的な民族協同体 Volksgemeinschaft(非近代的な社会、またその意識は、独立した主体的個人を全部的に没入させるところの Gemeinschaft を愛好する!)の法秩序を観念的に構成し、私的所有権およびそれの発展たる諸々の私法的権利義務関係を、その全体的秩序の有機的部分(たとえば人格 Person のかわりに「手足的地位」Gliedstellung)として再編成することによって、観念的には公法と私法との分裂と対立とは消滅せしめられるが、現実には、依然として商品交換・資本が存在するかぎり公法と私法との分裂と対立とは存続しており、私的所有や契約の統制——すなわち私的所有や契約の存在を前提＝承認した上での干渉——という事実は如何ともなし得ない。だからまた、経済統制の強化・一般化によって私的所有権が存在しなくなるという理論「構成」のもとに、そこに社会主義が実現されるように説くことも(ナチの初期の理論家達は、Nationalsozialismus を社会主義だと「構成」することに努力した)、誤りであることはあきらかである。思うに、経済統制法の下において、このように客観的事実を不当に誇張する理論構成(それはまことに「ゆきすぎ」の議論であった)が生れたということは、それが、恐慌の時代または戦争の時代の産物であるということを思い合せるときは、一定の国々においては歴史的に当然であった。

(14)　川島「自由経済における法と倫理」(法律時報一四巻六号)参照。

(15)　一七七六年ヴァージニア人権宣言第七条。一七八〇年マサチュセッツ人権宣言第一〇条。一七八九年フランス人権宣言第一七条「所有権は不可侵且つ神聖の権利であるから、法律に依り公の必要が明にこれを要求することを認定し且つ予め正当の賠償を支払うという条件の下においてでなければ、所有権を奪うことを得ない」(Art, 17-La propriété étant un droit inviolable et sacré, nul ne peut en être privé, si ce n'est lorsque la nécessité publique, légalement constatée, l'exige évidemment, et sous la condition d'une juste et préalable indemnité.)——フランス人権宣言第二条 "Le but de toute association politique est la conservation des droits naturels et imprescriptibles de l'homme. Ces droits sont la liberté, la propriété, la sureté et la résistance à l'oppression." 一九一九年ワイマール憲法第一五三条第一項「所有権は憲法によって保障される。その内容および限界は法律によって定められる。」日本旧憲法第二七条。新憲法第二九条。

(16)　vgl. O. Gierke, *Deutsches Privatrecht*, II, S. 360; Hedemann, *Fortschritte*, II-1, S. 127.「所有権ノ本体ハ完全支配力ナリ、……法律ヲ以テ之ヲ制限スル能ハサルニ非サルモ此本体ヲ動スナラハ之レ所有権ヲ破滅スルモノト云ハサル可カラス、然レトモ所有権ハ前述ノ如ク抽象的観念ナルカ故ニ其本体ヲ変更スルコトナクシテ其個々的ノ作用ヲ制限スルコトヲ得、通常所有権ノ制限ト称スルハ真ノ所有権ノ制限ニハ非スシテ其作用ノ制限ナリ」(中島玉吉『民法釈義』巻之二、二七七頁)

(17)　ナチ理論の代表的なもの、——「だから、およそ所有権の制限はすべて、——どのような協同体形態からその特色を与えられるかということには関係なく、——広い意味における・民族協同体的な所有権の拘束に属する。このようなひろい概念構成にとっては、所有権の制限のあり場所が家族法であると、相隣法であると、行政法であると、すなわち私法であると公法であると、によって差異は生じないのである。……ここにのべられたような考え方の立場から言うと、所有権の制限とくに公法上の干渉は、異物として外部から所有権に立ち入るのではなく、所有権の最も内部の本質に立ち入るのであるから、それは常に所有権概念の変遷の要素をなしている。」(Hermann Eichler, *Wandlungen des Eigentumsbegriffes*, 1938, S. 323, 325) ナチと関係ない理論としては——「所有権の内容はこれ等の制限〔私法上公法上の〕によって認められた範囲内に於ける全面的支配権に過ぎずと観念すべきである。」(我妻栄『物権法』一四三頁、また石田文次郎『物権法論』三八四頁)

(18)　石田文次郎『現代物権法の基礎理論』(日本国家科学大系第七巻二六頁)「……〔所有権が〕現在に於ては、社会的な一機能と化し、共同体の利益との調和に於て物を使用し処分する所有者の義務と化したことは、まさに所有権概念に於けるコペルニクス的転換と謂はねばならぬ。」(傍点—川島)

二　つぎに、私的所有権と契約と人格とは法の体系の中において相互にいかなる関係をつくるか。

第一に、所有権の法と人格の法との分裂。所有権の私的性質は、さきにのべたように一切の人的な協同関係・支配関係からの所有権の解放を意味する。したがって、所有権の私的性質が全社会的規模において確立されている資本制社会においては、所有権は、一切の人的関係から分離されたところの・単純に物質に対する権利となり、同時にその反面において一切の人間対人間の関係は物財に対する所有関係から分離されたところの・したがってまた支配的・協同体的関係から解放された主観的人格の間の・単純に人的な関係となる。このようにして、所有権の法と人的関係の法とが分裂する。ところで、この場合にこの人的関係を構成する人間は、近代的私的所有権の人的反射＝側面たる「人格」であり、したがって人的関係は、ただ「人格」の自由意思を媒介とする「契約」の関係そのものとなる。したがって、近代的な人的関係の法は、その基礎・起点としての法的「人格」と特殊＝近代的な家族関係とのみを含むものとなる。すべての私法上の団体関係は、「契約」に媒介された関係としてのみ成立する。(19)

第二に、所有権の法と契約の法との分裂。元来、所有権と契約との分裂は、そのはじめの段階においては商品交換そのものによって与えられるものであり、そこでは契約の法は同時に所有権の法と直接的に同一である（古代ローマの nexum がその典型。そこでは、三つの基本的カテゴリーが直接的に同一である）(20)。したがって、所有権の法と契約の法との分裂は、契約が所有権から分離して、独立のカテゴリーとして成立すること、すなわち契約が債権関係として成立すること、によって現実的となる。その経済的基礎は、交換の客体が広汎に恒常的になった結果、現在存在する物と現在存在しない物との交換が必然化するに至ったこと、であり、またその社会的基礎は、社会的分業が必然的につくりだすところの相互依存関係、である。(21)

(19)　言うまでもないことであるが、このように言うのは、いわゆる「団体法」の存在を否認したり、或いは団体法を契約関係そのものと直接的に同一だと認めたり、するのではない。ただ団体法の特殊性を強調するのあまりに、近代的な団体法が、その構成員の近代的な「人格」したがって「意思」、また「契約」に基礎をおいていること、――ギールケの言うように、近代法では団体法 Sozialrecht が個人法 Individualrecht として存在していること、――を無視する危険に対し、警告したいのである。

(20)　Maine, *Ancient law* (everyman's library), p. 185 et seq.; Max Rheinstein, *Die Struktur des vertraglichen Schuldverhältnisses im anglo-amerikanischen Recht*, 1932, S. 16 ff.

(21)　契約関係の発展の論理的順序はつぎのとおりである。第一の段階は、純粋の物権関係であった（現実的な物々交換）。第二の段階は、物権関係としてあらわれるところの債権関係（貸した物や金銭の返還義務や物の引渡債務は、他人の所有権の侵害として処罰され、追求される）、第三の段階は、債権関係が債権関係としてあらわれるが単なる reines Sollen にすぎず、その強制実現は、債権関係とは別の・人または物に対する物的支配("Haftung")によってのみ可能となる場合、第四の段階は、債権が債権そのものとして保障されている場合である。これらの点の史実については、M. Rheinstein, *op. cit.*, S. 10 ff.; Hübner, *Grundzüge des deutschen Privatrechts*, 1930, § 71, 72.

契約関係が債権関係として確立されることによって、商品と交換との分裂は、所有権と債権との分裂と対立に転化する。資本制社会においては、この分裂と対立とはつぎの事情によって決定的となる。第一に、商品交換関係がすべての生産関係を媒介し構成することによって。すべての財産関係が所有権法と債権法とに分裂し、且つこの両者によって蔽われる。第二に、特殊＝資本制的な商品交換＝契約の類型であり、且つ資本制社会における商品交換のもっとも重要な構成部分たるところの労働契約によって。[22] そこで交換される商品は労働力であり、それは将来の労働という・人間の給付行為――Leistung――であって、このことが商品交換を債権関係として確立する強力な基礎となる。第三に、特殊＝資本制的な「信用」の必然的成立によって(第五章参照)。

法体系の・この二つの領域への分裂は、全経済関係が商品交換によって媒介されていることによって、究極的には商品としての私的所有によって、規定されていることは、すでにのべたとおりであるが、このことによって、この二つの法の領域への分裂ということは、つぎのような相互関係――厳格な分離・対立――を意味するのである。すなわち、所有権の近代的な私的性質は、所有権を一切の人的関係から解放することを、したがって、所有権をしてただの物的支配そのものたらしめることを、要求する。近代的所有権を、単純に「人と物との関係」として意識し構成することの基礎は、この点にある。右のことの反面において、契約＝債権関係はまた所有権の法から完全に分離され、純粋の人的関係そのものとなる。このような厳格な分離によって、所有権および契約＝債権の「自由」が確保される。

契約自由の原則(経済的には、等価交換＝価値法則の貫徹)によって生ずる諸々の債権関係は所有権から分離されているから、同時に所有権の「自由」は何らの影響をうけない。同様に、このような分離によって所有権の自由が確保されているから、契約の自由が可能となる。勿論、このような分離の原則は、所有権の自由を制限するところの一切の契約(債権的でなく物権的効力をもつ)を否認する必然性を必ずしも意味しない。所有権の包括的内容の一部分を構成するある利益(耕作などの利用権能)を等価で他の財産(たとえば貨幣)と交換することは、それ自身としては一般等価交換のカテゴリーに属するのであり、ただそれを無限に自由にゆるすことは所有権と契約との自由、したがって両者の分離と矛盾するがゆえに、これを一定の範囲に限定することが要求されるのである。民法典第一七五条が「物権ハ本法其他法令ノ定ムルモノ」に限る旨を規定しているのは[23]、一方において、所有と不可分に結合するところの・封建的な協同体的な利用関係の成立を否認し、他方において、近代的な・非協同体的な利用関係をも限定する趣旨であり、言いかえれば、後むきおよび前むきにおいて所有権と人的＝債権的関係とを分離する趣旨にほかならないのである。このようにして限定的に承認された範囲においては、所有権から派生したところの第二次的な・所有権内容そのものを制限する効果を含むところの「制限物権[24]」が成立するのであり、債権法と分離・対立する所有権法は物権法となる。

物権法と債権法との分裂・対立、また物権と債権との二つの権利の対立は、しばしば純粋に観念論的に説明される。すなわち、そのような対立は、「権利の性質上」権利者の意思のみで一定利益を享受する権利(物権)と、他人の意思を媒介として一定利益を享受する権利(債権)と、の二つが論理的に考案可能だからである、と言われる。しかし、右にのべたように、この二つの権利と法体系の分裂と対立とは、特殊＝近代的な歴史的現象であり、封建制社会においては、現実の法律関係において物権と債権との区別そのものが確立されていなかったし、またそのような区別は観念の世界においても確立されていなかった。そのもっとも典型的なものは、小作関係・入漁関係であって、「分割所有権[25]」或いはいわゆる「一地両主[26]」のような「物権」性の高いものもあるが、比較的に地主(領主)の自由意思が支配するところの・「物権」性のよわい・precarium的のものも含まれている。(27) そこでは、物的支配と人的関係とが不可分に結びついているし、その人的関係は純粋の債権関係ではなくて人的支配関係である。(28) しばしば問題になるところの・慣行的な流水使用権や温泉引用権についても同様であり、したがって、それらの権利が物権であるか債権であるかを問題とすることは、裁判の前提問題としての解釈論としてはともかく、理論的には無意味であると言わねばならない。

(22)　典型的な資本制社会においては賃労働契約が「商品交換」契約であるということは動かしがたい事実であるにかかわらず、この事実を認める理論は、わが国の多くの人々(若干の学者さえも)にとっては、「唯物的」な悪魔的なものに見える。勿論、賃労働関係が人類の永遠の理想でないことは言うまでもない(「万物は流転する」!)。しかし等価関係のうちに、人間の「自由」が保障されている。賃労働者の「自由」は、生産手段からの「自由」(分離)の基礎の上において、資本家との間に労働力と賃銀との「商品交換」を行い、且つその結果として生活資料をも「商品交換」によって(賃銀＝貨幣の媒介)取得し、これらのことによって彼自身の足で立っているからである。イエリングの皮肉なことばを借りるならば、“Geldbeutel”の中に、“Entgelt”の中に、人間の自由が存在するのである。Jhering, *Der Zweck im Recht*, Bd. 1, S. 118–21 f. 勿論この「自由」が現実には彼らの経済的不自由を意味するとはいえ、この「自由」こそは近代的労働者の主体的精神の現実的基礎であり(近代労働法の精神的基礎)、「主人」の家父長制的拘束と温情とに依存する封建的家父長制的労働関係における非主体的な精神に比し、決定的な進歩的意義を有することは、のちにのべるとおりである。

(23)　旧民法においては、物権が、法の列挙する種類のものに限定される趣旨は、規定の字句の上からは必ずしもあきらかでない。しかし、旧民法財第三条の列挙が限定的の意味をもっていたことは、民法修正案理由書第一七五条の説明からも推測される。のみならず、同条の母法たるフランス民法第五四三条は、条文の字句の上においては物権の種類を列挙するにとどまるが、その規定の目的は法律の規定する以外の新しい物権を創設することを禁ずるにあること(Colin et Capitant, *Cours élémentaire*, I, n°. 745)からも明瞭である。

(24)　このような物権法の構造に対し例外をなす権利が、わが民法典の中には二つある。一つは占有権、他は入会権である。占有権は、所有権から派生する有限な他物権ではない。しかし、それは、のちにのべるごとき所有権の「観念性」という近代的性格のいわば裏面をなすものであって、実は物権法の構造に対し例外をなすものではない。つぎに、入会権は、所有権に基く権利でもなく、また永久の所有権に対する有限の権利でもない。入会権は、本来近代的な所有権の世界には属せず、前時代の遺制である。したがって、それは近代的な所有権の体系においては、種々の困難な矛盾(現実的ならびに理論的)に逢着せざるを得ないのである。

(25)　分割所有権 geteiltes Eigentum とよばれるのは、一つの土地に対し上級および下級の所有権 Ober- und Untereigentum (その典型・原型は地代収得権者と利用権者すなわち直接的生産者と)が重なっている関係であって、封建的なヒエラルヒーの・土地支配関係における側面である(封建制においては、人的ヒエラルヒーは同時に物的ヒエラルヒーと同じである)。その観念的構成は、Glossatoren に由来する。詳しくは、O. Gierke, *Deutsches Privatrecht*, II, S. 370 f.; Stobbe, *Handbuch des deutschen Privatrechts*, II, § 96; Hübner, *Grundzüge des deutschen Privatrechts*, S. 227 f.; Hedemann, *Fortschritte*, II-1, S. 3 f.; Sagnac, *La législation civile de la Révolution Française*, p. 62 et. seq.; Chénon, *Démembrements de la propriété française*.——経済史の文献は無数。

(26)　「一地両主」は、ヨーロッパの分割的所有権に該当する観念である。「一地両主」とは、「従来甲所有スル一区ノ不毛地ヲ熟談ノ上乙ニ貸渡シ、乙自費ヲ以テ開墾シ、其ノ後乙此地ヲ進退丙ニ譲リ、丙又相次テ丁ニ売リ如斯転換スル数十年買者之ヲ怪マス、原主之ヲ咎メス……尋常永小作ノ類ニ比スレハ地主ニ一属ノ権利ナキモノ」である(地租改正の際の明治七年四月の敦賀県伺。小野武夫『永小作論』五二—三頁による)。そのほか分割所有権の例としては、「上土持」および「底土持」とよばれる・土佐の郷士とその小作人の関係(小野武夫前掲一〇四頁以下、一二一—二頁)、戸水寛人(『阿蘇の永小作』明治三四年)が「武士ハ鎗先ヲ以テ禄ヲ得、永小作人ハ其鍬先ヲ以テ永小作権ヲ得タリ」と言われた細川藩阿蘇の小作関係(地租改正書類によれば、「人民ハ普通ノ所有地ト了知シ」たとされる。小野武夫前掲一一三頁)などがある(その他の例につき、小野武夫前掲一一七頁以下)。わが国における分割所有権——地主に対抗し得る権利として確立された直接生産者の地位——が、すべて開墾地に存在していることは、西ヨーロッパの場合に比べて注意に値するのではないか。

(27)　わが国の地主小作関係のうち、特に、名子・被官などの名称でよばれているもの、本家分家的家族関係として擬制しているものは、小作人の土地支配の「権利」的色彩の特に弱いものである。それらの小作人はオヤカタの家父長的権力に対抗し得る権利をもっておらず、オヤカタの家父長的慈悲に依存している。これらの関係は、徭役労働を伴うという点では西ヨーロッパ特にイギリスの villain の場合と似ているが、さきにのべたように(第一章注20)、villain にあっては領主との間に対抗関係・対抗的権利が存在した点で、差異があるであろう。この対抗関係の有無——すなわち、法的主体性の有無——を決定するのは、生産手段の私的所有の差異(第一章一九頁以下)、すなわち、被官にあっては言うに足る生産手段がほとんど皆無に近いのに反し、villain の場合には数頭の馬にひかせる巨大な plough(それは plough-team を必要とする!)があったということ、である(小林平左衛門「伊那の被官百姓」歴史地理四〇巻三号、古島・関島『徭役労働の崩壊過程』、Vinogradoff, *Villainage in England*, second essay. 大塚久雄「生産力における東洋と西洋」中央公論一九四七年四月号等参照)。

(28)　封建的小作が「契約」によって生ずるという場合があるが(たとえば、イギリスの copy-hold やドイツの Zeitpacht)、そのことは、それに因って生じた関係が、物権と対立するところの近代的な債権関係であることを意味せず、そこには人的権力関係・経済外強制が支配する。

三　右のような内容をもつところの・物権法と債権法との分裂と対立に基いて、物権と債権とは、近代民法においてはつぎのような技術的構成、実用法学的 Dogmatik をもっている。すなわち、——

(1)　物権は、直接に——すなわち権利者の意思のみによって——物を支配する権利。これに対し、債権が物の支配を内容とする場合(賃貸借)には、債務者の行為(債務の履行)によって媒介されなければならない。だから、前者は物的 dinglich, réel な権利、後者は人的 persönlich, personnel な権利、と言われる。

(2)　右のことの論理的帰結として、物権には排他性があるが、債権にはない。同一の客体の上に一つの物権が存在するときには、同一内容のほかの物権は存在し得ない。(同一の物を二人の者に別々に売った場合に、所有権を取得するのは二人のうちの一人だけである。)これに反し、債権は、たとえ事実上両立し得ない内容のものでも二つ以上同時に成立し得る。(同一の物を二人以上に別々に売った場合にも、債権債務は有効に相並んで成立し、ただその中の一つを除いては有効に履行され得ないだけである。同一時間に別の劇場で演技する債務についても同様である。) 別の側面から言うと、物権は、それを設定した当事者以外の第三者に対し一般に主張し得るが(「対抗力」、「追求力」、「優先的効力」——「絶対権」)、債権はただ債務者に対してしか要求され得ない(「相対権」)。

物権と債権との峻別が、且つその近代法的意義と問題とがもっとはっきりと現われるのは、つぎの場合である。民法上、賃貸借は一つの債権契約であり、したがって賃借人の有する賃借物利用権は債権者と債務者との間の人的な関係たるにとどまり、賃借物の所有権の自由は——賃貸人が所有者である場合にも——この契約によっては縮小されない。だから、賃貸人が賃借物の所有権を第三者に譲渡すると、譲受人は完全に自由な所有権を取得し、前主と賃借人との間の人的関係たる賃借権の対抗を受けない。すなわち「売買は賃貸借を破る」(Kauf bricht Miete. Vendage passe louage.)[29]。この原則の下においては賃借人の地位がはなはだ不安であることは、かの「地震売買」なることばが示すごとくである。明治四二年の建物保護法、大正一〇年の借家法(第一条)および昭和一三年の農地調整法(第八条)という一連の立法は、少しずつこの原則を改めた。では、「売買は賃貸借を破らない」というこの新しい一原則が法律上承認されることによって、これまでの民法に認められてきた物権と債権との峻別、所有権の自由、という構成は民法上の根本原理としての意義を失ったであろうか。同じことは、ドイツおよびフランスの民法典についても問題となり得る。すなわち、はじめ「売買は賃貸借を破る」という原理の上に立っていたドイツ民法第一草案は、ギールケの批判によって改められ、不動産については「売買は賃貸借を破らず」という原理がドイツ民法典中に明文をもって規定されるに至ったのであるし(第五七一条)、また、フランス民法も、「売買は賃貸借を破る」という ancient droit の原則を改めて、第一七四三条で「売買は賃貸借を破らない」旨を規定したのである。はたしてこのドイツやフランスの民法典の規定は、近代的な所有権の自由の否認というような意義をもっているか。

一般的に言って、「売買は賃貸借を破らず」という原則は近代的所有権の自由の原則に対する例外、その破棄を意味するものではない。この原則が、近代的な所有権の原理の廃棄ないし止揚であるようにみえるのは、ドイツの学者が、ローマ法的な近代的所有権に対する反対物として、ゲルマン法の原理としての「売買は賃貸借を破らず」を対置するからである。たしかに、「売買は賃貸借を破らず」という原則は、物に対する支配を、それぞれ多かれ少かれその事実そのものの効力として法的に保護するところのゲルマン法の gewere 法理に基礎をおくものである。[30] しかし、近代法におけるこの原則の外見上の「復活」は、賃借権の特殊＝近代的な性質に由来するものである。このことは、イギリス法の歴史をみるときもっとも明瞭である。イギリスにおいて、借地人の権利が土地の譲受人に対し対抗し得るようになったのは、まさにチュードル絶対王制のはじめ、ヘンリー七世の治世第一四年(一四九八年)であり、それによってイギリスの小作人階級の地位が安定し、農業に対する資本の投資が確固たる基礎をすえたのであった。[31] すなわち、この改革はイギリスにおける近代的な農業経営の基礎であり、したがってそれはイギリスの近代的所有権の確立過程と照応するものである。またフランスにおいても、同様の原則は、フランス革命のときに(一七九一年)革命法(いわゆる droit intermédiaire)によって規定されるに至った。[32] 要するに、これらの事実は、賃借人の地位が土地所有者と対等の社会的地位をもつに至ったこと、すなわち、彼らの経営の基礎が近代的な「資本」となるに至ったこと、の表現である。

「売買は賃貸借を破る」或いは「破らない」という法理がそれ自身として近代的かいなかを問うことは、問題として無意味であるように思われる。「破る」という法理は、イギリスにおいては、領主に対する農奴の権利が(封建的な権力分散制のゆえに) common law の裁判所の保護をうけなかったということを意味したのであるし、また「破らない」という法理は、ドイツにおいては、同じく領主に対する隷農の下級所有が Landrecht 上の Gewere（債権と物権との厳密な区別を知らないところの）の保護をうけたということを意味している。同時にまた、このいずれの法理も、近代的な所有権と債権との分離の基礎の上に立っているかぎり、近代的であり得る。すなわち、「破る」という法理は、近代的な所有権と債権との分離の一般原則（特に賃貸借に関連しては、封建的な人的な小作関係からの所有権の自由）を意味しているし、「破らない」という原則は、近代的な所有権と債権との分離の原則一般を破ることなく、その基礎の上においてこて賃借権（実際においては、不動産の賃借権）を「限定された他物権」の列の中に加えることを、意味しているにすぎないからである。そうして、賃借権の対抗力が承認されるかいなかを決するのは、結局においては、他人の不動産の利用の上に資本が基礎をおいているかいなか、或いはその強さ、にかかっているように思われる。

このことを日本の法律規定について概観してみよう。元来、民法第六〇五条が規定するところの、不動産賃借権について登記がなされると登記以後にその不動産について物権を取得した者に対してその賃借権を対抗できる、という原則は、フランス民法の規定（第一七四三条、一八五五年三月二三日法第二条第四号・第三条第二項）を参考としたものであり、近代的な意味をもっていることはあきらかである。[33] しかし、登記するためには土地所有者の同意が必要となるので（不動産登記法第二六条）実際上賃借権の保護には十分でない。日露戦後の日本資本主義の高揚期たる明治四二年に建物保護法が制定され、賃借地上の建物について保存登記があればそれだけで土地の賃借権を第三者に対抗し得るものとされたのは、地主・借地人の間の旧来の人情的主従的関係が解体され、対立した当事者の間の紛争となり、社会不安をさえかもしたからであった。[34] そのつぎの資本主義高揚期たる第一次世界戦争とそれにつづく時代における借家問題は、家屋の占有を伴う借家権に対抗力を承認するところの大正一〇年の借家法（第一条）の成立原因となった。すなわち、飛躍的な工業生産の発展は、それに起因する巨大な人口の都市集中、その結果として、一方では賃借権が資本の一部を構成するに至ること、(35)また他方では、住宅難・家賃値上(および一般物価値上りと賃銀引上とのシェーレ)・家屋の投機取引、一般勤労階級・小市民階級の生活不安、借家難に起因する社会運動の高揚、(36)――これらのことは、借家問題を、単なる貧民救済的関心の対象としてでなく、資本制経済・その再生産の基礎にとっての死活問題として、登場せしめたのであった。しかし、わが国における最大の賃借人階級たる――ただし、正確に言えば近代市民法上の「賃借人」ではないが――小作人の耕地利用権の対抗力は、明治以来くりかえし問題とされながら(たとえば、昭和六年第五九議会に提出された小作法案第五条)、支那事変下の昭和一三年農地調整法制定まで法律上の承認を得なかった。(37)このことこそ、まさに、「売買は賃貸借を破る」という原則が近代的のものではなくして、上級下級の人的支配関係(封建的＝半封建的小作関係)の原理そのものでもあり得ることを示している。前記の農地調整法(第八条)は小作権の対抗力を承認したが、その理由は、小作権が直接に農業資本の基礎をなしていることに基くのではない。同法は「互譲相助ノ精神ニ則リ農地ノ所有者及耕作者ノ地位ノ安定及農業生産力ノ維持増進ヲ図」ることを目的とするとうたっており(第一条)、戦争下における農村の小作争議を避けることと食糧生産の能率確保とがその実質的目的であり、耕作権の対抗力の付与はこの目的に出たものであった。そうして、そのような意味において、この法律は間接に戦時における資本制的再生産の基礎を確保しようとするものである。ここでの賃借権の対抗力の近代性は、ただこのような間接的な・資本制経済の反射としての意味においてのみ存在したのである。

他物権の存在によって、所有権の内容としての・客体の自由な使用権は、他物権の範囲において否定される。そのかわりに、所有権はその使用の対価をうけとる元本に転化する。このことによって、物理的・素材的には所有権の権能は削減される。しかし、資本制社会においてはその対価(地代・家賃)の収入は資本に還元 capitalize され、所有権は一定の資本的価値を得るのであり、したがって経済的・価値的には所有権の内容は削除されない。そうして、資本制社会においては、一切の財産は終局においては貨幣価値の型態において観念され還元されるがゆえに（次章以下参照）、他物権（賃借権をも含めて）による所有権自由の限定は、近代的所有権の自由の否定ではなくして、その一つの現象型態、発展型態であると認め得られるのである。(38)

（29）　ドイツおよびフランスにおける“Kauf bricht Miete.”の原則の史的発展についてはHübner, *Grundzüge des deutschen Privatrechts*, §84; Planitz, *Grundzüge des deutschen Privatrechts*, 2. A., §71; Schulin, *Zur Geschichte der mittelalterlichen Miete*, Zs. Sav-St., Bd. 54 (germ. Abt.), S. 127; George A. Loening, *Die Grundstücksmiete als dingliches Recht*, 1930; Marcel Planiol, *Traité élémentaire*, t. 2, n° 1904 et seq.; Theodore F. T. Plucknett, *The concise history of the common law*, 3. ed., 1940, p. 512-3.; *Instiutes coutumières d'Antoine Loysel, avec les notes d'Eusèbe de Laurière*, 1846, t. 1, n° 472.

（30）　Hübner, a. a. O.

（31）　Plucknett, *op. cit.*, p. 513は一四九八年または一四九九年だとする。——このことが、イギリスにおける農業者farmersの発展の所産であり、且つその発展の基礎となつたことについて、たとえばアダム・スミスの説明を見よ。「……これ等の農業者〔farmers〕が、数年に亙る借地権をもつてゐる時には、農地を一層改良するために彼等の資本の一部分を投じるのを有利と考へることもある、といふのは、彼等は借地権の消滅前にそれを回収し且つ大いなる利潤を獲得することがあり得るからである。しかしながら、この種の農業者の所有権は久しい間甚だ心許ないものであつたし、ヨーロッパ諸地方においては今もなほさうである。彼等は新しい購買者によつてその期限の消滅前に合法的にその借地から追出された。……しかも彼等が地主の暴力によつて不法に立ち退かされた場合には、その故障を仰ぐ訴訟は極めて不備であつた。即ち、それは必ずしも常に彼等をして再び土地の所有を回復せしめず、たゞ損害賠償のみを受けさせたが、その額は実害に及ばないことが多かつた。イングランドは全ヨーロッパで中小農民階級（yeomanry）が常に最も尊敬を受けてゐる国であるが、そこでさへ漸くヘンリー七世の第十四年のころに至つてはじめて不動産占有回収訴訟action of ejectmentが発明され、それによつて、小作人が損害賠償の外その所有権を回復し得るやうになつた……かくしてイングランドにおいては小作人の安全なることは地主に劣らないのである。……相続人又は購買者に対して小作人の権利を保障することが有益であることが知られてから後も、ヨーロッパの他の部分においては、この保障期間はなほ短期に制限せられてゐた。例へばフランスにおいてはそれは借地期間の開始ありたるときより九年であつた。そして、最近この国において、それが延長されて二十七年といふことになつたが、これでも小作人をして最も重大な改良をなさしむるにまだ充分だとはいへない。」(大内兵衛訳『国富論』岩波文庫版(二)二〇二―五頁) なお action of ejectment については、Plucknett, *The concise history of the common law*, p. 334-5, 512-3 を参照せよ。

(32) Sagnac, *La législation civile de la Révolution Française*, p. 208 et seq., 330 et seq. 簡単には M. Planiol, *Traité élémentaire*, II, n° 1741-2.

(33) 民法修正案理由書第六百四条の説明「(理由)既ニ章首ニ述ヘタル如ク既成法典ハ賃借権ヲ物権トセルニ因リ(財第二条第二項)之ヲ第三者ニ対抗シ得ルハ当然ノコトナルモ本案ハ此権利ヲ人権ト為シタルヲ以テ之ヲ第三者ニ対抗センニハ特別ノ明文ヲ必要ナリトス而シテ不動産ノ賃貸借ニハ登記ヲ必要トシ登記シタル後ノ効力ハ不動産物権ノ登記シタルモノト同一トス仏国民法及ヒ白国民法草案ハ本案ト等シク不動産ノ賃貸借ヲ登記スルヲ許スモ仏ニアリテハ十八年白ニアリテハ九年ヲ越ユル賃貸借ニ限リテ登記シ得ルモノトセリ是レ非ナリ賃貸借ノ期間ニ因リテ此区別ヲ附スルハ穏当ニアラス……」

(34) つぎに掲げる法律新聞の社説は、問題の所在を余すところなく指し示している。

「在来一年二三歩の利益を以て甘じ唯其地所所有者たることを名誉としたる時代は既に過ぎて必ず六分若くは八分に、該当せしめんとする打算は其収益を増加すべく遂に地代を増加するの手段に出でんとす茲に於てか或は術策を弄して其地代を引上たる後其歩廻はりを標本として他に高価に売却し買主は又更に自己の買収価額を標準として其増加を求め而して後更らに之を他に売却す後者皆此筆法に倣ふて厭くことを知らずんば借地人たるもの終に奔命に疲れずんば止まず

即ち地主と借地人との関係たるや往々只金銭上の利益のみにして旧幕時代の情宜を求むるも決して見得べからざるものあり而かも其の契約当時に於て「借地御入用の節は何時なりとも自費を以て明渡可申」云々の書面を提供しあるを以て一朝其間に衝突あらんか此書面は直に借地人を制縛するのみならず借地人にして既に多年間営業を為し累代因て以て安く信用因て以て固きにより一朝之を離去するに於ては将来果して如何なるべきやを顧慮して遂に如何なる条件も地主の言ふが儘に諾するの已む

を得ざるに至る夫れ既に貸地人たり借地人たり地位自ら主客の差異あるを以て借地人は既に明治三三年法律第七十二号に因り当然地上権の登記を請求し得べき地位にあるに拘はらず事の裁判所に繫属すると主位たる地主の意向とを憚り従来の情誼必ずや不法も無からんとの宋襄の仁を学ぶの間に於て其地主は之れを奇貨とし之を他に転売し若くは転売したる如く仮装し以て地所明渡の訴訟を提起したるもの其例敢て乏しからず吾人が某所に於て「不当なる地代増加の為め拙者所有の家屋を売却す」との掲示を見たる如き読者果して如何なる感想をか惹起する。

然るに他の一面には実際物価の騰貴せるのみならず土地の負担も増加せるを以て相当の地代に増加を為さんとすれば借地人等相一致して反対を唱ふるものあるを見る而して之を調査すれば其地代たるや既に過去十数年以前の賃料なるに拘はらず其繁栄は非常に長大足の進歩を為し現に其営業帳簿を見るに十年以前の収益と比較して正に三四倍の利益あるが如き又或は其家屋賃貸料の沿革を見るに其当時より既に再三再四値上〔の請求?〕を為し居るに拘はらず独り地主の要求とし云へば徹頭徹尾十数年以前の旧例を追はんとするものなきにあらず……若し此現象をして底止する所なからしめんか早晩地主党借地党を現出すべきを顧慮するものなり法律あるものは徒らに法律の一部に跼蹐して情宜あることを知らず情宜あるものは徒らに情宜の旧套に齷齪して法律あることを知らず……是れ独り法律上の問題にあらずして社会各般の問題たらん……」(法律新聞三〇〇号、明治三八年八月三〇日、三頁)

以上の中でつぎの諸点が、注意されねばならないであろう。第一に、借地関係の性質の変化。すなわち、地主は土地所有をもっぱら収益の源泉として考え(その結果として、投機取引の増加)、借地人の側においては、借地権の上に経済的な利益をもっていること。第二に、このような関係の変化にもかかわらず、同時に、なお地主借地人間には「主客」の関係がのこっていること。すなわち、地主はこの主客関係を利用して、地主にとって圧倒的に有利な条件を約束せしめ、また借地人はこの情誼関係に固着して賃料値上げに反対する。結果的には、地主の封建的な優越的地位は、法律上は契約関係として維持される。第三に、この矛盾は、「借地人等相一致して反対」するという団体行動により一そう強められ、社会問題の発生が憂慮される。ただし、当時の借地関係が、単に貨幣関係によって分解された関係にとどまるのか、さらに両当事者に近代的(等価交換的)な要素が現われてきているか、は今のところ詳らかにし得ない。

(35)「近来家屋払底を奇貨とし相競ひて借家賃の値上を行ひ漸く迫害を逞ふするの傾向歴々たるものあり本社最近の調査に拠るも事例幾百にして足らず……其の惨害亦甚だしく商賈の如きは永年売込みし招牌を撤し店舗を畳みて他に移らざるを得ざる悲境に陥るのみならず移転すべき空屋の発見に苦み竟に営業上の華客をも失ふに至り迷惑を蒙る者少からざるべく……」(法律新聞一五七二号、大正八年七月二〇日、三頁)またつぎのような訴訟が提起されたことが、特別の興味をもって法律新聞に報告されている。原告は被告の家を借りて自動車業を営んでいたが、被告が建物を訴外人某に売ったので原告はその者から明渡請求をうけ明渡した。そこで、原告は被告に対し債務不履行に基く損害賠償請求の訴を提起する「請求の原因……原告は営業所移転の為め京橋区瀧山町に金五千円を投じ家屋の権利を得て移転し又原告の商号が日吉自動車商会なるを以て電話は銀座局一四四《ヒヨシ》番を取得し居りたるに移転先は他の局なるを以て右電話権利壱千円を損失し車庫移転の為め金参百円の費用を要し其の他移転に伴ふ営業上の損失金壱万円を喪失し合計金壱万六千参百円の損失を来し候」(法律新聞一六七〇号、大正九年三月二五日、九―一〇頁)

(36)　法律新聞一五九一号(大正八年九月八日)一〇―一一頁。同一五九三号一一頁「故に借家人自ら自覚奮起して横暴なる家主に当るのは最も時宜を得た方法である「借家人組合」の如きは最もよい方法……」(阿部大阪府知事談)。ただし、当時にも、つぎのような借家人組合もあったことに注意。「神奈川県小田原町は昨年春以来移住者の増加に伴ひ貸家甚だしく払底、昨冬以来借家人は殊に苦痛を嘗め居れるが之と同時に家賃の値上頻々として行はれ借家組合を組織し居る少数なる家主連は二三日前組合会に於て家賃五割の引上を行ふべく協議を凝したる所一時五割の値上を為すは土着者を以て組織せる組合員の面目に係はり恰も暴利を貪る奸商に等しき行為にて無産なる借家人に対し穏当を欠くものなれば三割に引下げんと主張する者多数を占め……右組合員以外にして貪慾極まる多数の家主は不当にも一回五割の引上を行はんとして借家払底の折柄借家人に立退きを迫り足下に付け込み値上げを行へる輩少からず……万一不当なる値上げを兎や角云ふ借家人に対しては遮二無二立退きを迫り〔暴力!〕已むなく承諾せしむるなど……既に数回の実例を見たる借家人の恨言は愈々爆発して彼等の不当に対抗し善良なる貸家組合を標準に置き総て之に倣はしむべく奮起し借家組合を組織して両者の融和策を講じ一面には正当なる家主の利益と借家人の保護に努むる為一致団結する事とし、某有力者を(家持)〔!〕組合長とし実行を期する為め某々氏等之が衝に当り借家人を糾合中なるが金町の七分を占むる借家人は挙げて賛成しつつあれば……」(法律新聞一六四九号、大正九年二月三日、一一頁)――なお、この頃においては家主借家人の間の関係はかなり権利義務関係となつており、一方では家主が非法律的威力を用いないで訴訟という手段に訴えるとともに(当時の法律新聞には借家明渡事件が非常に多い)、また地方では借家人も法律上の権利を主張して法廷で勝負を決しようとするようになっている。その興味ある一つの例として、「近来諸物価の暴騰を唯一の手段として家賃及地代の値上問題から家主に対する借家人の係争が最も多くなつたと共に一方では其の交渉の纏まらない内に家賃なり地代なりを日本銀行に持つて行つて供託にする者が著しくなりし昨今では一ケ月に三百件から四百件位宛あると云ふ事で然も激増する模様であると、……法廷に其の黒白を争ふ為には是非とも此の供託が必要である、処が近頃本金庫の役人が此の供託金を面倒臭がり何のかのと生半可な説諭口調で供託者の意志を阻み窓口から追返し為に肝腎の訴訟にのぞんでドヂを踏ましめた様な例もあつた。……家主横暴に対しては日本銀行の係員が何と云つてもとにかく供託金をして置くに限るが先家主征伐の第一手段である。」(法律新聞一六六〇号、大正九年二月二九日、一一頁)

(37)　小野武夫「小作立法十年史」(法律時報四巻三号)参照。

なお、わが国には、慣行上小作人が耕作権を第三者に対抗し得ることが承認されている地方がある(たとえば富山県庄川流域)。これは、封建的なゲヴェーレ的な「売買は賃貸借を破らず」の原則である。このような特殊慣行がないかぎり、小作人の地位は新地主の恩恵に依存することになる。実際上は多くの場合新地主は従前の小作人をして小作させることになるようであるが、それが恩恵の結果であることが――その結果耕作者の地位は precarium に比せられるべきようなものになる――中々重要なのであった。

(38)　この点には、我妻教授がつとに言及された。我妻栄「資本主義的生産組織に於ける所有権の作用」(法協四五巻四号六七八頁以下)、同「不動産物権変動に於ける公示の原則の動揺」(法協五七巻一号四二頁以下)。

四　近代的所有権の私的性質は、市民社会と国家、私法と公法、所有権と債権と人格、物権法と債権法と人格の法、等々の厳格な分離、を必然ならしめ、且つそれ自らの中に含んでいる。このような厳格な分離は、右の列挙の場合にかぎられるのみでなく、あらゆる社会関係および法のカテゴリー、その各領域・部分を貫くところの、近代法の基礎的論理である。それのみではない。この「峻別の論理」――相関連するモメントの厳格な分離、その結果としての・相互の独立と対抗、を一応こう名づけておきたい――は、近代的意識・観念型態のすべてを貫いている(物質と精神、自然と歴史、現実と観念、等々の分裂・対立)。「峻別の論理」は近代的な私的所有権に終局的の基礎をもつところの分業(物質的および精神的生産のすべての領域にわたるところの)に基礎をもっている、或いは言いかえれば、そのような分業に内在する論理であり、法の世界における各種のカテゴリー・領域の分裂と対立とは、この一般的原理の・法の世界における現象にほかならない。

3　近代的所有権の法意識(39)

一　法律学において、これまで一般に、法意識が問題とされることは、きわめて稀であった。法解釈学は法的観念を問題としたが、それは、法技術的な立場から特に法技術的な観念を問題としたにすぎない。ここで私が問題としようとするのは、人が法の立法・解釈という目的のために構成したそのような法的観念ではなくして、一定の法規範・その体系が現実に存在している場合にその現実存在の構成要素として客観的に存在するところの――したがって、人が法技術的に観念を構成する以前に存在するところの――人々の意識である。

一般に、法は人の意識に対する命令であり、且つ人の意識を媒介として現実の秩序となっているものであるから、法規範の意識はつねに法規範の存在とともに、その存在のうちに、直接的に存在している。ところで、現実に妥当する法規範・その秩序は、さきにのべたように、一定の歴史的な生産関係のうちに且つ一定の歴史的生産関係として、存在するものであり、その意識の側面・条件もまたそれに応じて一定の歴史的型態をもっている。それぞれの歴史的社会は、それに固有な法規範とともに、それに固有な法意識をもっている。というのは、法意識とは、生産関係を貫徹する必然性およびその一つの現象型態としての法規範の・人の意識における反射なのであるから。特に、権利・義務のカテゴリーによって構成されるところの法規範、すなわち別のことばで言うならば、主体的人間のあいだの関係としての・特殊＝法的な法規範は、人間の主体的な意識によって必然的に媒介されており、また、それによって与えられることによってはじめて法として現実的に妥当するものとなるのであり、法意識はより高き意味において法規範の本来的な不可欠の要素である。

資本制社会においては、すべての生産関係は主体的な人間(「人格」)の「意思」を媒介として存在しており、そこではすべての法規範は主体的な法意識によって媒介されるところの特殊＝法的な規範である。したがって、そこでは、人間意思の主体性は人間の全生活的範囲に滲透しており、だからさきにのべたように、近代法においてはじめて人間精神の主体性が確立され、法秩序を支える積極的なモメントとなったのである。近代的な法意識は、人類の精神史における一つの画期的段階を画する。近代的所有権の法意識は、その一つの側面であり且つその根源・基礎であり、それは近代的所有権の成立とともにその中に含まれていると同時に、また近代的所有権を支えているのである。近代的所有権の現実的存在ということは、決して条文上の存在につきるものではない。いかに近代的な up-to-date な条文があろうとも、現実の社会関係のうちに、その条文を現実化しこれを支えるところの特殊＝近代的な法意識がないかぎり、その条文は画かれた餅にすぎない。わが国では明治このかた近代法典を輸入し立法化したが、近代的法規範・法関係が現実にわが国に存在しているか否かは、それとは別の問題である。法実証主義的世界観にとっては、条文上の近代化はすなわち法そのものの近代化にほかならないが、法秩序の現実的妥当と法秩序の現実的内容をなす社会関係とを問題とする法社会学にとっては、近代法典の輸入・制定は問題の実践的解決の一部分でしかあり得ない。それが特殊＝近代的な法であるためには、わが国の民衆において、特殊＝近代的な法意識が確立していなければならない。所有権の法意識の問題は、この全体の実践的課題の重要な一部分、基礎を構成しているのである。

(39)　近代法の意識一般、そうしてその一つの場合としての近代的所有権の意識について、特にそれらを、前近代的な意識――特にわが国に支配的な――と比較しつつ、論じておいた。川島「遵法精神の精神的および社会的構造」＝法協六四巻七・九号(未完)。

二　近代的人間の意識一般の基礎規定は、まず自分が独立の・他の何びとにも隷従しない主体者であるという自己意識であり、つぎに、他のすべての人間もまた自分と同質的な主体者であることを認識し尊重するところの社会的な意識、要するに、社会的な規模において存在し且つ社会的に媒介されたところの主体性の意識である。その法的世界における側面・現象型態、すなわち近代的法意識は、第一には、人は自分自身の固有の支配領域をもつという意識、第二には、このような意識が社会的規模において、社会的に媒介されて存在し、すべての人が互いに他の人の固有の支配を尊重しあうという意識、である。

(1)　人はいずれもみな自らに固有な支配領域をもつという意識――それは抽象的に表現され観念されるときには、「自由」の意識にほかならないが――は、近代法の基礎をなしている。近代法的な権利義務というカテゴリーは、このような意識に支えられた場合にのみ現実的存在となり得る。

自らの固有な支配領域の意識は、何よりもまず、人が外界的自然に対してもつところの支配において、現実的具体的となる。近代的所有権は、だから人の主体的自由の・物的世界における客観化として現われる。(40)現実においては、逆に近代的な所有の中に、近代的な精神の自由が基礎づけられているのに。(41)所有権は、決してただの物質的な世界そのものではなく、それは同時に「自由」の精神的な世界を媒介し且つそれによって媒介されており、所有権をとおして主体者の「自由」が実現されている。所有権の侵害は、単なる物質的な利益の侵害にとどまらず、主体者の人格的利益、その精神の自由の侵害として意識される。したがって、その侵害に対し戦うことは、人間の主体者としての権威を維持し回復するところのものとして、高い精神的倫理的価値をもっている。(42) イェリングが言うように、近代法秩序はすべての人々のこのような意識、その現実の発現たる「権利のための闘争」Kampf ums Recht によって維持され得るのであり、もし人々にこのような主体性＝「権利」の強い意識ないし感情が欠けているときには、法は踏みにじられ、正義は地におちてしまうのである。

所有権が、人の固有の支配領域として意識される場合にはじめて、各人の所有権の範囲は明確に意識され、特殊＝近代的な「公」と「私」との分化の基礎が確立される。所有関係の明確化は近代的法律関係の一つの特質であり、それが所有関係――ひいては法律関係一般――における合理的精神の支配を可能且つ必然ならしめているのである。

わが国においては――特に農村においては――、このような意識が相当広汎に欠けているか或いははなはだ微弱である。特定の種類の物の所有者は、単に人間としての「自由」を意識するだけでなく、人間的に種類のちがう・優越した地位において自らを意識し且つ他人もまたそうである(地主・商店主・家主。株式会社型態をとる大資本所有者においても)。別のことばで言えば、所有権は「自由」の意識の上に合理主義精神の上に基礎づけられないで、義理や人情などの支配的・協同体的な情緒と深く結ばれている。と同時に、所有権の侵害は必ずしも人格の侵害として意識されない。所有権を「権利」と主張することは、多くの場合「人情的」でないとして非難され、むしろ「穏便に」すませることが賞揚され、時には泣きね入りになることがあたり前と感ぜられている。また、所有権の限界は明確に意識されないし、むしろ明確にしないで、その時その時の精神的雰囲気によって「何となく」きまったり、また「何とかしてもらう」ことを愛好する。このような意識が支配するところでは、権利を主張し権利関係を明確にすることを職業とするところの弁護士は、職業としては、愛好されないのももっともである。

(2)　近代社会においては、すべての権利が相互に規定しあっており、したがってすべての権利はその相互の承認によって存在を確保されている。したがって、所有者は、自らの所有権を権利として主張するのみならず、また同時に他のすべての所有権を尊重するのであり、そのことの反射として自らの所有権は市民社会全体の承認尊重をうけることができる。この交互的な尊重の意識が、近代的所有権を権利として確立する精神的基礎である。このような意識によって支えられることによってはじめて観念的な絶対的な近代的所有権の成立が確保されるのであり、もしこのような意識が確立されていないならば、人は自分の実力支配が及ぶかぎりしか安全に所有権を維持し得ず、したがって、所有者の実力支配が及ばない物に対しては所有者の権利は衰弱し、他人がそれに実力支配を及ぼしても権利の侵害とは意識されない。そのような意識のもとにおいては、所有者の知らぬうちに無断で所有物を使用することはほとんど違法として意識されず、これを「使用窃盗」とする近代的意識とは遠くへだたるものである。これが、ゲヴェーレの法体系(第三章参照)の意識的基礎である。このような他人の所有権の尊重は、さきにのべたような所有権範囲の明確化ということを前提し、これと深く関連している。所有権範囲の明確な意識と、他人の所有権の尊重ということとの基礎の上に、近代法的な法人型態、なかんずく株式会社が成り立っている。そこでは、法人(会社)は、個々の構成員を超越した独自の抽象的な主体者であり、株主の出資した財産は会社の財産となり、もはや株主の所有に属しない。取締役は、他人の所有物たる会社財産を管理するのであって、取締役の個人財産と会社財産とは厳密に区別されねばならない。この区別が厳格に意識され、会社財産が取締役によって他人の財産として尊重される場合にのみ、株式会社は真に株式会社たり得、株主の信頼を博し、株式資本を金融市場から集め得る。しかし、このような意識は、会社の法人格が、抽象的なものであるだけに、近代的な所有権の意識が確立していないかぎり、確立され得ない[43]。近代国家についても同様である。統制品の横流し、官物の私物化、等々が防止されるためには、何よりもまずこのような近代的な所有権の意識の確立が必要である。

わが国にはこのような意識も、必ずしも確立されているとは言い得ないことを、私は深く遺憾とする。ことに、わが国においては、個人と社会との・個別性と普遍性との・両極によって構成される市民社会が確立しておらず、個人が普遍的に社会と接触するという関係が弱く、家族的な諸々の協同体によって相互に分離されている。家族主義的意識の下においては、家族の内部においては、個人の主体的意識の確立が阻まれ（「権利」の意識、権利の範囲の明確化、が出てこない）、また家族の外部に対する関係においては他者否定的な利己主義（いわゆる家族的利己主義）が支配し（権利の相互尊重、すべての権利者を等質的なものとみる抽象的な意識、が出てこない）、このように規範関係が二つの異質的な領域に分裂して対立しあっている。したがって、そこでは、個人的な権利意識と社会的な連帯意識とが無媒介に何の連関もなく並立しているのである。

三　近代的規範のもっとも基礎的な意識が、人間の主体性についての、「自由」についての意識であるということは、その他の側面として、その当然のコロラリーとして、規範意識の内面性を必然ならしめる。というのは、つぎのごとくである。他のいかなる主体にも隷従しない「自由」な主体者の自己意識と、社会規範と、の二つは一つの矛盾を含んでいる。なぜかと言うと、社会規範は、さきにのべたように、一定の歴史的生産関係を貫徹しこれを規定する自然必然性の一つの側面であり、つねに社会的強制の一定の歴史的型態を伴っているのであるから[44]、それは、「自由」な主体性とは矛盾せざるを得ないのである。この矛盾はつぎのように解決される。すなわち、一つの社会規範であるところの法規範は、人に対し外から（社会から）一定の行為を命令するものであるが、それは「自由」な主体者の意識において内面化され、彼自身が定立し自発的に守るところの規範に転化され、彼の内からの命令として現われる。彼は自らに対立する立法者となり、また自らに対する裁判官となる。したがって、彼が法規範を遵守するのは、彼の主体的な精神以外のいかなる命令によるのでもない。言いかえれば、法規範は、ただ法規範なるがゆえに、ただそれだけの理由で、遵守されるのであり、それ以外のいかなる強制——仮に名づけるならば「規範外強制」——からも一応絶縁される。これまさに、カントが kategorischer Imperativ の名のもとに分析したところの近代的道徳(法律を含めて)規範の精神的構造であり[45]、規範は全く抽象的な形式的な単純無条件な絶対的なものとして、意識において現われる。だから、近代的な道徳および法の規範は、高い精神的発展の基礎の上にあるものと認められる。要するに、規範の強制は、法が遵守される意識の世界においては、内面的な強制に転化し、また内面的な強制によって媒介され、そのことによって、主体者の「自由」と一応絶縁している。このようにして、「自由」な主体者と法規範との矛盾が解決されているのである。このような解決が可能且つ必然であることの現実的基礎は、法規範が、その Adressat たる各「市民」を含むところの市民社会の所産、その普遍的ロゴスであり、近代的人格の「自由」は市民社会においては社会的にのみ存在し且つ保障されているということ、したがって、法規範は本来的に人に対し外から対立するものではないということ、要するに特殊＝近代的な市民社会の構造そのもの、である。

このような法意識は、まず何よりも近代的所有権に現われる。近代社会においては、所有権は、ただ所有権なるがゆえに、ただそれだけの理由で、互いに尊重されるのであり、所有者がそれを現実に占有しているかどうかによってその尊重の程度に影響するところがない。このような意識が確立していない社会では、所有権はつねに多かれ少かれ現実の占有によって、現実の力によって、人の意識を外的に拘束することによってのみ維持されており、これがゲヴェーレの法体系(次章にのべる)の意識的基礎＝側面である。これに反して、右にのべたような内面的自発的な所有権尊重の意識が、近代法の観念的な所有権(次章にのべる)の意識的基礎＝側面を構成しているのである[46]。

現在のわが国には——特に農村には——このような法意識は必ずしも確立しているとは言い得ないのを遺憾とする。現在誰も占有していない物をとることは、他人の物を「とる」というような強い違法としては意識されておらず、また「盗むのは悪いが、盗まれる者も馬鹿だ」という意識、「自分の手の中でしっかり持っていないかぎり盗まれるのは当りまえだ」という意識、所有者が不在のときには無断で使用してもよいという意識は、アジアの他のある地域ほどではないにしても、わが国に全くないとは言えないであろう。このことは、前段にのべたような・所有権における主体性の意識が欠けていることとも、互いに連関しあっているのである。

ただし、一言つけ加えておかねばならない。というのは、わが国において、近代的な所有権の意識が普遍的に確立していないということは、日本人が本来道徳的に低い民族だということを意味しているのではなく、ただ一つの歴史的な結果であるにすぎない、ということである。すなわち、それは、わが国にはまだ市民社会が確立されていなかったということの結果にすぎない。われわれにとっての実践的課題は、われわれの一人一人が「自由」な主体者として経済的社会的政治的に確立されること、すなわち民主主義革命の完成である。

四　右のような近代的所有権の意識は、それ自身のうちに内在的矛盾を含んでいる。抽象的には、人は、商品所有権の「自由」をとおして、自らの人間的自由の意識に到達することは、右にのべたごとくである。それは、商品所有権一般についての・且つそれから生ずるところの・「市民」Bürger 一般の意識であり、それは市民社会の中に現実に存在しているが、しかし、その「自由」とその意識とは、一つ一つの商品交換関係(全社会的構造連関から一応はなされた)において形式的に存在するにすぎない。具体的には、近代的所有権は、また同時に、その反対のものとして——すなわち、支配と強制の媒介者・基礎——として意識のまえに現われる。というのは、つぎのごとくである。すなわち、近代的所有権の自由は、現実的には、対立的なモメントを含んでいる。近代的所有権の特殊＝資本制的な私的性質は、社会的な規模における所有と非所有という関係、資本所有者と賃労働者との対立的な関係、にほかならぬのであり（日本においては、所有関係はこのように単純化されていない）、賃労働者にとっては、所有権は、「自由」の反対物を意味している。第一に、生産手段をもたない彼らにとっては、生活物資獲得のためにつねに自己の労働力と交換（現実には、貨幣がその間に媒介し、交換は、賃労働の売却と消費物資の購買とに分裂する）することが「社会的」に必然的となっているが、労働力の売却が、「人格の自由」を保持して行われるためには、労働力は人間の「人格」的存在そのものからきりはなして——すなわち商品として——売却されなければならず、この必然性は賃労働者にとっては現実には支配と強制として現われる。そうして、この基礎（労働力の売却）の上において、現実の生産行程における賃労働者の被支配・被強制——すなわち、機械および分業の発達による労働者の労働の独立性の喪失、機械および分業の発達の基礎の上における資本所有者の命令・支配およびその高度化[47]——が必然となる。所有権の商品交換の一般的基礎の上に自由な主体性を自覚したところの近代的賃労働者にとっては、右のような近代的所有権に固有な・人格の「自由」にとっての支配と強制とを、そのようなものとして、矛盾として、自覚する必然性をもっている。近代的労働運動と近代的労働法の成立は、ここにその精神的基礎をもっているのである。

（40）「人格は、理念 Idee であるがためには、自分の自由の外的範囲を自らに与えなければならない。」（所有権の構成）ヘーゲルによれば、所有権は、自由な精神の・はじめの定在であり、全法体系への精神の弁証法的発展の端初である（Hegel, *Grundlinien der Philosophie des Rechts*, §§ 40, 41）。「所有権は、物の上まで拡がった私の人格の外囲にすぎない」（イエリング『権利のための闘争』日沖憲郎訳岩波文庫版六一頁）

（41）本書三三頁以下参照。

（42）イエリング『権利のための闘争』（岩波文庫版四〇頁以下、六六—七頁参照）。

（43）本書一九〇—二頁、特に注（40）参照。

(44) すべての社会規範は、その種類、その社会の歴史的な構造に応じて、社会的強制の一定の歴史的型態を伴っている。すなわち、宗教的・習俗的・道徳的・法律的等々の諸規範は、それぞれその固有の強制をもっており、また法律的規範は、その規律する社会の歴史的な構造に応じて固有の強制をもっている。したがって社会的強制の一定の歴史的社会的構造が、社会規範を特色づける。近代哲学は、道徳に強制がないことを、法律に強制があることに対立せしめ、法と道徳とを区別しようとするが、道徳といえども、社会規範として現実的に存在しているかぎり、一定の社会的強制をもつのであり、ただ近代社会ではその強制が強制としてあらわれないだけである。また意識の側面を問題とするかぎり、近代法においては法的強制もまた強制としてあらわれないのである。

(45) Kant, *Grundlegung zur Metaphysik der Sitten* (Cassirer Ausgabe, Bd. IV), S. 271, 733-4.

(46) 契約を、契約が締結されたというそれだけのゆえに、遵守するという近代的な契約の意識 (Pacta sunt servanda!) は、このような所有権の意識の・契約の領域における表現である。わが国においてはこのような契約遵守の意識も不完全である。一般人は、「手附」を入れぬ契約、ただの口約束、だけでは拘束されぬと意識している。実際そのような約束は平気で違反される。そこには拘束、したがってまた違反、という意識が欠けているのだから。一旦約束した後といえども、これに違反しても実力上何らの不利益を蒙らぬ、何ら相手方からおびやかされぬ、と知れば平気で約束を破ることになる。

(47) ここにのべるところの・賃労働者に対する支配と強制とは、ドイツの労働法学者が言うところの、近代的労働法の中心的基礎的概念としての・「近代的労働関係の従属性」Abhängigkeit der Arbeit に大体該当するであろう。しかし、私は、近代的労働法を「従属的労働の法」そのものとして把握しようとする理論に賛成するわけではない。労働関係の従属性は、近代的労働法の、現実的および精神的起点、或いは基礎ではあるが、近代的労働法をしてそのようなものとして成り立たしめるところの内容そのものは、またこれとは区別されねばならぬと考える。この点については、別に論じたいと考えているが、私の考えの根本の点については、川島「労働法の特殊性と労働法学の課題」(中央公論一九四七年一月号)にふれておいた。

4　近代的所有権の史的成立

一 近代的所有権は特殊＝資本制的な所有権であり、したがって、その史的成立の過程は資本制経済の史的成立の過程と同一である。そうして、それは、それぞれの国によって具体的内容をことにする。その詳細は、それぞれの国の経済史と法制史にゆずるほかはない。ここでは、近代的所有権の史的成立の一般的な諸条件についての輪郭と、日本における史的成立の概観とをのべるにとどめる。

二 私的所有権は原始社会以来——きわめて限られた範囲においてでも、ともかくも——存在している[48]。しかしここでは私的所有権一般の史的成立が問題なのではない。商品交換もまた原始社会以来存在している。すなわち、原始協同体の偶然的余剰生産物の交換、古典古代における奴隷制商品生産＝交換、中世封建制社会における・農村都市間の「小宇宙」の中での商品生産＝交換、領主をとおしての余剰生産物の商品交換、など。そこでは、いやしくも商品交換があるかぎりにおいて、「商品としての」私的所有は存在している。というのは、そこでは商品交換は生産過程の外の世界で行われているだけで、商品交換が生産過程そのものを媒介するということがないから、生産過程そのものの社会関係は、それぞれ、氏族＝種族制的・奴隷制的もしくは封建的(農奴制的)な諸関係によって媒介され・構成されているのだからである。すなわち、近代以前の発展段階における社会では、商品交換は、近代的所有権の諸モメントをただ抽象的にただan sichに含んでいるだけであり、それらのモメントの全社会構造的な連関が近代的所有権のそれとはことなるのである。

言うまでもなく、資本制的な商品交換は資本制的な商品生産を必然性をもって媒介し、且つそれによって必然性をもって媒介される。その前提は、生産関係が、領主的・村落的・ギルド的・家父長制家族的な諸々の支配的・協同体的拘束から解放されること、すなわち、それらの支配的・協同体的諸関係が解体されその結果すべての個人が商品交換関係に立ち得るようになること、すべての生産関係が個人の「自由意思」を媒介として形成されるようになること、である。この経過を西ヨーロッパの歴史について文字どおり概観してみよう。以下においては、関係ある現象のみを記述し、その経済的背景の分析は問題外とする。

全封建制関係の基礎は、直接的生産者＝農民とその領主との一定の関係である。その「古典的」型態たるGrundherrschaft, Villikation においては、農奴の自作地における農業、および領主直営地 Salland, demesne における農業・運搬などのための農奴の徭役労働、その関係を確保・強制するための領主の軍事力、およびその制度的表現としての領主裁判権がその骨組をなしている。この最後の軍事力は、封建的ヒエラルヒーによって確保され、このようにして土地領有を基礎・媒介とする全封建体制が形成される。そこでは、物的な土地支配と人的な政治的権力的支配とが直接的に結合されており、したがって公法と私法との分裂が存在しない。したがって、そこにあるものは、土地の私的「所有」ではなく土地の領有と保育とであり、上と下とへの拘束支配と結びつき・さらに農奴に対する「強制」の機構として利用され固定させられているところの村落協同体的諸拘束(49)が、これに結びつく。要するに、土地は、全体社会秩序(ヒエラルヒー)の有機的構成部分を構成し、所有の私的性質は存在しない(全体主義が、制度的・観念的模範として中世的社会にあこがれる根拠の一つ)。この全封建的秩序を規定するところの基礎、領主対農奴の関係は、概観的に言って(粗雑ではあるが)、法則的にはつぎのように発展した。すなわち、まず労働地代から生産地代へ(勿論、イギリスにおけるように、いきなり労働地代から貨幣地代へという飛躍的な発展があるが)。このことは、しばしば農奴と領主との間の・人的負担と「貨幣」との交換＝取引によって成立した。労働地代の維持・固定のための諸々の人的強制の消滅(或いは貨幣型態への転換)、領主の寄生的性格と農民の生産者としての独立的(勿論比較的に)地位の成立、さらにそれにつづいて次第に一般化したところの・領主直営耕地の貸借契約(Zeitpacht, champart, terrage, métayage, fermage)の成立(50)、要するに、「領主」の「地主」化、しかも農民の土地保有の「所有」化の漸次的な傾向(土地保有の「永遠性」と、譲渡可能性！tenure perpétuelle et aliénable[51]、がその結果であった(以上、西ヨーロッパ大陸では一二世紀から一五世紀)。つぎに、生産物地代から貨幣地代へ。イギリスにおいては周知のごとく一三世紀に労働地代から貨幣地代への転換 commutation が全面的に進行した。西ヨーロッパ大陸では一三世紀以来生産物地代から貨幣地代への転換が部分的(且つ経過的)に進行した。貨幣地代はただ封建地代の型態転換されたものにすぎないが、同時にそこでは、地主は、生産物地代の場合におけるように直接に生産物の一定部分の支配をとおして土地に対する物的支配を維持しているのとはことなり、貨幣関係をとおして観念的に、契約関係(勿論近代的ではないが)において土地を支配しているにすぎないのであり、封建的土地関係の分解への方向づけのモメントが含まれている。貨幣地代の成立の歴史的結果は、第一には、貨幣の価値下落による・地代の実質価値の下落、したがって地主の経済的地位の転落、第二には、労働の生産性の発展に支えられた場合における、農民の富の蓄積の可能性、その経済力の増進、その結果として自由な独立自営農民層の発生(多かれ少かれ)。以上は、概観的な且つシェマーティッシュな素描にすぎない(周知のごとく、イギリスにおける不断の順調な上向的発展、エルベ以東地域における Gutsherrschaft への反動、フランスにおける「農民的土地所有」)。

以上の発展に照応するところの・領主の間の政治的関係はつぎのごとくである。すなわち、領土の経済的実力の弱化に対応して、王は都市の貨幣所有者と政治的取引(独占および特権の付与)をして、経済力そして軍事力(火薬・銃砲という新軍事技術の採用、近代的歩兵傭兵制)を強化し、それを通じて、本来的に軍事的性格をもつところの領主間の勢力関係において(特に、戦争。イギリスの「ばら戦争」のごとき)優位を確保し、その結果として、領主達の封建家臣団を解散せしめ、また領地を集中して大領主となり、このようにして他の領主の政治的行政的権力を領地所有から分離して自己に集中し、この集中権力を利用して重商主義政策を行った(特に、ここでの問題に関連あるものとしては、国内関税の廃止)。このようにして、絶対王制が成立した。

以上のごとく、領主対農奴隷農の関係および領主相互の関係の発展の頂点(絶対王制)においては、ここで問題となるところの土地所有の法的関係はつぎのようなものとなっている。第一に、土地をめぐる領主対農民の関係は契約的関係になり(特に土地緊縛のための人的支配の消滅)、領主の封建権力的支配は原則として絶対制君主に集中している。第二に、絶対王制の下においては、農民の土地保有が多かれ少かれ私的性質をおびてきており(特に、保有の永久性と処分権)、また全く封建的負担のない完全に近代的な自由農民と農地も成立している。第三に、純粋に近代的な資本制生産(マヌファクトゥール)の成立。このような土地関係とその上に支配する絶対君主の権力との関係は、原理的には——というのは、絶対王制は、封建制の解消しようとする・近代市民国家への移行の過渡的型態であって、一つの固定した体制ではなく特に流動的な過程においてあり、また国によって、またその出現の時の先後によって、その間に多くの差異があるのであるから、ここではその「原理的」な構造・典型のみを問題とするほかはない——つぎのようなものとなる。すなわち、すべての政治的権力的支配の絶対君主への集中(権力の絶対性)と独占(「主権の不可分性」)と、土地所有＝保有からの政治的権力的支配の捨象と。言いかえれば、土地の上に成り立っていたところの具体的現実的な二層の封建的土地所有(分割所有)は、現実的な・私的な土地所有＝保有と、抽象的な土地高権との二つの対極に分裂し凝集した。これに対応して、純粋封建制における現実的具体的な領主対農民の関係は、抽象的な且つ臣民から超絶した国家と・臣民との外的な対抗関係となり(市民的国家と「市民」社会との内的統一関係と対照)、これに対応して、公法と私法との分裂と対立が現われた(ただし、右のことと照応して、公法の法的性質と私法の法的性質とはことなっている[52])。そこでの私法関係の内容は、近代的生産関係の成長・成熟、絶対王制下における・封建的拘束の廃止・解体、その結果としての私的個人の成立、という方向への歴史的運動の影響のもとに、近代的に観念される方向に傾き、近代的なことばで表現で「構成」される方向に傾く。他の近代市民国家の成立ののちにおくれて成立した絶対王制においては、特に外からの影響でそうである。しかし、それにもかかわらず、絶対君主は彼自身最大の領主であり、彼の権力、その政治体制は封建的土地領有関係の基礎の上にある。すなわち、非等価関係たる地主対農民の関係を強制すべき権力はもはや領主＝地主において決定的に弱化し或いは消滅しており、そのかわりにそれは絶対制君主の権力によって補充されまた代置され、そのことをとおして、絶対制君主はその領域内のすべての封建的領主＝地主に対する権力を基礎づけている。要するに、ここでは、近代的なことばで語られるところの・且つ近代的なことばで語られるにふさわしく型態転化したところの封建的土地関係が、絶対制権力によって維持され、且つこれを維持している。したがって、絶対王制のもとで成長し成熟しつつある近代的土地所有権は、そこではこの封建的権力と対抗している。さきにのべたように、近代的所有権とは、資本制経済の条件・基礎として、その中に存在するところの所有権であり、したがって、右のような封建制の解体過程の中に存在するところの所有から近代的所有への発展は、いわゆる資本の原始的蓄積の・所有権の側面にほかならぬことは明らかである。いわゆる資本の原始的蓄積の・所有権の側面は、要約すれば、一方において、旧来の生産方法に立脚する小生産者をその生産手段の所有権から引きはなし、他方において、そのかわりに新しい(資本制的な)生産方法に立脚する生産者の手もとに、所有を集中しこれを資本に転化する、という過程である。具体的に言うと、第一に、封建的隷農の生産の不可欠的補充物であったところの協同体的所有地(協同体の森林や原野)を個人の所有に強力的に転化し、また小農民の土地を、強力的に(たとえばイギリスの enclosure)或いは彼らの経済的零落をとおして経済的に富有な個人の所有に集中し、また、資本制的な高い生産力的基礎の上に立脚する生産との競争をとおして、手工業者を、その所有する生産手段の所有(その中には、物的な生産手段のみならず、特殊的な労働の熟練・秘伝も一つの生産手段として含まれている)から分離する過程。この過程をとおして、これらの諸々の所有の基礎の上に成り立つところの村落ゲノッセンシャフト、家族協同体、ツンフトなどは、その基礎を失って解体され、所有の個人的な私的な性質を完成する。第二に、右の諸々の現象は、同時に他の面においては、高い資本制的な生産方法（賃労働を使用する）をもつ生産者への所有の集中、彼らによる資本制的な生産手段への転化として現象し、このことによって、生産手段＝所有の中心は、土地ではなくして貨幣（より正確に言えば、貨幣において集中的に表現されるところの価値）となり、すべての物の現実的具体的な姿態は貨幣（資本）の現象型態となる。このようにして、近代的所有の私的性質が完成される。絶対制的権力は、周知のごとく、この一連の過程を媒介し促進しつつ自らの墓掘人となる。絶対制権力の物質的社会的基礎はこの過程によって掘りくずされ、封建的な諸々の強制の主体たる絶対制権力は、近代的な私的所有者の政治的投影たる市民的民主主義国家権力におきかえられる（革命）（後進資本制国民においては、外の先進資本制国民の影響のもとに、政治的力によって促進されつつ、早期に市民的民主制への転化をとげ、民主主義革命は、近代的所有の成立の結果としてではなく、その手段となる）。この政治的な革命によって、所有権の近代的な私的性質は最後の仕上げをほどこされ、ここにはじめて近代的所有権の「自由」がその完全な姿において現われる。右の歴史的過程は、それぞれの国民において固有の姿において行われたところであり、ここには右の一般的な原則をのべるにとどめる。

(48)　個人的な使用に供する装飾品とか武器、共同の獲得した食物を分配した場合。
(49)　この点を指摘される高橋幸八郎「所謂農奴解放に就いて」（『近代社会成立史論』三七頁）参照。
(50)　その地代は、フランスでは生産物の1/3ないし1/12。しかし、ドイツでは1/2ないし1/4。
(51)　高橋幸八郎前掲四七頁注（39）参照。
(52)　O. Gierke, *Das deutsche Genossenschaftsrecht*, I, S. 641 ff. 参照。

三　わが国における近代的所有権確立の過程

日本民法典は、フランス民法典やドイツ民法典にならって、近代的な自由な所有権の制度を規定していることは、周知のごとくであり、また以上にのべたところからも明らかであろう。したがって、法実証主義の立場に立つならば、わが国には近代的所有権が確立されていることには疑いの余地がないことになるであろう。しかし、法律はただの観念的存在そのものにとどまるのではなく、それは現実の規範秩序と相まってのみ現実的に意味をもち得るのであることを承認するところの法社会学の立場に立つならば、問題はそのように簡単且つ自明ではない。問題のこの側面が、実定法の解釈に重点をおく法解釈学によって取りあげられることが稀であったことは当然であった(そのこと自体は勿論、法解釈学の性質上非難には値しないであろう)。そうして、それは主として経済史学者の研究の対象となり、周知のごとく、昭和八年(一九三三年)ごろ以来論争され、ただに経済史学にとってのみならずわが国の社会科学全体にとってもきわめて大きな進歩をもたらしたし、またもたらす起点となった[53]。しかし、問題は、ただに経済史学にとってだけでなく一般史学、政治史学、政治学、社会学さらには法律学にとっても、重要な課題であり、ことに所有権は全法体系の基礎をなすところのものであり、法学者の側における問題への接近が法学者としての責務であることを承認せざるを得ない。法学者の側の問題は、明治以後の日本における現実の土地関係の実態調査に基く法社会学的分析と、西ヨーロッパ各国やソ連のごとき封建制を止揚した国々における所有権制度(特に土地所有権)の近代化の過程(特に、その絶対王制の段階における歴史的諸型態、その発展)の法＝規範的側面の分析とにあるであろう。しかし、微力な私は、いまだ何らの寄与をなし得ないのを遺憾とする。ここには、先輩諸家の理論に基き、一応の私の現在の理解のままをのべるにとどめる。

明治維新における、土地所有を中心とする所有権制度の歴史的発展は、事実的には、まずつぎのごとくである。——

慶応三年(一八六七年)一〇月に大政奉還がなされた。このことは、将軍の政権と封建的領地とを天皇に返還しただけで、すなわち、従前の将軍の地位のみを天皇に返還したことを意味するだけで、その下における封建的体制そのものはまだ変えられていない。明治二年(一八六九年)一月の版籍奉還によって土地と人民とが天皇に「奉還」され、つづいて四年七月に廃藩置県が行われることによって、ここにはじめて封建的貴族のあいだに分裂した諸権力が天皇に凝集し、絶対制権力確立の第一の礎石がおかれたのである。しかし、まだ、単なる凝集が行われたというだけで、この凝集された中央権力の内容は従前の封建的領有権の継続であり、まだ土地の上に現実的な領有的支配が及ぼされており(年貢の徴収)、また封建的貴族以下の階層における人的支配や重畳的支配もまた依然として改められていないのである。土地支配の・単一者への凝集がつぎにつづく改革の課題であり、それは最後に地租改正によって、制度的に大体完成されることになる。

土地支配に対する上からの封建的拘束を廃止する国家的措置の主なものはつぎのごとくである。明治四年九月には、田畑勝手作が許されることになり(利用の自由)、かくして封建的貢納の前提たる作付の拘束が廃止され、租税の石高制の基礎が崩壊せしめられる(明治五年八月には租税米の金納が許される)。政府の財政収入を増加するため、当時における支配的な租税型態だった地租がとりあげられ、そのことが原動力となって土地制度の革新を発展せしめた。すなわち現物地租を金納化するため、土地の交換価値を決定することが先決問題となり、地券をして売買価格を表示する手段たらしめる。まず明治四年一二月、東京府下の武家地・町地について地券を発行すべきものとし、地租を徴することとし(町地は従来からも譲渡可能であった)、ついで五年二月一五日大政官布告は、寛永二〇年以来の百姓持地の永代売買の禁止を解き、「四民」(士農工商)の何びとにも所持を許すものとし、これに基く大蔵省布達地券渡方規則は、地所売買譲渡には地券を要するものとした(「地券」についてはのちに第四章においてのべる)。地租金納化への準備手段である。土地の譲渡の自由がここに確立され、特定の主体者との結合が解除された。つづいて五年八月には、地代・店賃ならびに雇入給料等についての従来の制限が廃止され、当事者「相対ヲ以テ」すなわち契約によってとりきめられるべきものとされ、かくして土地と一体的に結合した人的関係が土地から分離され、土地支配権をして単純に直接に物に対する権利に収縮せしめたのである。最後に、明治六年七月の地租改正条例はこの一連の改革の仕上げをした。「旧来ノ田畑貢納ノ法ハ悉皆相廃シ、更ニ地券調査相済次第土地ノ代価ニ随ヒ百分ノ三ヲ以テ地租ト」し、金納とする。

以上の制度的改革の措置によって、所有者への支配権能の集中と、国の支配権の抽象化とがなしとげられたことは、つぎのごとくである。すなわち、――

(1) 地券は、土地の交換価値の保有者に与えられる。すなわち、地券をもって表示される所有権は、地券面に表示される交換価値の独占的支配者である。土地の「利用」は数人の支配者に質的に段階的に分属され得たが、今や「交換」価値はそれらの者の中の誰かに独占せしめられ、そのことをとおして土地に対する単独の独占的排他的支配が確立されたのである。土地耕作者が直接に政府に年貢を納めていた場合には、地券の下付はこの耕作者に対してなされればよいのであり、格別の問題を生じない。しかし、徳川時代以前から存続した地主小作関係(名子、被官)のほかに徳川時代を通じてたえず進行しつつあった土地の兼併のため、諸種の「小作」(永小作や普通小作や)はかなり数多く存在するに至っていたのであり、地券交付は各地において解決困難なる問題を生じたのであった。一般的に言って、その解決方法は、直接生産者に地券を下付しないで小作料収得者にこれを下付する、という方向にあったことは注意に値する。短期の小作はもとより、二〇年以上の小作も二〇年以下に切下げさせて永小作の名称を廃すべきものと命じ、またこのような切下げに成功しなかったものも民法典によって最長期五〇年とされ(第二七八条、なお民施第四七条第三項を見よ)、また、もっとも所有者的であった開墾永小作についても当事者の協議がととのわないときには小作料収得者に地券を下付したのである。(54) その結果、地券の発給にからんで各地に争議を生ぜしめるに至った。ともかく、右のような過程を経て、土地に対する支配権は地券受給者に凝集し、その反面において、その他の伝統的な土地支配権は、有限のものとなり、のちに民法典においては画然と有限の制限物権或いは単純な債権となったのである。

(2) つぎに地租改正によって生じた国家と土地との関係の変化を見よう。旧来の現物貢租は土地の生産物の分配(たとえば五公五民)にほかならず、したがって、そのような租税(地代)を媒介として国(かつては封建的貴族)は土地に対する現実的支配を把握していたのであった(そのゆえに、そこでは現実の耕作者が租税負担者として意識される)。しかるに地租改正によって、地租は金納となり、一定の方法で計算される地価に対し、——その土地の現実の収益に関係なく——徴収されることとなった。ところで、この地価の算定たるや「土地一歳収穫ノ作益ヲ見積リ各地ノ慣行ニ因リ何分ノ利ヲ以テ地価何程ト見込相立」る方法によるのであり、したがって、地租は土地の収益そのままの分割ではなくして、土地の収益を利潤として逆算した資本額に対する租税たる「構成」を有するのであり、したがって租税負担者は必然的に、このような貨幣価値の独占的「所有者」となる。かくして、封建的現物地代は「地租」に転化し、そのかぎりにおいて、土地に対する国の権利は現実的性質を失った。

このようにして、土地の上に並び存したところの二つの具体的現実的な支配は、二つの極に凝集し、一方においては土地に対する私人の具体的現実的支配の独占とその完全化(私所有権)、他方においては土地に対する絶対制権力の抽象的支配の独占とその完全化(土地高権)、という相対抗する二つの完全な絶対的な権利への分裂が完成された。

なお明治四年の廃藩置県によって、藩体制の部分機構として藩内の生産物の販売を独占していた国産会所・特権組合などの制度や、その他の制限も消滅に帰し、商品の自由流通が一般的に可能となり、また明治六年には農産物の輸出も許されるに至った。

（53）　論争内容の紹介書としては、内田穣吉『日本資本主義論争』（一九三七年）、社会経済労働研究所『日本資本主義論争史』（一九四七年）。いずれも詳細な文献表がついている。

（54）　小野武夫『永小作論』（五三頁以下）、平野義太郎「議会及び法制史」（日本資本主義発達史講座四四頁以下）、同「明治維新の変革に伴ふ新しい階級分化と社会的政治的運動」（一〇六頁以下）。

以上のような改革は、商品流通を前提し、また商品流通を許容する。すなわち、地租の金納化は、土地生産物が金銭に換価し得られる一般的な可能性を前提し、またそれによって一般の動産商品のほか土地そのものも自由に譲渡し得られる可能性が与えられる。このような法制上の改革は近代的な所有権を現実的につくりだしたかどうかが、つぎの問題である。

問題の中心は、全封建的社会構造の基礎をなすところの土地所有の型態・構造に、さらにその中心は地代の型態に、地代と租税との分化にある。それは、つぎのように要約され得るものと考える。第一に、「版籍奉還」によって全国的な規模で最高唯一の所有者に集中された封建的土地所有。[55] 第二に、地租の金納化が、近代的地代と租税とへの封建的地代の全き近代的分化[56]を意味せず、さしあたり単に旧来の封建的貢租の貨幣型態への転化にすぎないものとして成立したこと[57]、すなわち、地租額と全土地生産物との割合が旧貢租と本質的には変化がないこと、明治政府自身が、新地租を旧貢租と本質的に変化のないものとすることを意図し且つそのようなものとして意識していたこと。[58] 第三に、新地租は、単純に地代そのもののみではなく、同時に租税の側面をも、地代との直接的同一の型態において含み、[59] 且つ、近代的租税の型態をとっていること。[60] 第四に、地租の金納化が、商品生産・流通の一定の発展によって、言わば下からの必然性の十分な成熟によって、成立（たとえば、イギリスの commutation のごとく）したのでなくして、資本制生産の初発的確立のために上から強制されたものであったために(一般的な貨幣の欠乏)、それは、生産農民の解放、自由独立な経営への近代的転化を促進するのでなく、彼らの経営の零細化、その破綻、封建的高率地代を伴う寄生的地主と小作人とへの分解、を促進したこと。[61] ところで、一方、地租は、金納地代の一般法則にしたがって、明治一〇年以後のインフレーション――特に米価の騰貴――による実質的減価と、明治一〇年の減租による貨幣表示額の減少との結果、[62]「租税」に転化し、封建的地代の性質を脱却したこと。しかし、その現象は、同時に、諸々の地方税・人頭税・間接税等による重課によって補充・代位され、その結果、地租の減額は、独立自営農民層の創出のかわりに、地主の高率地代収取の保障、封建的地代収取権の・地主への「移譲」を結果したとともに、自作農民にはあらたな型態での半隷農制が維持される。すなわち、自作農民の没落は、地租の減額によって軽減されるわけではなく、寄生的地主と小作人とへの彼らの分解は決して止められない。このようにして、半封建的地主小作制が、日本における支配的な土地所有型態となることが決定される。[63]

以上を要するに、従来の零細な規模での農業生産様式は大体においてはそのまま固定し存続し、ことなったのは、封建地代収取関係の重点があらたに地主と小作人との関係に移転したということである。このことの結果として――(1)封建地代の収取を確保する封建的な経済外的強制が、地主と小作人との関係において基本的には存続し、[64] さらに、地代が地租の基礎であることのゆえに、地代収取の経済外的強制は、国家の強力によっても補充され保障される。二つのことが注意される。第一に、この場合に、いわゆる経済外的強制は、必ずしも農奴・隷農に対する直接的な人身的隷属(労働地代の段階においてもっとも典型的に現われるような)によるのではもはやなく、その多かれ少かれ解体してゆく過程における諸々の特殊的型態において、存在しているということ(注(64)を見よ)。第二に、この場合における国家の強力は、半封建的土地所有が民法典において近代的なことばで語られることに対応して、近代的な型態をうけ、したがって法実証主義的見地にとっては、近代的な契約不履行などの近代的な法現象として現われる。しかしその現実的な意味を問題とする法社会学的見地にとっては、この場合の国家の強力は、等価交換によって媒介された規範関係の保障という意味をもっていないのであり、それは非等価交換的な半封建地代の収取を確保する強制の補充ないし代位として現実の意味をもつのである。(65) (2)生産様式がそれまでとは本質的にはかわらぬということは、この生産様式と内的に不可分に結びついていたところの・家父長制的および村落協同体的な協同体的諸関係の維持存続を必然的に伴っており、(66)だから、近代的所有権の前提たるところの・協同体的諸関係からの所有権の解放ということが実現しなかったのである。したがって、農業生産においては、近代的土地所有権は明治の改革によっては成立しなかった、と認められるべきである。基本的な生産の関係、その基礎たる土地所有の性質が、右のようなものであるかぎり、したがって、それと結びつく流通関係もまた近代的なものではあり得ず、生産手段(特に肥料)および生産物の取引、多くの場合にこれらと結びついているところの高利貸付は、非等価交換的ないわゆる「前期的資本」(67)の活動の型態にほかならず、しかも、その場合肥料商や米買付人がしばしば地主であることにより、経済外的強制は相互に補充しあうことが注目されねばならない。これらの前期的取引は、米穀統制法(昭和八年)による米穀取引の統制や、同じころにはじまったインフレーション政策によって、はじめて、しかしきわめて徐々に農村から退場しはじめたのである。

明治政府は、以上のような半封建的土地所有の上に、地代と地租とを媒介として、いわゆる資本の原始的蓄積を促進したことは、周知のごとくであり、したがって、明治の改革における所有権の運命については、資本制生産におけるる所有権の歴史的性質がさらに問題とされねばならない。半封建的な農業生産の諸関係を維持し、それを足場とすることによって成立し発展した資本制生産においては、近代的な労働契約および労働関係の成立が阻止された。労働契約は、第一に、等価交換法則の貫徹しない貧窮農村からの人口圧力によって、かの有名な social dumping の基礎をなすcheap laborの非等価交換契約であった。また第二に、労働契約の非等価交換性は労働力再生産の特殊な家族制度的構造によって規定された。すなわち、労働者は、家族制度の見えざる糸で彼らの「家」(父またはアニの家)と——したがってその生産手段と——結びつけられており、失業の場合には「家族制度の美風」によって「帰農」し、そのことによって、商品による労働力の再生産は中断されるのであり、また現在においては低賃銀は、彼らの「家」からの現物たる米・芋などの補助によって補充される。ここには、賃銀＝資本制的商品によって自己を再生産するところの近代的労働者は存在しない。労働関係もまた、労働者のこのような性質に対応する。すなわち、第一には、永いあいだ日本の資本制生産の圧倒的重要部分をしめた紡績や製糸業における、極貧農出身の女子労働者の前借金＝年期奉公契約、自由な人間の住居には見られない高さの塀や看視人を伴うところの寄宿舎制度による直接的拘置と、「家族制度の温情」による間接的拘置と。[68] 第二に、江戸時代以来の特殊な伝統を伴うところの、鉱山・鉄道・土木の労働関係。その単純協業的労働過程に対応するところの・労働者の特殊群、その特殊なausserökonomischer Zwang.[69] 資本は、これらを利用し、この上に安定し、これを維持する。第三に、重工業の工場の中にも行われたところの、労働者のhierarchischな身分的権力的構造。[70] それは、社会構造全体の封建的ヒエラルヒーの・労働者の意識における反射を基礎としており、それは単に近代的工場労働の分業と協業との統轄組織としてのみならず、非近代的な労働関係の強制・権力の組織として、現実的意義をもっているものと認められねばならない。[71]——特殊＝近代的な労働関係の欠如ないしいちじるしい未成熟としても表現され得るところの右のごとき諸関係は、日本の経済の特殊的な生産構造によって維持され、再生産され、必然化されてきたのであり(勿論、それにもかかわらず、徐々にではあるが解体の過程をたどってきてはいるが)、したがって、そこでは、価値法則の貫徹が、——法的側面においては、所有権の「自由」、およびその動的な現象型態たる契約・人格の「自由」という特殊＝近代的なカテゴリーの確立が——、構造的にさまたげられている。この意味において、われわれは、資本制生産について語り得ても、このかぎりでは、近代的所有権について語ることは正確ではないことになる。(72)

日華事変にはじまる戦時経済は、日本の経済構造に深刻な影響を及ぼした。食糧の確保増産および、強い兵隊の源としての勤労農民の確保、という戦時的な要求は、一連の農村立法となって現われた。第一に、自作農創設維持(自作農創設維持補助規則、農地調整法第四—第七条)。それは、地主小作関係の縮小ないしその拡大の防止を目的とするが、地主に対する強制措置を伴わなかった以上、自作農の創設はただわずかの範囲にとどまった。(73)第二に地代の金納化・定額化。(74)これは、供出制度によって必然化したものであるが、その結果は相当に重大である。小作人に対する小作料の重圧は、インフレーションの徐々の進行と、米価の安定(米穀統制法以来)特に米を中心とする農産物闇価格の上昇とあいまって、いちじるしく軽くなり、小作人に多少ながらも余裕・蓄積をゆるすに至った。また、小作料の金納化は、地主と小作人との人的な関係を、単純な透明な貨幣関係たらしめ、ことに小作料の支払が小作人と地主との間に直接に行われることなくして、小作人の供出した米の代金の「振替」という帳簿上の手続によって、農業会を媒介として行われたことによって、地主と小作人との人的関係の稀薄化は一そう促進された。以上のような諸条件は、永い間にわたって存続してきた小作関係をゆりうごかし、これを解体させる力を含んでいると認められるであろう。しかし、他方において、戦時における食糧不足と工場労働の需要とのもとにおいて、いわゆる飯米農家が激増し、零細な規模において生産性の低い労働をもって行われる農業が増加したこと、(75)したがって生産は依然として家族労働によって行われたこと、戦時下における生産資材および家畜の欠乏のゆえにもっぱら手の労働に頼り手の労働を濫費する生産型態が次第に支配的となったこと、また自家食糧の確保という目的のために小作地獲得の競争が起り、また小作関係を是が非でも維持したいという欲望のために闇小作料(特に現物小作料の追加給付)が所々において発生したこと、これらの事情は、さきにのべたような小作関係の解体にもかかわらず、わが国における農業生産力の発展を阻止し、近代的な地代を伴う小作関係の成立、近代的な農地所有権への歴史的転化が、決定的に困難であったことの原因であり、且つその表現であった。

勿論、右のように言うことは、わが国の農業の中に近代的経営の萌芽が全くないということを意味しないし(たとえば、果樹や蔬菜の栽培、牧場の経営など)、まだ近代的な労働関係を伴うところの資本所有権の成立が全くないということを意味しない。しかし、近代的な諸要素の発展が、いちじるしく困難であったこと、それが支配的なものとなるための条件が中々成熟し難かったことは、認められねばならぬであろう。

資本制産業労働の諸関係も、戦争経済＝政治による深刻な影響をうけた。長期にわたる大規模な消耗戦争は徴兵によって産業労働者を工場からひきぬいてしまい、そのブランクは、多くの産業「新兵」によって或いは任意に或いは徴用によって強制的に埋められた。このことによって、工場の中における永い間の伝来的な人的関係は一応あらい流され、半封建的な経済外的強制の機構・組織が消滅したように見えるが、必ずしもそうではない。天文学的数字にのぼるところの超＝巨大な企業利潤に対置されるところの低い賃金を強制(「賃金統制令」)するためには、およそつぎのごとき手段がとられた。すなわち、労働組合の解散と禁止、産業報国会の組織、「企業一家の理念」、徴用違反に対する国家の強力(警察・裁判所)による制裁、等々。そこでの労働者が半農民的分子(飯米農家、職工農家の多数なこと、一戸当り農耕地面積の減少傾向に対応するところの・農家族の職工化)および商人的白襟労働者的分子(企業整備・徴用)によって主として構成され、全く近代労働者的組織性を欠いており、且つ同時に多くの場合近代的重工業労働に対する不熟練者であり、近代的工場労働者としての労働上の訓練をうけておらず、また近代的労働者としての勤労意識をもまた主体者的な階級意識をももたないこと、――このような事情の下においては、右の諸々の手段は単に、資本制国家権力の戦時的措置であるにとどまらず、経済外的強制の・国家強力による補充および代位としての意味をもっている(戦時中は、土建労働や鉱山労働においても、伝統的な拘置組織が不必要となったことは、右のことの集中的表現である!)。この点は、ナチの労働法と比較して、日本の戦時労働法の一つの特殊性と認められる。だから、工場内における近代労働者的組織性の欠如にもかかわらず、半封建的 hierarchy が多かれ少かれ再生したことは怪しむに足りない(なお、このことに関係して、日本の軍需生産が無数の町工場によって下請されていたことを思い合せる必要がある)。と同時に、また以上のことは、旧来の工場労働関係の、一つの・解体の表現、その結果にほかならない。われわれは、ここに戦時中の農村の土地関係の変化に対応するところの変化を見出し得るのではないであろうか。だとすれば、戦争中における資本制産業の側面においても、特殊＝近代的な所有権の確立は完成されなかったと認めてよいであろう。

わが国における近代的所有権の一般的成立は、ポツダム宣言の受諾、占領軍の民主化政策によって基本的に条件づけられ、具体的には、一九四七年五月三日の新憲法の成立による近代的民主主義国家の成立、および農地改革(第一次、昭和二〇年(一九四五年)農地調整法改正。第二次、昭和二一年(一九四六年)農地調整法改正および自作農創設特別措置法)によってはじめて一応制度的に完成する予定となった。だが同時に、うちつづく戦争による生産力の消耗と、敗戦による諸々の社会的経済的条件によって、日本の経済は危機に瀕し、近代化への努力とならんで、それにもかかわらず近代化どころではない逆行もまた続生しつつある。しかし、歴史の基本的方向は定まっているのである。明治以来、国内の諸条件とともに、国外の世界史的諸条件につよく支配されてきたわが国は、今後ますますその度を高めるであろう。日本の経済的社会的政治的構造の近代化の問題は、一にかかってわれわれの主体的な努力にかかるが、それは同時に複雑な世界史的諸条件に深く関連している。問題の解決は今後に残されている。

(55)　この点については、特に、平野義太郎『日本資本主義社会の機構』(一九三四年版二七八頁注(一)(二))参照。
(56)　Commons, *Legal Foundations of Capitalism*, p. 214-224. 特に p. 219 seq.
(57)　改正地租が、旧封建貢租に比べて、(1)中央政府によって定められる統一的のものであること、(2)貢租義務者として土地所有者が確定されたこと、(3)豊凶にかかわらず一定して貨幣地代が徴収されること、(4)土地と耕作農民との結合が解体されていること、の諸点でことなっているものの(ノーマン『日本における近代国家の成立』二〇二頁参照)、その実質内容においては、封建的物納貢租が金納の型態に転換されたにすぎないということは(争いのあるところではあるが)、つぎの点から論定されている。すなわち、「地方官心得」に示された検査例によって新地租の実量が全生産高に対してしめる割合が、封建的貢租とほとんどかわりないこと(全収穫高の三割四分になる。山田盛太郎『日本資本主義分析』一九三四年版、一八七頁以下、土屋喬雄・岡崎三郎『日本資本主義発達史概説』六〇頁以下。ただし、後者は、量においてのみ封建的貢租の延長だと解されることは周知のとおり。なお、地租に地方税を加えると、土地所有者の負担はまさに四公六民となる。平野義太郎『日本資本主義社会の機構』二一頁、ノーマン前掲二〇六頁参照)、地租課税の標準が、「土地の収穫高に応ずる貢納能力という封建的観点と基本的に異なっていないこと」(ノーマン前掲二〇六頁)。
(58)　これらの点の史実については、前注にかかげた文献の個所を参照。
(59)　その歴史的基礎について平野義太郎『日本資本主義社会の機構』(二九五頁注(一)参照)。だから、平野氏が言われるように、日本では徳川封建制下において、「自由な土地所有なる『所有』Eigentum の観念があらわれていない」(ここでは、フランス絶対王制下における封建的直接生産者(隷農)の土地保有が *propriété* paysanne として観念されるに至っていたことが、その例として理解されてよいのであろう)が、しかもそのゆえに「自由」のモメントを欠く「所有」(単なる・土地所有者に対抗する保有者としてでなく、権力者に従属する独立生産者 selbstwirtschaftende Bauern としての、意識)としてあらわれる。
(60)　平野義太郎『日本資本主義社会の機構』(二八〇頁注(五))。
(61)　平野義太郎『日本資本主義社会の機構』(四一―五七頁以下)、山田盛太郎『日本資本主義分析』(一八九頁以下)、ノーマン前掲二一五頁以下。

(62) 明治六年以後の各種紙幣の発行高、それに伴う貨幣価値の変動、および米価の変動の具体的数字については、土屋喬雄・岡崎三郎『日本資本主義発達史概説』(九一頁以下)、ノーマン前掲二〇八頁を見よ。米価には相当 fluctuation があるが、明治一一年から二〇年までの平均米価で計算した場合の国家の地租の取分は、全生産物に対し一一・五パーセントと言われている(平野義太郎前掲三〇頁)。

(63) ここにのべた点については、平野義太郎『日本資本主義社会の機構』(二七六頁以下)による。なおノーマン『近代国家としての日本の成立』(二二二頁以下)参照。――なお、わが国における半封建的小作関係の構造は、必ずしも単純なものではない。徭役労働の典型的形態を含む名子制度の形態がきわめて少いことはあきらかであるが、徭役労働が多かれ少かれさまざまな形態において案外にひろく残存していること(「ゆい」という等価交換形態の下においての・実質的には地主の受取り部分がより大であるところの徭役、山林原野の草や枯枝の採取の対価の形態における・山林管理(たとえば山林植栽)の徭役、など)が注意されねばならない。純粋の現物地代がどの範囲に存在するかは、まだ未解決の問題だと言わねばならない。太平洋戦争以前における(封建的)貨幣地代の分布がきわめてかぎられていること(概して、畑地)、も十分に注意されねばならない。

(64) その具体的な内容は、農業における生産力の発展の不均衡や、また地理的諸条件(たとえば、山林原野があるかないか)や、明治維新によって領主制的権力が中央に集中し他方地主小作制はその下で再現されたという事情などに基いて、必ずしも単純ではない。そうして、そのことは、わが国の小作関係における地代形態が、さきにのべたように複雑でさまざまなニュアンスをもっていることに対応して、経済外的強制の態様も複雑でさまざまなニュアンスをもっていることにも、あらわれている。代表的な型と考えられるものを列挙すると、――(1)家父長制的権威と恭順の規範意識(磯田進「家族制度と農村社会構造」季刊大学二号一四頁が報告される、秋田県における・本家分家関係としての擬制は、その極致である)。(2)山林原野や水利施設の独占・支配をとおしての、生産と生活への圧力。特に、本来的に耕作農民の生産や生活と不可分に結びついているところの山林や原野が、狭い意味での耕地から分離して独立の権利客体となり、耕地の所有および保有と分離されているという事実、この権利関係、――ここに、わが国の地主小作関係における経済外的強制の最大の拠点の一つが存在する。この点は、農地解放・農村民主化の現実的課題におけるキイ・ポイントの一つである。(3)村や農業会などの官的ないし半官的機構の役員・名誉職としての、地主の権勢や特権の威力。これらの地位は、行政や配給などに関連して、特別の恩恵を与えまたは特別の不利益を課する可能性と結びついているからである。ことに、警察との深い関連もここで想出される必要がある(最近でも、地元警察がやみ取引の摘発を行う力を十分にもっていない「傾向」がないと言うと、真実でないようである)。(4)消防・土木工事・学校・祭りなどへの寄附をとおして恩をうけていることからくる心理的拘束。「恩」を与えまた受けることによって、封建的主従関係が成立すること、また同時に封建的主従の意識を前提していること、「恩をうける」ことによって受恩者が無期限の忠誠服従義務を負うということ、「恩返し」の行為は決して受恩者を「自由」にしないこと(「恩返し」は、恩を与える者と受ける者との間の人的関係の単なる一部分であって、それを解消しないこと)、「恩を知らぬ者」「恩を忘れた者」という非難は最大の社会的制裁であるということをここで思い合せるべきである。これらの点については、近く別の機会に論じたいと考えている。(5)地主の「家柄」の優越ということがもつところの絶対的な権威。これを別の面から言うならば、地主や小作人を自作や日傭などとともに一つの固定した封建的 Hierarchie に構成するところの村落構造そのもの、である。支配服従の関係、「身分」的上下の関係が「伝統の権威」を伴って固定され、そこでは、地主小作の地代関係は、個々の独立の権利義務としてではなく――近代法上の権利義務(地代も)は個々的に独立の存在である(債権関係が Gemeinschaftsverhältnis であるとして、債権の独立存在性のこの近代的意義を無視するところのナチ学者の議論は、この点にその反動性を有するのである)――、この固定的な人的な「秩序」の不可分な一部としてのみ存在の意義をもっている。(6)生産力の低さと蓄積の貧弱とのゆえに不断に生活の不安におびやかされている小作人の・唯一の頼りとしての地主の patronage と、それに由来する地主の全能的絶対的な威力。直接的な「恩」の関係。このことは、地主小作の間の権利義務をしばしば不確定な・あいまいなものたらしめ(地代減免についての懇願・種もみや食料の前借り・結婚などの世話・座ぶとん、食器などの無償借用など)、規範関係の中に「人情」関係が入りこみ、それを不透明ならしめる(地主小作制の牧歌的側面)。――さいごに、地主は、その hierarchisch な通婚規範によって、もっぱら地主相互間に婚姻・養子などによる関係を結び、広汎な地域にわたって相互に親族関係に立っており、小作人は自村においてのみならず、地主のこのような親族的連合の支配する全地域にわたって、以上のような諸々の地主的権力・威力の対抗を受けることを注意しておこう。

(65)　この点については、周知のごとく争いのあるところである。——具体的に言うと、小作料不払の場合における鎌止め・立毛刈取り方の禁止・小作株取り上げ・小作人の財産差押えなどの封建的強制が、「賃貸借」の債務不履行や解除の効力という近代的法形態の下において、現実には存続していると見るべきか、それともそのような形態においてあらわれているままの近代的法関係が存在するにすぎないか(津曲蔵之丞「地代と身分的隷属」批判二巻九号)、という点が問題である。問題の解答は、法的形態そのものからではなく、現実の地代形態、その構造、そのものからのみ求められねばならない。平野義太郎『日本資本主義社会の機構』(二五—七頁、二九三頁以下)、同「議会及び法制史」(日本資本主義発達史講座四八—九頁)、山田盛太郎『日本資本主義分析』(一九三頁)。

経済外的強制への国家の強力の補充・代位は、右のような司法裁判所の手続において実現されるだけではない。帝国議会・府県・郡・町村の各組織における地主の特権的＝支配的地位の公認(平野義太郎『日本資本主義社会の機構』二九八—三〇二頁)、特に町村が地主の利益と勢力との公権的組織たること、および、地方における行政的強力と「有力者」との緊密な関係は、司法制度を媒介とする場合よりもはるかに有力な経済外的強制としてはたらいたことが注意されねばならないと考える。

(66)　村落協同体的諸関係——生産力の低さと高率小作料とさらに前期的資本の侵入との圧迫による破滅の一歩前における調節安全弁としての、山林原野の共同利用関係。水にしばられる共同関係。急激に一時的に労働力の需要を生じ、しかもそれだけの多くの労働力を養い得ない水田米作によって必然化している「ゆい」の共同関係。これらの生産関係の第二次的な現象型態としての、代参講・頼母子講等の講共同関係(川島・渡辺「講の慣行と農村生活」法協六二巻五・九号参照)。——ただし、これも地方によって相当に差異があろう。近代的に分解・解体したところもなくはあるまい。

家父長制的家族——自然生的な分業の基礎の上における、家父長制権力による家族労働の充用。家父長制家族制度はそのまま生産関係である。生産に家族労働を充用する場合でも、貨幣関係に媒介されている場合(成年労働には等価交換的に支払がなされ、そのことの反射として、妻や子や弟などに対する家長の関係も権力的関係ではなくなる)には近代的であるが、家父長制権力と patronage とによって媒介されているときには封建的である。農村の家父長制は、一世帯の家族団体のみについて存在するだけでなく、通常は本家分家関係、また時には、大同族団体(多くは父系的関係に重点)にまでひろがっている。さらに、下男下女などの非血縁的な労働者をも含むことがある。――地方によりまた階層により差異がある。生産様式によっても差異があるであろう。日中戦争・太平洋戦争中の徴用や任意の工場労働によって、多くの者が農村の家父長制家族から離れて、個人的労働によって個人的収入をもち、個人的な生活を体験した。今やこれらの者の大部分が、ふたたび農村の家族制度の中に復帰している。「家族制度」が失業の存在を潜在化し、多くの労働者に asylum を与えているということ、およびこれらの戦時労働者が戦時の一時的現象(戦時における生産力の拡充、および従前の工場労働力の戦線への動員、の結果として)であったということは、これらの労働者の「家」からの離脱、「家」の解体に決定的な意義を与えなかったとはいえ、彼らの意識に多かれ少かれ何らかの影響を与え、「家」の解体への一つの力を歴史的には与えたことであろうと推定される。

(67)　流通過程から利潤をひきだすところの「前期的資本」の概念・構造・基礎などについては、大塚久雄『資本主義の系譜』(一頁以下)。なお、前期的資本はしばしば同時に地主的土地所有者でもある。

(68)　細井和喜蔵『女工哀史』によれば、「日清戦争の済んだ頃から」、強制的送金制度と年期制度(「第一　自分及ビ父兄ニ於テ事故有之退社願出候節ハ何時ニテモ速ニ御許可相成度尤此場合ニハ既往ノ前借金其他負債金ヲ弁償可仕候事」という「誓約書」につき、同一〇七頁参照)が厳格に行われ(六〇頁、八八頁以下、一〇二頁以下、一七三頁以下)、女工が出す信書は会社によって検閲され、「若し少しでも虐待に近い事実を訴へるやうなものでもあれば、直ちにこれを没収し」た(五九頁、一七二頁)。女工は寄宿舎からの外出の自由をもたなかった。工場は一般に高い塀でかこまれており、さらにその上部に鉄条網を張ったこともある(一六三頁)。出入口の看視人の強力。工場法以前の時期における、直接的な violence の施用による隷奴的使役(「木管を一本床の上におとしたといつてバケツに水を入れたのを持つて立たせられ、なまけたと言つては庭箒を差しのべてこれまた一時間以上も直立させ……彼女の手が下つて行くのを見て、はたと主任は鞭打つた……」。また主任になぐられ、つぎにつきとばされて機械にまきこまれ「魔のやうな歯車は忽ち彼女を咬み殺して了つた。」同上一四九―一五一頁参照。なお、「主任」のこのような役割にあらわれているところの、工場の hiérarchie の構造と機能とに注意)。

(69)　平野義太郎『日本資本主義社会の機構』(九七頁以下)。山田盛太郎『日本資本主義分析』(八五―九頁)参照。資本制的使役の「隷奴的型態」或いは「半隷奴的型態」が語られている。

(70)　紡績工場における煩瑣な hiérarchie については細井和喜蔵『女工哀史』(四五頁以下)。その職階制の封建的性質については同一八一頁以下にかかげる事実を見よ。なお、その他の諸々の工業領域における例については、平野義太郎「半封建的雇傭関係の撤廃」(労働評論三巻一号)を参照されたい。

(71)　工場内の hiérarchie のもつこのような構成が、単に工場内の分業と協業のための存在でないことの例としては——前に注(68)にのべた「主任」や、また「体の具合などの悪いため寝ている」女工を「無理矢理に起して叩き出さねば承知しない」「世話姉」(細井和喜蔵前掲一八二頁)など。ただし、このような封建的な hiérarchie をとおしての労働強制・強化は、しばしば、中間の権力者の恣意に依存し、また彼らによって権力が濫用され、また労働力が彼らの私用に充用される可能性があり、したがって雇傭・労働力の合理的組織的な充用という近代的工場の要請とは矛盾することが多いという点が注意されねばならない。

(72)　最後に、残存するこのような封建的ないし前封建的諸関係の基礎の上にある特徴的な権利関係としての「縄ばり」の存在を指摘しなければならない。近代的法体系においては、土地所有権は土地の上のすべての支配を含み、そのゆえに、土地所有者の上級には抽象的な国家権力があるのみである(しかも、国家権力は所有権の社会的な形態の反射!)。しかるに、「縄ばり」は一定の広さにおける地域的(領土的?)支配であり、多くの場合、現実の実力(physical violence)によって維持される。この非近代的な権利は、権利者が「有力者」である場合には国家権力の一定の保護を受ける(「板舟権」。また警察による事実上の特権)。

(73)　自作農の創設維持事業はつぎの表の示すように戦争中に大いに強行された。

昭和一六年度	八、五七〇町四	一三、四四三戸
昭和一七年度	九、一五四町六	一三、五〇五戸
昭和一八年度	一一、三七一町一	一五、四四四戸
昭和一九年度	四三、一〇一町〇	

それにもかかわらず、自作農の耕地面積は増えていないのみか、減っているし、また昭和一九年の自作地総面積は明治三六年

と大差のないことが注目される。

明治三六年	二、九二三、二六一町〇
昭和　三　年	三、二九七、四八〇町五
昭和一五年	三、三一〇、二六六町六
昭和一六年	三、一七二、二七八町一
昭和一七年	三、一四三、七五〇町九
昭和一八年	三、〇九九、三五九町九
昭和一九年	二、九五六、九三七町〇

（以上、「昭和一九年第二一次農林省統計表」による）

(74)　これは、地主小作関係を合理化する目的で行われたのではなく、全く供出制度の副産物として生れたものである（ただし、農林省当局にかくれた目的があったかどうかは分らない）。昭和一五年一一月（米穀管理規則）以来供出制度が行われたが、小作人が小作米を一旦地主に給付した上で地主からこれを供出すると（昭和一七年二月の食糧管理法第三条、米穀管理規則はこの法律に吸収される）供出がおくれるので、昭和一七年九月の食糧管理局通牒（「管理米麦ノ取扱ニ関スル件」）で、小作人が小作米をも直接に農業会に供出するように指導すべく命じた。この指導は成功して、右の供出方法が全国的に行われるようになった。その結果、地主は小作米を受けとることなく、常に農業会をとおしてその代金（二重価格制による公定価格）を受けとることになり、実質的に小作料の定額金納化が実現したのである。

(75)　農家一戸当り耕地面積は、昭和一六年以後つぎのように減っている。

昭和一六年	一町〇六六
昭和一七年	一町〇五六
昭和一八年	一町〇二三
昭和一九年	〇町九八九

昭和二一年　　〇町八七〇

（以上、昭和一九年までは、大内力「過小農制度と日本資本主義」（季刊経済思潮七七頁）により、昭和二一年は、農林統計月報九五号による）

なお、右の統計は北海道をも含んでおり、内地だけについて計算すると、昭和二一年は七反七畝二一歩でしかないのである（同月報五頁）。――以上の資料は大内氏の御教示による。ここに謝意を表する。

〔参考文献〕 土屋喬雄・岡崎三郎『日本資本主義発達史概説』、土屋喬雄『日本資本主義史論集』一九四七年、平野義太郎『日本資本主義社会の機構』一九三四年、山田盛太郎『日本資本主義分析』一九三四年、平野義太郎「議会及び法制史」（日本資本主義発達史講座、一九三三年）、その他本文引用の論文、服部之総『明治維新史研究』一九三三年（特にその第四章）、向坂逸郎『日本資本主義の諸問題』一九三七年、清浦奎吾『明治法制史』（一八九九年）（明治文化全集第八巻『法律篇』一九二九年所収）。Herbert Norman, *Japan's Emergence as a Modern State*, 1940（大窪愿二訳『日本に於ける近代国家の成立』一九四八年）。――なお注(53)に掲げた文献表によって、詳細に文献を知り得る。

第三章　近代的所有権の観念性と絶対性

1　問題の所在

近代法においては所有権は、その主体者の現実的支配の有無に関係のない・客体の観念的な帰属、すなわち物に対する支配可能性という観念的関係であり、支配の理由づけ、権原 title, Titel 自体にほかならない。言いかえれば、所有者は、所有者であるために現実的に所有物を支配している必要はなく、他人がこれを占有しようとも常に何のかかわりもなく所有者なのである。この性質は、近代法においては所有権についてもっとも徹底的に承認されているのであるが、他の物権についても一定の範囲において承認されている。私はこれを仮に所有権の観念性、或いは物権の観念性とよびたいと思う。所有権の観念性は制度的にはつぎの二つの点においてあらわれる。すなわち、——

(1)　観念的所有権はいわゆる物権的請求権によって守られる。物権的請求権とは、「物権内容の完全な実現が何らかの事情によって妨げられている場合に、その妨害を生ぜしめる地位にある者に対し、その妨害を除去して物権内容の完全な実現を可能ならしめる行為を請求する」権利であって、つぎの二つの点においてきわめて強力な物権保護手段たるのである。第一に、それは、物権者が現実に物を支配していたことを必要とせず、いやしくも、観念的に物権が存在するをもって足るのであり（観念性）、第二に、それは、いやしくも妨害をなす天下万人に対し主張され得るのであり、そのゆえに時には、物権は無数に潜在的に存在するところの物権的請求権の総体である、とも観念される（絶対性）。すなわち所有権は、物権的請求権によって観念的であると同時に絶対的な権利たるのである。

(2)　民法は占有訴権の制度を規定する(第一九七条—第二〇二条)。占有訴権も、物権的請求権と類似するところの・妨害排除を請求する権能であるが、それは権原としての物権に関係がない。それは物権的請求権とは逆に、現実的支配の事実そのものを理由とし、その事実を独立に保護するものであって、物権的請求権と対蹠的のものである。民法は外国の諸々の近代立法と同じく、占有訴権と物権的請求権とを峻別し、両者を互いに関係のない独立の制度としているのであり、物権とりわけ所有権の観念性は、この占有訴権制度の峻別により一そうきわだって存在するのである。

物権とりわけ所有権の観念性は、法解釈学においては自明の理として前提されるのであり、またそのような制度の中に生きている現代人においても当然のこととして意識されるのであるが、事実はそのように自明ではないのである。(イ)物権的請求権は物権の本質上当然に生ずる権利である、と説かれるのが普通である。なるほど、法解釈学における内在的論理としては、物権的請求権は、観念的な完全な物権を予定せざるを得ず、したがって説明としては、逆に、そのような物権の「本質」から物権的請求権が演繹されるのは当然である。しかし、法社会学的には、物権のそのような存在のしかたはただ一つの歴史的のものにすぎぬのであり、むしろ、それは、観念的でない現実的な物権の歴史的型態との対比にすぎぬのであり、さらにまた、それは、観念的でない現実的な物権の歴史的型態との対比において、はじめて、われわれにとって明らかなものとなるのである。(ロ)物権の絶対性を、債権の相対性(債権は債務者に対してしか請求権を生ぜしめないという性質)に対立するところの、物権・債権の分類に対応する当然の a priori として承認することは、法律学における古典的学説である。また近時において債権の保護の社会的要求が増大するに至り、債権に対し物権と同様の保護を与えるための法解釈技術上の論理構成の必要上、いやしくも権利なる以上債権も物権と同じく絶対性を有するのは当然である、とする学説をも生ずるに至っている。しかし、これまた法解釈学上の「構成」であって、法社会学的には物権の絶対性もまた一つの歴史的存在でしかないのである。われわれは、絶対性を有しない所有権の歴史的存在を承認しなければならぬのであるし、また従来支配的であったところの債権の相対性を単純に「理論上あやまっている」と刻印づけてすませることは許されぬのである。(ハ)物権の右のような観念性を裏面より明らかに示すものが占有訴権の制度である。物権が物権的請求権によって保護されるということを自明視する立場に立つときには、物権という根拠を欠く単なる事実そのものを保護するところの占有訴権の制度は、はなはだ理解に困難なものとなる。いわゆる占有理論はすでに前世紀より今日に至るまで多くの学者によって争われた問題であるが、その物権法の体系における地位と意義とはまだ十分に明らかになっているとはいえない状態にある。しかし、占有訴権の制度を、物支配の観念化した型態との相関において考察するときには、問題をより多く明るみに出すことができるのではないかと考える。すなわち、物支配の法的保護が、現実的な支配の事実をめぐってどのように形成され発展するか、という観点から考察するときには、物権的請求権と占有訴権とは単に絶対的なしかたで峻別されないでむしろ密接に関連してくるのであり、占有制度の現代的意義も、またこのような立場から理解への手がかりを得られるものと考えるのである。要するに、物権とりわけ所有権の観念的存在性は一つの歴史的所産であり、しかも民法の物権や所有権の他の特質と密接に関連しているものである。われわれはその分析によって、近代的所有権の本質の把握にさらに近づくことができると考える。

2　所有権の観念性の歴史的性格(1)

(1)　川島「所有権の観念性」(法協六〇巻一〇号、六一巻一号・八号、六二巻六号(未完))。

一　物権のゲヴェーレ的体系

近代法の観念的所有権は系譜的にはローマ法に由来すると称せられるのであるが、これに対し、物支配の法的保護が現実的支配の事実と不可分に結合しているところの対蹠的な制度は、ゲルマン法のゲヴェーレの体系にこれを見出すことができる。もとよりゲヴェーレ的制度は、あえてゲルマン法にこれを求める必要はなく、多かれ少かれ原始的な法生活においては一般的に存在するものと推測されるのであり、わが国の歴史にも同様のものを見出し得るのではないかと考えるのであるが、日本の法史は遺憾ながら専門外の私には今のところ近づき得ぬものであるから、その典型がわれわれにとってもっとも近づきやすいものとして、一応ゲルマン法についての叙述で満足しなければならない。ゲヴェーレ的物権の内容を、物権の観念性の問題に関連する限りにおいて、簡単に説明すればつぎのごとくである。

ゲルマン固有法においては、物を事実上支配することはゲヴェーレ Gewere(或いは vestitura, investitura) と称せられる。ゲヴェーレはまた「権利の衣」だといわれる。しかし、それは、まず観念的に「権利」なるものが社会の法意識の上に存在しそれと対立する独立の存在としての「権利の外形」がゲヴェーレとして意識されたということではない。ゲヴェーレは本来権利自体なのであり、ただそれを今日におけるように観念的に把握し構成しないで、外形的・事実的に把握して構成しているのにすぎないのである。と同時にそこでは、事実支配そのものを権原からはなれて独立に保護しているのでもないのである。もっとも、このような事実的現象的のものと観念的実質的のものとの未分化的統一存在の程度は、のちにのべるように、動産と不動産とにより、また時代により勿論常に同一ではない。しかし、物支配の保護を物支配の事実と不可分にのみ認めるということが基本原理となっているのである。

(a)　動産　動産に対するゲヴェーレは、動産を事実上所持する者がこれを有する。動産支配の法的保護はこの事実上の保護と不可分に結びついている。すなわち、(i)動産所持者が自己の意思に基いて、動産を手放した場合、とりわけそれを他人の支配に移した場合(寄託・貸与など)には、その動産の返還の請求は、彼が所持を仕せた相手方に対してのみなされ得る("Wo man seinen Glauben gelassen hat, da muss man ihn suchen")。したがって、その所持を任された相手方がその動産を約に反して他人に処分した場合においても、もとの所持者は現在の所持者に対し返還を請求し得ないのであって、常に、自己が所持を託した相手方に対してしか請求し得ないのである。すなわち、この場合の動産所持者の返還請求権は、彼が動産に対し第三者に主張し得べき「所有権」をもっていたことを理由とするのではなくして、ただ特定の契約当事者に対して「契約」関係に立っていることを理由とするものにほかならない。(ii)動産が所持者の意思に基かないで、所持者の手をはなれた場合、なかんずく盗まれ或いは強奪された場合には、彼は現在その動産を所持する者に対し、——その者が直接に彼から盗んだか、それとも盗んだ者から譲受けたかに関係なく、——返還を請求し得た。この場合の返還請求は、侵奪者のみに対するのではなくして、ひろく第三者におよび得る。しかしそれも、言わば不法行為に対する救済の拡張である(争いは、手続上終局において侵奪者と回復者との争いに還元される)。すなわち、一般第三者に対抗し得べきような権利としての独立の物権を理由とするのでなく、そこで問題となっているのは、盗まれた者の Gewere が盗んだ者の承継人の Gewere よりもつよいという、事実支配の相対的な対人的な比較なのであり、正当な所持から物が奪われたという物支配事実そのものを理由とするにすぎないのである。要するに、動産の所持は、所持の事実そのものからはなれた独立の物権によっては保護されないのであり、それは(やや不正確ではあるが、現代法的な観念で表現するならば)、契約か或いは不法行為(犯罪)かを理由としてのみ保護を享有するのである。すなわち、動産の所持は、現実的支配の事実そのものの段階より以上の法の保護をうけ得ないのであり、したがって、動産の所持者は原則としてみずからの手をもってこれを確保するほかはない。動産についてのゲルマンの法格言"Hand wahre Hand"は、物支配を「物権」として保護する独立の制度のない右のような状態の表現にほかならぬのである。この意味において、動産については、事実支配をはなれた独立の「所有権」は存在せず、ただ支配の事実の保護が次第に発展しつつあったことのみを認めなければならないと考える。

(b)　不動産　不動産についてもまた原則として現実の支配事実を中心として、その物的支配の法的秩序が成り立っていた。ところで不動産については、動産についてとことなり、荘園経済ないし封建経済の態様に応じて複雑な支配関係が成り立つ。ゲヴェーレの法理は、この複雑な各種の物的支配を具体的に把握するものであり、このことによってそれはよく中世ゲルマンの複雑な物的支配の法的関係の形成・維持を可能ならしめたのである。不動産に対しゲヴェーレを有するのは、不動産より収益を取得する者である。収益は、直接なると(たとえば、みずから耕作する)或いは間接なると(たとえば、徭役労働・地代・十分の一税を徴収する)を問わない。したがって、一つの不動産について上級・下級の幾重ものゲヴェーレが重畳し得る(ただしゲヴェーレの重畳を否定する学説もある)。

ゲヴェーレが他人によって侵害された場合にはゲヴェーレの主体者は返還或いは妨害排除を請求し得る。その中で特にゲヴェーレの性質を顕著に示すものとして、返還請求の場合を考察するとつぎのごとくである。(i)旧所持者が不動産を自分の意思に基いて貸し・預け・担保にした場合には、取得者ははじめから一定の制限のもとにゲヴェーレを取得したのであるから、現所持者と旧所持者との関係においては、旧所持者の古いゲヴェーレ(貸与の場合には現在もなお上級ゲヴェーレを有することがある)が優先する。すなわち、この場合においては旧所持者の請求は、自己の有する物権を理由とするのではなく、相手方との契約関係を理由としているのである。(ii)借主・受寄者等が不法にその借りた或いは預かった不動産を第三者に処分した場合にも、旧所持者は現在の所持者に対しその返還を請求し得た。この点は、動産のゲヴェーレとことなる重要な点である。この場合にも、現在の所持者のゲヴェーレは、正当な権利者たる旧所持者のゲヴェーレに対する関係においては、瑕疵を有するものとして意識されたのである。そのわけは、当時の生活協同体の範囲が狭かったこと、不動産処分は村の会議・市の会議等の立ちあいのもとに行われその狭い協同体における全体の関心事であり、したがって不法な処分は多くの場合防止し得られ、またそれだけに瑕疵あるものと意識されたことにある。この場合に、返還の請求の理由となっているのは、もとの所持の事実、それとの相対関係における現在の所持の瑕疵である。(iii)所持が、所持者の意思に反して奪われた場合には、旧所持者は現在の所持者に対し返還を請求し得た。この場合には、旧所持者はまだゲヴェーレを失っていないものとされていた(いわゆる観念的ゲヴェーレ ideelle Gewere)。この請求の理由は、不法行為、すなわちもとの所持の事実であり、また旧所持者のゲヴェーレに対する現所持者のゲヴェーレの瑕疵である。

要するに、不動産の所持も、所持の事実そのものからはなれた独立の物権によって保護されているのではなく、契約・不法行為をとおして、前に存在した支配事実そのものを理由として保護されているのである。すなわち、不動産の所持は、現実的支配の事実そのものの段階より以上の法の保護をうけていないのであることは、原則としては動産とことなるところはないのである。ただし、不動産に対する支配はその性質上動産よりも、現実的支配事実の要素からの疎隔の可能性をより多く持っている。一般に不動産に対する支配は、土地の不動性のゆえに、狭い協同体内では動産よりも社会的に明白であり、ことに不動産に対する上級ゲヴェーレは、直接耕作者のそれよりも事実的要素が稀薄であり、また、中世における不動産支配の政治的性質のゆえに直接耕作者以外の者の土地支配の現実性は、個人的たるよりもより多く社会的性質を有する。言いかえれば、土地支配は、動産よりもはるかによく社会的性質をおびる可能性を含んでいる。このゆえに土地支配は、動産よりも観念化し、いわゆる観念的ゲヴェーレの発達をきたしたものと認められる。(2) しかし、それにもかかわらず、ゲヴェーレは現実的支配事実からはなれた独立の「物権としての」保護にまでは到達しなかったのである。

（2）　観念的ゲヴェーレと称せられるのはつぎのようなものであって、これに対し前述の現実的ゲヴェーレを leibliche Gewere

と称する。（イ）Auflassung によるゲヴェーレの移転（Auflassung については、ゾーム『フランク法とローマ法』久保正幡・世良晃志郎訳一二八頁注二九参照）、（ロ）判決によるゲヴェーレ付与、（ハ）相続によるゲヴェーレの移転、（ニ）暴力その他違法な占有侵害の場合。これらの場合には、現実的に支配する者もまたゲヴェーレを有するのであり、観念的ゲヴェーレとの関係において相対的に、現実的ゲヴェーレが劣るという関係にある。したがって、第三者に対しては現実的支配者もまたゲヴェーレを有するのである。

二　近代的所有権の観念性とその経済的社会的基礎

右のようなゲヴェーレの法律制度と対比するときには、近代私法そうして民法の所有権の観念性と絶対性とが一つの歴史的存在であることは、まことにあきらかである。そうして、その観念性と絶対性との歴史的な諸特質は具体的にはつぎのごとく指摘し得ると考える。

第一に、もっとも明瞭なのは、民法においては物権が独立の物権として保護されていることである。すなわち物支配の事実が、契約とか不法行為とかの他の問題を媒介として、そうしてそれらの問題と未分化に保護されているのではなく、独立に、物支配の事実をはなれて保護されている。物の支配は、それを理由づける観念的な権原に基いて独立に保護されるのであり、ここに「物権」の独自的存在の一つの重要な一面を認め得るのである。第二に、右のことは、他面において、物権の保護が、具体的の争いを通じて、そこに具体的に存在する物支配の事実に基いて与えられるのでなく、一般的抽象的なしかたで物権の帰属を決定することによって与えられることを意味する。かくして物権は、対人的・相対的の権利ではなくして、天下万人に対抗し得べき対物的・絶対的の権利となるのである。

このような所有権の観念性と絶対性とを生じた社会的経済的基礎はつぎのごとくである。[3]

(1)　観念性の経済構造。まず、近代的所有権の観念性は、その客体たる財貨の観念性そのものによって規定されている。素朴的に見れば、所有権の客体は一般に物質的な「物」であり（いわゆる「無体物」は所有権制度の本来的な客体ではない）、その点においては、原始的古代より現在に至るまで何ら変化がないように見える。しかし、近代的所有権においては、客体の物質的有体性は所有権の客体の単なる現象型態にすぎず、所有権の客体の本質は観念的な「価値」である。近代的所有権の客体のこのような特質については、すでにヘーゲルがきわめて鋭く指摘したところであった。彼は、封建的土地所有の客体が「価値」Wert ではなくして利用 Gebrauch であるのに対し、資本制的・近代的所有権の客体が「価値」であることをはっきりと断定し、且つその論理的および社会的構造をきわめて正確にまた精密に分析し、価値所有権が結局その本質においては貨幣の所有権に帰することを、そうして所有権客体の物質的存在は単に価値の記号 Zeichen にすぎないことまで論断しているのである。(4)

近代的所有権の客体が「価値」そのものであるということは、つぎのような内容・基礎をもつ。すなわち、資本制社会においては、すべての物は商品としての性質を帯びさせられる。商品としての物は、孤立状態においてではなくして、常に他の物との相互的関連の中に存在するのであり、この他との関連の中に物はその個別的な利用価値としての質を止揚し、価値 Wert 一般としての量的存在に転化する。(5) このような転化は資本制生産・再生産の必然的所産であり、したがって、近代的所有権の客体の「価値」としての観念性は、資本制経済の必然的所産にほかならない。したがって、貨幣は近代的所有権の客体の価値的観念性の集中的表現であり、貨幣において、近代的所有権の・現実的利用からの分離ないし捨象が、現実的な現象型態において現われる。(6) 所有権客体の価値は貨幣において量的に表現され測定される。

「本法ニ於テ物トハ有体物ヲ言フ」という民法第八五条の規定は、所有権の客体が「価値」という観念的なものであるという、さきの私の理論と矛盾するように見える。しかし事実は逆である。民法が物を有体物と規定しているのは、せまい意味での法律技術的表現としての「所有権」の客体が有体物に限られるという意味であって(すなわち、債権的請求や、発明的考案や、著作物などの観念的存在物は、法技術的意味での「所有権」の客体でないということ)、有体物がその有体性において近代的所有権の客体であるということまでも規定しているわけではないのである。

ギールケが正当に指摘しているように、近代民法が所有権の客体を有体物に限っているのは、所有権が客体の物質的存在のすべてを包括的に("körperliche Totalität")把握するということを表現しようとしているのであり、(7) 言いかえれば、それは、近代的所有権が中世的所有権の一面的ないし部分的支配を内容としたのとはことなり、客体のすべてを包括的に支配するということ(いわゆる所有権の円満性)、また言いかえれば、一つの物に対する所有権は完全存在か、しからずんば全くの無か、のいずれかであるというような Alles oder Nichts のカテゴリーであるということを意味しているのである。いうまでもなくこれは近代的所有権を特徴づける重要な点なのであるが、このことは、所有権が客体の「利用」を目的とするものでなくてその「価値」の支配を目的とするものであり、その結果その内容が客体の物質的存在に対して全面的包括的とならざるを得ないということにほかならないのである。

封建制社会は、物(特に土地)の具体的な利用の上に基礎づけられるところの、具体的な・特定人の間の関係である。そこでの支配的な財産たる土地は、具体的な・特定人の間の関係(領主と隷農、主君と家来、村落民相互間)と不可分な一体をなしており、それは、資本制社会におけるように人的関係から切り離されたところの単純に物的な支配なのではない。土地支配と土地支配との交渉関係は常に特定の個人的な関係そのものであり、したがって、そこでは、人間関係が純粋な物と物との関係として現象する(すなわち「価値」として現象する)ことを必然ならしめるところの物的関連が欠けているのである。また、土地生産物はこの人的結合の関係を通して直接的に生産者から領主へと移転されるだけであって、ここにも同様に純粋に物的な関連が欠けている。封建制社会においては、このような純粋に物的な関連は、いうまでもなく、最初領主の手に集められた余剰生産物が商品として売却される場合、および農村とその近くの都市との間のローカルな未発達な商品交換の場合に存在した。ここには商品対商品——特に商品と貨幣——との物的な交換が存在し、その限りではここに物に対する支配が「価値」として現われた。しかし、注意すべきことは、これらの商品交換が生産過程の外部で、単なる流通過程そのものとして行われ、したがって、生産・再生産の基礎は依然として土地の利用の上にあるということである。このような封建制社会の中では、社会構造を決定している基礎的な所有の意識は利用の上にあるのであり、したがって、生産的基礎から離れた商品流通の中に、純粋に観念的な価値支配としてのタイトルたる観念的所有権およびその意識が、単なる可能性以上には成立する余地がなかったのは当然である。特殊＝近代的な価値支配のタイトルとしての観念的な所有権は、したがって、このような中世的な商品流通の中にその起源をもつものでないと認められねばならない。そこには、そのような観念的タイトルがただ an sich に潜在的に存在することのみを認めうるにすぎないのであり、そこに価値支配たる所有権があったかどうかを問題とすることは、空虚なスコラ的論議以上のものではありえないのである。特殊＝近代的な・観念的価値の支配権たるタイトルの歴史的起点は、物の商品的性質を生産および再生産によって必然的ならしめたところのかのマニュファクチュアに求められねばならない。したがって、また言葉をかえていうならば、近代的所有権の観念性の系譜は同時に近代的な産業資本の系譜そのものと一致することになるわけである。

（3）　以下の説明は、大体において川島「近代的所有権の観念性」(季刊大学第二号一〇四頁以下)と同じである。

（4）　Hegel, *Grundlinien der Philosophie des Rechts*, § 63. マルクスの商品価値の二重性の理論も根本においてはこの理論から出発し、これに経済的社会的分析を加えたものと見られる。——ヘーゲルは、封建的所有権に対し「完全な所有権」d. volle Eigentum を対立させているのであり、また後者が前者の発展であることをのべている。したがって、ヘーゲルの「完全な所有権」は、主として近代的所有権に関するものである。

(5)「利用における物は、質および量によって規定された個々(einzeln)の物であり、特殊的需要に関連せるものである、しかし、その特殊的有用性は、量的に規定されたものとしては、同じ有用性をもつ物と比較され得る。同様に、それが奉仕するところの特殊的需要も需要一般であり、その点においてそれはその特殊性(Besonderheit)にしたがって他の物と比較され得るのであり、したがって、物も亦、他の需要に役だつ他の物と比較され得る。この普遍性(Allgemeinheit)――その単純な規定性は、物の特殊性から流出し且つその結果としてこの特殊的な質から捨象されたものであるが――が、物の価値である。」「質的なものは、ここでは、量的なものという形体の中で消失してしまう。……だから、考えの進行はここでは、物の特殊的質からこの規定性〔特殊的質〕に対する無関心(Gleichgültigkeit)へ、すなわち量へ、である。」(Hegel, *Philos. d. Rechts*, §63)(なお、質から量――止揚された・無関心なものとされた質――への論理的移行については、Hegel, *Enzyklopädie* §93を見よ)「使用価値は……交換価値の素材的担い手である。交換価値はまず量的関係……としてあらわれる。商品の使用価値からの抽象こそ、商品の交換比例をば一目瞭然的に特徴づけるところのものである。……商品は、使用価値としては何よりもまず、互いに質を異にするものであるが、交換価値としては、ただ量を異にし得るにすぎない……商品の交換関係たる交換価値にあらわれるところの共通物とは、すなわち価値であるということになる」(Marx, *D. Kapital* (Adoratzkij), I, S. 40 f.)「商品の価値対象性は、純社会的のもの……商品対商品の社会的関係の上にのみあらわれ得る……」(傍点筆者)(I, S. 52)――ヘーゲルにおいては、価値は物と物との関連・比較において必然的なものとなり、マルクスにおいては、商品交換においてそうである。二人は、同じことを言っている。けだし、表現がことなるだけであって、その論理は同じであるのだから。

(6)「価値の概念を問題とする場合には、物それ自身はただ記号Zeichenとしてのみ見られるのであり、物それ自身としてgeltenするのでなく、それのもつところの価値としてgeltenする。……物の価値は、需要に関連してながめられるときには、はなはだ様々であり得るが、もし価値の特殊的のものをでなく、価値の抽象的のものを表現しようとするなら、後者は貨幣である。」(Hegel, *Philos. d. Rechts*, §63, Zusatz)「一般的等価型態なるものは、価値一般の型態である。……現物型態の上に等価型態が社会的に合成せしめられる特殊の商品種類は、今や貨幣商品である」(Marx, *op. cit.*, I, S. 74)

法的現象型態についていうと、——貨幣については「物権的返還請求権」rei vindicatio が許されない。つねにただ債権的返還請求権のみが可能である。けだし、貨幣所有権は全くの「価値」の所有にすぎず、所有の実体は純粋に観念的なものであるから。このことの結果、実定法の技術的意味における貨幣の「所有」は、貨幣の「占有」と全く一致する！　このことは、また同時に、貨幣所有(純粋に観念的な所有)においては、現実的な「占有」が全く意味を失ったこと、そのことの論理的帰結として、現実的「占有」と対立し対応するところの「所有」もまた意味を失ったことを意味する！

（7）　O. Gierke, *Deut. Genoss. R.*, II, S. 58-9.

(2)　観念性の社会構造。近代的所有権の客体の本質たる「価値」——それは右にのべたごとく、所有権客体の物質的存在性からの抽象であるが——の観念性は、さらに、「価値」の実体をなすところの現実的な社会関係(人間対人間の関係)の一定の構造そのもの、その所産、である。

資本制経済は私的な所有権をつくりだし、且つその基礎の上に成立発展した。ところで、所有権の私的性質というものは、抽象的に言えば「排他的独占」であり、具体的には一切の封建的・協同体的拘束からの所有権の解放の結果としての、所有の「個人的性質」である。ところで、資本制生産・再生産は、私的所有権の上に成り立っていながら、しかも同時に所有権の私的性質を特殊＝資本制的なしかたで止揚することによってのみ可能である。すなわち、まず生産の場面においては、資本制工場生産は大規模の分業と協業との基礎の上に立ち、その結果として資本所有者の生産手段所有権を生産そのものの行程において社会化するのであり、またつぎに、再生産の場面においては、かくして生産され資本所有者の私的所有権の客体となったところの生産物をば、商品としての社会的存在として大規模な社会的交流の中におく。このようにして、近代的所有権は、本来的には私的性質をもちながらしかも同時に本来的に社会的な性質を内在せしめているのであり、しかもこのような私的性質と社会的性質とが独立化し対立していることが近代的所有権の本質的なモメントなのである。[8]　資本制社会においては所有権は常にまず私的な状態にある、すなわちそれは常に何びとかの法主体者の私的支配に属している。それが近代的所有権の・目に見える現象型態、資本制経済の全構造の基礎、全発展の起点である。しかも所有権は、そこでは、同時に目に見えない社会的な関係によって支えられ裏づけられ、且つ社会的な関係そのものである。近代的所有権におけるこのような矛盾、その社会的関係のこのような二重性、これが近代的所有権を観念的な存在たらしめる現実的基礎である。というわけはつぎのごとくである。すなわち、近代的所有権は常に現象的にはまず第一次的に私的支配でありながら、同時にそれは単なる現象、単なるSchein にすぎぬものであり、その背後にあって目に見えないところの・すなわち全資本制社会の生産・再生産の構造によって一般的に抽象的に規定され基礎づけられているところの・社会的関係それ自身に解消され、さらにこれに移行するからである。われわれが前節において、近代的所有権の経済的側面から見て「価値」として観念したところのものの、現実的な社会的構造は以上のごときものなのである。

封建制社会においては、所有権における・このような私的性質と社会的性質との両極への分裂が存在しない。そこでは所有の私的側面は同時に社会的側面そのものであり、したがって私的側面は純粋に私的ではありえない。たとえば、隷農と領主との関係について考えてみよう。封建制社会においては、土地の支配権に基いて隷農が直接的生産をおこない、領主が隷農の一定の労働もしくは隷農の生産した生産物の一定量をその土地所有に基いて受けとる。すなわち、これらの両者の者は同一の土地についてそれぞれ現実的利用および地代の型態における私的支配をもっているが、これらの私的支配はいずれも隷農と領主との社会的な関係そのものにほかならず、ここでは、私的支配を支え且つその実体をなすところの社会的な関係が、私的な支配から分離した独立なものとして目に見えないで背後に存在する、というような事実がない。所有は、全く目に見えるとおりの現象型態そのものであって、その背後にそれ以上の何ものをも残さない。勿論、このような領主対隷農の関係を中心とする封建的土地所有——これこそが全封建的社会構造・封建的所有権の基礎・枢軸をなすものであるが——は、その領主を起点として作り上げられるところの封建的ヒエラルヒーによって支えられているのであるけれども、それは決して、近代的所有権におけるごとく、現実的現象的な所有の背後に目に見えないであるものではなくして、所有者の生活において現実に日々迫ってくるところの・まぎれもない経験的事実であって、中世的土地所有は、まさにこのような現象的現実的な諸関係であるから、目に見えぬ観念的な権利としての存在の余地がないのである。(9)

（8）　近代市民社会における二つの対立的原理としての、Besonderheit と Allgemeiheit とについては Hegel, *Philos. d. Rechts*, §§ 182 ff. を見よ。そこには、この二つの社会構成原理への分裂・対立の必然性が、経済的基礎から出発して、説かれている。

（9）　これらの点については、川島「所有権の観念性」(法協六一巻六号)に詳しくのべておいた。

(3)　観念性の政治構造。経済的および社会的側面における・近代的所有権の観念性の以上のような構造は、政治的にはつぎのごとき関係としてあらわれる。

近代的所有権における私的側面と社会的側面との完全な分離——すなわち所有権が現実に所有権たらしめられる終局的基礎が、その所有者の現実的現象的な支配でなくして、抽象的な・目に見えぬ社会的関係それ自身であるということ——は、政治的には、所有権の保障が個々の人間の手から離れて、市民社会の全体を支え且つ市民社会の全体によって支えられるところの特殊＝近代的な国家の政治的権力に移った、という歴史的事実を意味する。このことを詳しく説明すればつぎのごとくである。すなわち、近代社会においては、個々の所有者は自分の実力をもって所有権を防衛しまた維持する必要はない。いなむしろそれは禁止される。そのかわりに、所有権は全く社会的に保障される。すなわち、所有権は、商品交換によって媒介されているところの市民社会の存立の不可欠の条件であり、したがってそれは、まず第一に、市民社会存立の必然的前提として、市民社会全体によって尊重され保障され、つぎに、その結果として、市民社会の政治的投影としての市民的国家によって――その権力に支えられる諸制度(憲法による私有財産の保護、刑法による保護、私法における「物権的請求権」)をとおして――保障される。ここでは、権利は、現実的な事情に依存するのではなくして、潜在的な非現実的な権利保護の可能性一般に転化する。このようなものとして、権利は全く観念的な存在としての基礎をうるのである。このような法的構造の中においては、所有権は純粋に法規的存在、すなわち、国家的司法制度による権利保障の観念的前提としての・裁判規範たる司法的実体法(いわゆる実体法)の平面における存在であり、そのようなものとして所有権は純粋な Sollen の世界の存在である。勿論、このような性質は所有権のみに特有なものでなく、近代的司法制度の下におけるすべての権利・義務・法律関係に共通のものである。(10) だが、その終局の基礎が所有権に存在し、且つ所有権においてもっとも集中的に表現される、ということもまた特筆されねばならない。

このようにして、われわれは、所有権の観念性の客観的基礎から出発して、その観念的な現象型態――すなわち、純粋に法規 Rechtssätze の上での観念的存在型態――にまで到達した。だが、所有権をこのように純粋に観念的な法規的存在たらしめたのは、右にのべたような客観的諸条件のみではない。法規範は人間の意識行動に関するものであり、したがって、現実の生ける法は常に人間の一定の規範意識によって支えられており、生ける法の客観的な諸条件は、この規範意識の媒介によってはじめて、規範として現実的存在になるのだからである。ところで、近代的所有権の規範意識の特質は、個人の所有権の尊重の内面的自発性にある。近代社会においては、人は「所有権を所有権なるがゆえに」、ただそれだけの理由で、尊重するのであり、そのことは、物を所有者が現実に占有しているか、いないか、に関係がない。ことばをかえていうならば、個人の所有権の尊重は、所有者の現実の占有という事実によって言わば「外から」人に強制されるのではないのである。これに反して、封建制社会においては、人は内面的自発性をもって他人の所有権を尊重するのではなく、何びとかが物を現実に占有している結果、その物の占有をおかすことができないから、その事実上の占有を尊重するのであり、したがって、所有が事実上の物支配と結合されているということ（ゲヴェーレ）は、まさにこのような・外からの強制の下においてのみ権利を尊重するところの規範意識に対応するものである。これらの点については、すでに別の機会に詳しくのべたから、ここにはこれ以上たち入らぬこととする。[11]

封建制社会においては、権利の保障は、個々の権利主体者から一応分離した政治的社会の制度による保障を受けるのではなく、まさに個々の権利主体者（所有者）その人の現実の力による保障を多かれ少かれ必要とする。いうまでもなく、このことは、封建制社会における所有権の私的性質と社会的性質との分裂が不完全であることの政治的側面にほかならない。だから所有権はまさに所有権をめぐる主体者の個人的な現実的事情に依存するのであり、所有権は（また一般に、封建制社会での権利・義務・法律関係は）常にこのような現実的諸関係の中に且つ現実的諸関係として存在するところの現実的規範、現実的強制、現実的力関係の中にある。ことばをかえていうならば、封建的所有権は観念的な Sollen の世界での存在であると同時に、またそれと不可分な（すなわち Sollen から分離され独立の物となっていない）Sein の世界の存在である。このことが、封建的所有権に、権利一般としての観念的根拠——title——を与えるにもかかわらず、同時にこれを現実の事実支配に結びつける必然性の政治的基礎である。

（10）　川島「法律の物神性」（大学新聞一九四七年四月一六日号）において、私は、法規 Rechtssätze の観念的性質、法規の世界における権利・義務・法律関係の観念的性質について、簡単にのべておいた。

（11）　川島「遵法精神の精神的および社会的構造」（法協六四巻九号五二七頁以下、特に五三一頁以下）。

近代的所有権の観念性についての以上の分析は、近代的所有権の本質について、つぎのことをわれわれに教える。第一に、所有権のみならず近代法におけるほとんどすべての権利・義務・法律関係が観念的な存在であることが、単なる現象型態であって、特殊＝近代的な現実の人間対人間の一定の歴史的関係そのものであるということ。第二に、近代的所有権は高度に私的な性質をもちながら、同時に、特殊＝近代的な社会的性質をもっているということ。その点で、近代以前の・特に孤立分散的な私的所有とことなって、本来的に社会的な所有であるということ。第三に、近代以前においては、所有権の本質をなすところの・一定の・人間の人間に対する支配とその強制（経済外的な）[12]とは、現実に日々の生活において存在し、人間はいわばその肉体をもってこれを日々受けとったのであり、その現実の諸関係こそが、所有権の実質的内容であることが、紛れもない事実として関係当事者にあきらかであったのに対し、近代的所有権においては、現質の支配と強制（経済的）とは観念的な所有権から分離され、所有権は超現実的な抽象的な存在となってしまうということ。この分離を決定し媒介するのは、所有権の「自由」であり、したがって、所有権の観念性は、その「自由」の一つの側面にすぎない。所有権にはじまるところの、近代法上の諸々の権利・義務・法律関係の観念性こそが、現実の社会関係から峻別された観念的諸関係・観念的構成物についての独自の学問分野たる・観念的な抽象的な近代法律学の成立の決定的モメントである。

（12）「〔所有権の内容たる〕この「利用と享有」とは、単なる・物の物質的占有にとどまるものではない。それは、被支配者 subject persons の行動の control であった。所有権は、占有の力によるところの、支配 lordship であった。それは、命令と服従との人的関係であった。……」(Commons, *Legal Foundations of Capitalism*, p. 215)

三　わが国の社会における現実的関係においては、このような観念的所有権はまだ確立していない。ことに農村においてそうである。物は、その所有者が現実に事実的に所持支配しているかぎり確実に彼の所有であるが、一たび彼の事実的支配をはなれると彼の所有は社会的に弱いものとなり、これを「とる」ことはある程度自然視される。わが国では、物を盗られた場合には盗られた者も責任がある、と意識されまたしばしばそう言われる。また逆に、他人の所有物でも自己の事実的支配に帰している間は、自分の支配は次第に強くなる。配給品のいわゆる横流しや、役得や、横領などは、社会における生ける法意識においてはそれほど深刻に罪悪視されておらず、ある程度はむしろ当然だと意識されている。同じような意識は東洋の諸地域についても多くの文献がわれわれに報告するところである。わが国や中国における所有権の観念性のこのような欠如は、近代的な生産とそれに基く商品流通が、普遍的でないことの表徴であり、何ら民族的資質に由来するものではないことは、すでに前述したところからあきらかであろう。

3　物権的請求権

近代私法における所有権が観念性と絶対性とを有すること、すなわち、所有権が現実の支配事実とはなれて独立に所有権という権原に基いて保護されるということ、しかもその保護は特定人に対する対人関係としてではなく天下万人に対する関係として与えられるということ、これらの歴史的な諸性質を制度的に表現するものが物権的請求権である。そこでわが民法において、所有権およびその他の物権がはたしてすべて観念性と絶対性とを有するか、またそれはどのような内容をもっているか、——換言すれば、所有権およびその他の物権は「物権」であるか、また、どのように「物権」であるか——を物権的請求権を中心として分析することとする。

一　観念性と絶対性

物権的請求権は、物権の・物に対する支配を確保するため、妨害者に対し妨害の排除を請求することを内容とする物権の権能である。わが民法はこれについて規定を設けていないが、⑴物権の「性質」からの論理的帰結として、および、⑵占有訴権に関する規定からの類推によって、解釈上これを認めることに異論を見ない。

(イ)　物権的請求権は、妨害の除去を、観念的な物権そのものに基いて、——現実的な支配の事実を理由としてではなく——請求する権利である。このことは、まず支配の事実が存しこれに対し現在妨害が加えられているという場合たると(この場合の物権的請求権を物権的妨害排除請求権とよぶ)、既存の支配事実に関係なく、ともかく物権者が現在事実上支配していないということに基き事実的支配を獲得することを目的とする場合たると(この場合の物権的請求権を物権的返還請求権とよび、或いはまた、物権の追及力とよぶ)、によってことなるところはない。しかし、物権の観念性は後の場合においてより明らかである。したがって、後の場合を中心として民法上の物権の観念性を考察することとする。

物権的請求権が「物権」より生ずることは自明であるとはいえ、わが民法上物権とされているものが、このような意味での「物権」であるとは限らない。近代法における物権の基礎であり、しかも交換価値の担い手であるところの所有権が、右のような観念的な物権的請求権を生ずるものとされていることは、当然である。しかしそれ以外の権利についてはつぎのごとく諸種の場合が存する。

(a)占有権は、本来事実支配そのものに基くものである(第一八〇条)。

(b)留置権も同様である(第二九五条・第三〇二条)。

(c)一般に動産担保物権の観念性は不完全である。動産質権は、占有をその成立および存続の要件とし、質権者が質物の占有を失った場合には質権に基く返還請求権を有せず、ただ現実的占有の事実に基くところの占有回収の訴によってのみ占有を回復し得るにとどまる(第三四四条・第三五二条・第三五三条)。また、動産先取特権は、債務者がその動産を第三取得者に引渡すと効力を失うのであり(第三三三条)、追及力は薄弱である。また、規定がないため解釈上争いがあるが、有力な学説によれば、抵当権の客体たる不動産から分離された物(動産)をその不動産の所有者が処分し不動産外に搬出したときには、その動産の上に抵当権を行使し得ないと解釈されている(我妻栄『物権法』〔七一〕一。ただし、第一九二条の即時取得がないかぎり抵当権に基き返還請求をなしうるとする学説も存する)。

右の諸々の場合には物権者は現実的支配をしていたという事実に基いて占有訴権によってのみ返還請求をなし得るのであり(それは、その物が「奪ハレタルトキ」でないと不可能である。第二〇〇条)、支配事実からはなれた「物権」を理由としては返還請求をなし得ないのである。民法がこのような規定をしたのは、取引安全の保護という近代的な理由に基くものと認むべきではない。取引安全保護のためならば、善意者の即時取得(第一九二条)を規定すれば足るのであって、それ以上に動産担保物権の物権性(観念性)そのものまでを否認する必要はないからである。思うに、わが民法の担保物権法はいまだ経済的に高度の発展をとげない時代の法的思想を反映するものであり、そこでは担保物権の中心的意義が交換価値の把握にあるものとして意識されないで、対人的現実占有的な関係に重点がおかれた結果、観念的な物権の段階に到達し得なかったのであると考える。一般に商法上の担保物権が交換価値中心に把握され、またドイツ民法においては動産質権も物権的請求権を生じ(ドイツ民法第一二二七条)、またわが民法の先取特権にあたるものが法定質権として構成され、質権の効力を有するものとされていること(例、ドイツ民法第五五九条・第五六一条)にかんがみるときは、担保物権の経済的機能のすぐれて大なる現代においては、わが民法の規定は、はなはだしく時代遅れのものであると言わなければならぬであろう。

(ロ)　物権的請求権はのちにのべるように、具体的には特定人(妨害者と物権者)間の法律関係として現われるが、そのことは決して、ゲヴェーレにおけるように各物権的請求権ごとにその基礎となれる法的関係がことなることを意味するのではなく、常に同一の・天下万人に対して主張し得べき「物権」がその基礎として存在するのである。勿論、妨害の内容、妨害者の主観的事情によってそれぞれの物権的請求権の内容は具体的にことなるとはいえ、それは常に存する同一の「物権」の基礎の上における変化にすぎないのであり、その要件・効果は何びとに対しても画一的なのである。したがって、妨害する者に対しては常に一様に物権的請求権は成立する(絶対権)。この原則は、妨害者が妨害すべき債権(例、賃借権)を有する場合にも、かわることはない。けだし、債権は物権から峻別されるべきものとして構成されているから、そのような債権の存在は、物権的請求権の成立そのものの障害とはならず、ただそれに対する抗弁権を生ずるにすぎぬと解釈されているのである(ドイツ民法第九八六条参照)。しかし、物権的請求権が特定人との具体的関係である点から、そのような債権の存在は物権的請求権の成立そのものを妨げるとなす方向へ傾くであろう(ドイツ民法第一〇〇四条第二項参照)。なお、妨害をなすべき物権が存する場合には、被妨害物権そのものが物権的に制限されているのであり、物権的請求権そのものの発生を不可能ならしめることになるのは言うまでもない。

二　性　質

物権的請求権の性質について、(a)債権説、(b)請求権説、(c)物権効力説が対立している(我妻栄『物権法』〔三三〕参照)。

思うに、物権的請求権は特定人に対し行使されるところの物権の具体的効力の関係である。すなわち、物権を特定人に対し主張する具体的関係を特に訴訟的側面において捉えたものを物権的「請求権」dinglicher Anspruch と称するのである。フランスにおいては、これに該当するものを物的「訴権」action réelle と称する。請求権 Anspruch とは、権利が裁判上主張される現象的側面を把握する概念であり、ローマ法・ドイツ普通法の訴権 actio の概念の実体法的翻訳である。物権的請求権は、右のごとき意味において、「物権の効力」と称するのを妨げないであろう。(13)

請求権説も、このような意味においてならば、物権効力説と同一に帰するのであるが、従来「請求権」なる概念は、所有権や債権と同一平面においてこれらとならんで存在する権利として把握されており、しばしば「債権」との間に概念上の混同を生じているごとくである。したがって、従来の請求権説は私のいうところの物権説(すなわち請求権説)とは異るであろう。なお、債権説は、解釈上物権的請求権に対し、債権総則的規定の若干の準用を認めるために生ずるに至ったもののごとくである。しかし甲なる権利ないし制度に、乙権利ないし制度の規定の若干が準用されるということに基いて、「甲は乙なり」ということが不当なることは論ずるまでもない。債権は現代においては、その流通の面においては物権変動の諸原理を、またその保護の態様においては物権的請求権の諸原理を採り入れつつあり、学者はしばしば債権を一種の所有権として構成しようとさえしているのであるが、これまた同様の誤りにおちいっているものである。

(13)　請求権の概念については簡単ではあるが、川島「時効及び除斥期間に関する一考察」(民商法一一巻五号)にのべておいた。

三　物権的請求権と「責任」

一般にわが国では、物権的請求権の内容として、妨害者たる被告が自己の費用をもって妨害を除去すべきことを請求し得る、と解釈されている(学説・判例が特にこのことに言及しない場合には、このことは当然のこととして前提されていると認められる)。すなわち、物権的請求権の被告は常に、妨害によって惹起された損害の負担者——すなわち「責任者」——とされていることになる。しかし、ある事実によって生じた損害を何びとが負担すべきか、という問題——私は仮にこれを「責任」の問題とよぶ——は、現在の私法の体系においては、不法行為・契約法およびその他の「責任」の原理がこれを一般的に決定すべきものである。けだし、現代法の物権的請求権は、純粋に観念的な物権そのものの効力として独立し、ゲヴェーレ的体系において結合していた不法行為や契約などの他の社会関係・法関係から分化するに至り、その結果「責任」の問題は、これらの分化した別の「責任」法の領域へ移行していると認むべきだからである。したがって、物権的請求権の内容は、妨害除去の費用負担とは関係なく、ただ妨害除去のための物権行使に対する一定の協力の請求に尽きるのでなければならない(14)。そう解釈しなければ結果がいちじるしく不当なことは、不可抗力によって建物が隣地へ崩壊した場合に、従来の通説的解釈によれば、どちらでも原告になった方が(建物の返還請求者、或いは妨害物としての建物の除去請求者)相手方に損失を転嫁し得る結果を来すことを考えるだけで明瞭である。

私は、物権的請求権の沿革的内容をも考慮に入れつつ、つぎのごとき解釈を提案したいと考える。

(1)　被告が一般責任原則(契約責任・不法行為責任・法定責任)により妨害につき「責任」を負うべき場合には(たとえば、被告の故意過失によって妨害を生じた場合)、原告は「被告の費用による妨害の除去」を請求し得る。

(2)　妨害の発生につき被告に「責任」がない場合には、物権的請求権の効力は、妨害行為の停止、および原告みずからがなす妨害除去行為の受忍、という消極的な不作為義務に尽きるものと解すべきである。

これらの点については、具体的に妨害の種類、責任の内容等によって種々の解釈問題を生ずるであろう。詳細は各種の物権についての解釈論にゆずる。土地相隣関係における法定責任について、現在のところまだ必ずしも法的解釈はあきらかにされていないが、一般不法行為原則(第七〇九条)よりも高められた責任を認むべきことになろう。従来、所有権に基く妨害排除請求権によって、被告の費用による妨害の除去を請求し得るものと判例が認めてきたのは、事件の多くが実際上相隣関係に関するものであったという点から、実質的に理由づけられるべきものと思われる。

(14)　川島「物権的請求権における『支配権』と『責任』の分化」(法協五五巻六・九・一一号)。

四　債権に基く物権的請求権

近時債権が経済社会において有する地位ないし機能が支配的となり、諸々の経済的利益の支配が債権として存在することが圧倒的となるに至るや、債権を、伝統的なローマ法的構成に、したがって単に当事者間の対人関係にとどめることなく、一般第三者に対しても対抗し得べき絶対権とする必要が感ぜられるに至り、一方においては、第三者による債権侵害を不法行為としようとする解釈論とともに、他方においては物権的請求権の法理を債権に類推しようとする解釈論を見るに至った。

(1)　「絶対性は物権のみの特性にあらず、いやしくも権利なる以上債権もまた絶対性を有する(或いは排他性を有する)」という理論構成は、債権に物権的な妨害排除請求権を承認するために、しばしば主張されるところである。債権或いはさらにひろくすべての権利に絶対性を認むべしという要求としてはともかく、権利の性質論としては、このように一般的に断定することは不当である。物権自体についても絶対性は一つの歴史的所産でしかないのであり、また債権に絶対性を認めなかったローマ法、およびローマ法的原理に立つ近代法、の存在そのものは、ただ「理論上あやまっている」というのみでは、理論上説明されたことにはならないからである。のみならず、解釈・立法の実際論として、すべての権利、ことに債権に対するすべての種類の妨害につき、その除去請求権を認めるのを至当とするか否かは相当問題である。つぎに具体的に問題となり得る諸々の場合を考察する。

(2)　債権に基く物権的諸請求権を認める必要のもっとも強く感ぜられたのは、債権(賃借権)に基いてなされる不動産の支配状態が妨害された場合である。民法典の理論構成によれば債権は債権者・債務者の二当事者間の関係であるから、第三者に対する妨害排除請求は認容される余地がない。そうして民法典はのちにのべるように、現実の「利用」を保護する制度として、占有権を規定しているのであり、賃借人は自分の有する占有の侵害を理由として占有訴権を行使し得るのである。しかるに、判例は賃借権そのものに基く妨害排除請求を認めた。[15]その理由として判例は、「権利者ガ自己ノ為メニ権利ヲ行使スルニ際シ之ヲ妨グル者アルトキハ、其ノ妨害ヲ排除スルコトヲ得ルハ権利ノ性質上固ヨリ当然ニシテ、其ノ権利ガ物権タルト債権タルトニヨリテ其適用ヲ異ニスベキ理由ナシ」ということをあげている。学者中これに賛成する者も少くなく、これらの判例は、いやしくも権利なる以上権利に当然具わるところの不可侵性を宣明したものだとされている。[16]ところが、これに対し、賃借人がいまだ目的物を占有するに至らぬ間にその目的物を不法に占有する者に対し妨害排除請求がなされた事案においては、判例は右と反対する結論をとり、原告は占有訴権に基く保護しか得られないと判決した。(17) 第一の類例に属する判例は、すべての権利につき、物権についてと同じように妨害排除請求を認めるという原則を打ちたてたように見える。しかし、そう解することには疑問の余地があるように思われる。というのは、判例は、妨害排除請求権の前提について、「権利者ガ自己ノ為メニ権利ヲ行使スルニ際シ……」と言っており、その文言は「権利の現実行使の状態」すなわちいわゆる「準占有」を表現するものと解されるのであり、したがって、右の判例は、権利そのものの観念性——すなわち権原そのもの——に基き妨害排除請求を認めるのではなくして、権利の現実行使の状態という現実的モメントについてこれを認めているのである。だから、右の第二の類型に属する判例は決して第一類型のものと矛盾することにはならないのであり、むしろ同一原則の適用である。要するに、判例法が、占有および準占有に基く占有訴権の範囲をこえて新しい法理を創造したと見ることには、まだ疑問の余地があると認められるのである。思うに右の判例が、賃借権そのものに基く——すなわち、権利の観念性に基く——妨害排除請求権を是認したと見られたのは、しかしまた理由がないわけではなかった。わが国の賃借権がようやく資本的企業の基礎を構成するということが普遍的となる(主として都市において)にしたがって、その法的強化——いわゆる「賃借権の物権化」——が一般に要請されるに至っていた当時においては、賃借権に基く妨害排除請求の許容もまたその要請の中に含まれていた——少くとも含まれ得た——からである。そうしてまた、権利がその諸々の効果において物権化しまた物権のごとく公示されるようになってきたときには、これに観念的権利としての妨害排除請求権を付与することも当然の帰結であろう。しかし、その段階に至るまでは、むしろ権利の「現実的」側面に妨害排除請求権を認めるので十分ではないであろうか。かくして問題は、占有訴権および準占有にふれることになるのであり、のちにそれらの問題をのべるときにふたたびこの問題をかえりみることとしようと思う。

(15)　大正一〇年一〇月一五日、民一七八八頁。大正一二年四月一四日、民二三七頁。

(16)　末弘厳太郎『債権総論』(新法学全集一一頁以下)。
(17)　大正一〇年二月一七日、民三二一頁。

五　現行民法における物権的請求権の内容をつぎに簡単に説明する。

(1)　現代においては、すべての物権が原則として所有権を典型として構成されることに基き、物権一般の効力としての「物権的」請求権なる一般的概念が構成されている(ただし、個々の物権でこのような物権的請求権を有しないものについては前にのべた)。だから物権的請求権の「構成」は、所有権に基く物権的請求権の延長である。だが、問題の中心は依然として、所有権に基く物権的請求権にあるのであり、ここでもこれを中心として説明することとする。また所有権に基く物権的請求権は、それが動産所有権に基くと不動産所有権に基くとにより区別されることなく、一様に統一的に構成されるのを常とする。一般に動産物権と不動産物権とを対立させて規定するドイツ民法典においても、物権的請求権についてはこの区別を認めることなく、一様に Ansprüche aus dem Eigentum として現定している。しかし客体が動産であると不動産であるとによって、問題の実際上の重点を異にする。妨害すること、妨害されること、妨害を除去すること、の内容は、実際上動産と不動産とで異らざるを得ないからである。

(2)　わが民法典は所有権に基く物権的請求権(他の物権に基くものには勿論)についての規定を欠いている。(i)占有訴権についての規定があること(第一九八条ないし第二〇〇条)から、占有よりも強い権利たる物権について物権的請求権を認むべきは当然だという論理が説かれているが、占有訴権を、単純に、一つの物権としての占有権から生ずる物権的請求権だとして、所有権等の物権から生ずる物権的請求権と同一平面において推論することには、理論的に疑いがある。のちにのべるように、占有訴権は物権的請求権とは対蹠的な存在であり、前者は現実的支配を、後者は観念的支配を保護するものとして対立しており、一から他を論理的に導きだすことは必ずしも必然的ではないと考える。

(ii)また、「およそ権利の円満な状態が妨げられる場合には、これを回復し得べきは権利の性質上当然である。或いは権利の目的に適する」ということが理由として説かれている。解釈論的理由づけとしては不可ないであろう。しかし、必ずしも常にすべての権利がこのような保護をうけているとはかぎらないという歴史的事実、および現行民法中のそのような物権を無視してはならない。観念的な物権的請求権の解釈的承認の理論的理由は、ただ所有権——ならびにこれに類比されるべき他の物権——が近代社会における諸条件によってうけている歴史的性質そのものからのみ正当に抽きだされ得るのである。(iii)物権の絶対性は物権的請求権を必要とする、ということもまた理由として説かれる。しかし、物権の絶対性ということは、天下万人に対する物権の保護としての物権的請求権の存在ということそのものにほかならぬのであり、問題はそのような絶対性そのものの理由にある。そうして、これまた(ii)にのべたように、物権が近代社会においてもつに至った歴史的性質からのみ説明され得るのである。(iv)民法が占有の訴のほかに、「本権の訴」なるものを予定していることは(第二〇二条)、多くの学説の説くとおり、たしかに解釈論の有力な実定法的根拠であるが、同時にそれは形式的な根拠以上のものではないこともまた確かである。(これらの諸点に関し私がかつて法律学辞典「物権的請求権」の項目の中に書いたことを、右のごとく改めたことを付記する。)

(3) 物権的請求権は、その請求の目的とするところによって占有訴権と同様に、通常つぎの三種に分けられている。すなわち、第一は、所有物返還請求権(ローマ法の rei vindicatio の内容が現代まで影響を及ぼしている)、第二は、所有物妨害排除請求権(ローマ法の actio negatoria は、ドイツ普通法において拡大された。それが現代のドイツ法、フランス法の規定やわが民法の解釈論を大体において決定している)、第三は、所有物妨害予防請求権である。それらの各々について概説しよう。

(4) 所有物返還請求権。 所有権の妨害が、「所有権者に占有させないこと」(ドイツ人のいわゆる Besitzvorenthal-

tung)である場合に、所有者が占有の回復を目的とする請求権である。その効果につき注意すべき点はつぎのごとくである。(i)わが国では、所有物返還請求権の効果として、「原告への目的物の引渡」が一般に説かれている。がその具体的内容は、物権の効力としては、つぎのように解釈されねばならない。すなわち、不動産にあっては、被告の引渡義務は、原告の占有回復行為を受忍すること以上にでない。土地上に、被告の「占有」行為以外の妨害状態(たとえば建物)が存する場合の妨害除去は、つぎにのべる妨害排除請求の問題となる。動産にあっても、被告の「責任」を顧慮すべきである。ドイツ民法の解釈論[18]にならって、またつぎにのべるようなわが民法上の物権的請求権の特殊的責任原理を顧慮しつつ、「責任」を、妨害者の善意・悪意の二類型に区別し(物権的請求権の「責任」原理を善意・悪意の二つに分けることはローマ法以来の伝統に由来するのであるが)、善意の場合には原告の取立に応ずる義務を、悪意の場合には原告の住所への持参(送付)の義務を認めるべきである。なお、不動産・動産いずれについても、原告が占有代理人によって占有した場合には、占有代理人への引渡を請求し得ると解釈されている。(ii)目的物がその果実を生じた場合における、被告の引渡義務の範囲については民法は、ローマ法に由来するところの第一八九条・第一九〇条を設け、占有者の善意・悪意で効果を区別している。善意占有者の果実収取権は、沿革上、主として土地が、占有者の労働(耕作)によって果実を生ずる場合のことを主眼としたものであり(だから「果実」について規定する)、現代におけるようにひろく「物」が労働と関係なく利潤を生ずるごとき経済組織においては、この規定の合理性には反省の余地があるのではないかと臆測する。果実そのものの返還は、物権的請求権であるが、悪意占有者の果実代価の償還義務(第一九〇条)、および利用によって得た利益の償還義務(第一八九条・第一九〇条の類推により解釈上認められる)は、不当利得の特則であり[19]、現行法の体系では利得返還の債権的関係にほかならない。わが民法はこれらの関係を、被告の占有の効果として規定しているが、沿革的には物権的訴権の効果という型態において発達してきたのであった。(iii)目的物が消滅してその返還が客観的に不能となっている場合(その物が他人の占有中にあり被告の手中にない場合には、そもそもの被告に対する物権的請求権が成立しない)、或いは目的物が毀損した場合における損害賠償についても、民法は占有者の善意・悪意によって区別してこれを規定している(第一九一条)。この規定は、性質上不法行為法の特則であり(したがって第七〇九条以下の適用なし)、債権的請求権である。(iv)被告が目的物を占有していた間にその目的物に費用を出した場合の費用償還の関係についても、民法は被告の善意・悪意で効果を区別している(第一九六条)。この規定は特に留置権との関係で注意されるべきである(第二九五条第一項但書参照)。(v)近代法における所有権の永久性——所有権は本来時間的制限をもたず、不行使によって消滅時効にかからない(第一六七条第二項参照)という法理については、各国の民法典は特に規定をしないが、近代社会における所有権の性質から当然視されているのである——のゆえに物権的請求権は妨害者あるかぎり不断に生ずる、したがって所有物返還請求権は時効にかからない、と解するのがわが国の通説である。これに反し、ドイツ民法の解釈としては、物権的請求権 dinglicher Anspruch もまた他の請求権 Anspruch と同じく時効 "Anspruchsverjährung" にかかるものと解されている。時効制度はもっぱら裁判上の保護請求に時間的制限をおこうとするものであり、したがって、物権の裁判上の主張たる物権的請求権もまた一般の請求権と同様に時効にかかると解するのに何の妨げもないのみか、かえってその方が自然的でさえある。要するに、所有権永久性の法理をここまで貫徹すべき理由があるか否か(所有権は単なる「不行使」によって消滅しないということと、妨害ある場合に物権的請求権を長期間行使しないことによって消滅するか否かということ、とは相互に関連はあるとはいえ、また別の考慮の余地がある二つの問題であり得る)は、論理の問題ではなくして、政策の問題でしかないのである。

(5)　所有物妨害排除請求権。　所有権の妨害が「所有権者に占有させぬこと」以外のしかたでなされる場合の妨害排除請求権である。性質上動産については、この種の妨害の生ずる可能性はほとんどあり得ない。問題は常に不動産について生ずるのである。解釈上注意すべき点はつぎのごとくである。(i)被告の「妨害除去」義務の内容は、被告の「責任」との相対関係において決すべきことは前にのべたごとくである。(ii)土地相隣関係においては、土地所有権は常に社会的共同生活のためにそれぞれの具体的状況に応じ一定の制限をうけることを認めねばならない。したがって、被告側に積極的な注意義務——単に消極的に、他人に加害しないという、不法行為法上の注意義務とはことなったところの——が認められるべきことが多いとともに、また原告側にも、一定の相隣的情況の下における相当な妨害を忍容すべき義務を認むべきことが多い(ドイツ人のいわゆる Immissionen の問題)。

(6)　所有物妨害予防請求権。〔省略〕

(18)　たとえば Johannes Biermann, *Komm.*, 1914, Anm. 5 zu § 985.

(19)　我妻栄「法律行為の無効取消の効果に関する1考察」(『春木先生還暦祝賀論文集』)。

4　占有訴権

〔参考文献〕

Savigny, *Das Recht des Besitzes*, 1803; Jhering, *Der Grund des Besitzschutzes*, 1869; *Besitzwille*, 1889; Bruns, *Das Recht des Besitzes*, 1848; Heusler, *Die Gewere*, 1872; Bekker, *Das Recht des Besitzes*, 1880; E. Huber, Die Bedeutung der Gewere im deutschen Sachenrecht, in *Festschrift im Namen und Auftrag der Universität Bern*, 1894; Sokolowski, *Die Philosophie im Privatrecht*, II (1907), S. 1 ff.; E. Champeaux, *Essai sur la vestitura ou saisine et l'introduction des actions possessoires dans l'ancien droit français*, 1899; J. des Longrais, *La conception anglaise de la saisine du XIIe au XIVe siècle*, 1925.

原田慶吉「日本民法物権編の史的素描」(『中田先生還暦祝賀法制史論集』一九三七年)。

占有訴権は、物に対する事実支配が侵された場合に、その現実的支配の事実そのものを理由として侵害の排除を請求する権利である(第一九七条・第二〇二条)。したがって占有訴権は、事実支配をなすべき法律上の理由、すなわちいわゆる「占有すべき権利」(「本権」)があるか否かに関係なく——盗人もまた占有訴権を有する!——認められるものである。民法は、一方において、所有権を観念的なものとして規定し物権的諸請求権の保護を認めているにもかかわらず、さらにそのほかにこのような制度を規定したのである。同じく支配事実そのものを保護することを目的としながら、占有訴権は観念的な物権と並存している点で、かのゲヴェーレの制度とことなっている。このような占有訴権制度は民法の体系においていかなる地位をしめるのであるか、それは観念的な物権といかなる関係に立つのであるか、それはいかなる社会的作用をもつものであるか。これが、いわゆる占有理論として、すでに久しく——なかんずくドイツ一九世紀において——学者の論争の対象となった問題であり、しかも、いまなお必ずしも完全に解決済みになっているとは言えない状態にあるものであり、法人理論とともに民法学における喜望峰と称せられるべきものである。

一　占有訴権制度の史的発展

現代法の占有訴権制度はローマ法の interdictum possessionis に由来するのであることは、あまねく承認されるところである。ローマ法においても、所有権の争いから分離された独自の占有訴権が認められていた。その制度は、種々の変化をとげながら現代法に入ってきているのであり、したがって、ローマ法ならびにそれ以後におけるその史的発展を考察することは、現代法における占有訴権制度を理解する重要な鍵となる。

(1)　ローマ法

ローマ法の占有訴権制度の主な内容はつぎの諸点にある。(i)それは、通常の裁判手続によらず interdictum という特別の手続によって行われるところの特別の簡易迅速な警察処分的保護手段である。(ii) interdictum poss. は、天下万人に主張し得べき物権（本権）に基いて生ずるのではなく、ただ事実上の支配の侵害を理由として生ずる特定人間の相対的関係である。すなわち、interdictum poss. は不法侵害の事実を中心として（つぎにのべる precarium の場合もこれに含めて）、当事者の間においていずれが相手方に対しより優れる地位にあるか、いずれの当事者の占有が相手方に対し瑕疵を帯びるか、という個別的対人的関係を決定することを目的とした。(iii) interd. poss. の保護をうけ得た者、すなわち「占有者」possessor はすべての種類の事実上の支配者を含むのではなく、つぎのごとき一定種類の者に限られていた。

(イ)　自主占有者。「所有の意思」animus domini をもって占有する者、すなわち、所有者として占有する者。しばしば説かれるように盗人もまたこのような意思をもって盗品を占有するから、interdictum poss. の保護をうけた。本権に基く物権的訴権（たとえば rei vindicatio）のほかに、これと並んで自主占有者——ことに盗人——に対し占有訴権の保護を与えることは、一体何を目的とするものであるかは、一九世紀以来今日に至るまで、占有論の難問中の一つである。近時学者の説くところによれば、自主占有者の有する占有訴権は元来、全く権原に関係のない裸の占有を保護することを目的とするものではなく、「所有権に基く物権的訴権」の保護が認められないところの新たな種類の土地支配関係を保護することを目的とするものであった。[20] のちに、この保護がひろくすべての土地・動産の自主占有者に拡張されることによって、それは本格的な物権的訴権（ことに所有権に基くそれ）と競合することになったが、その場合においても、それはなお裸の占有それ自体（盗人の占有をも含めて）を保護することを目的としたわけではなく、[21] むしろ現実には、所有権の利用の側面を保護することを制度的目的としたものと解すべきであろう。[22] ローマ法においては、所有権の証明はきわめて困難であり（いわゆる probatio diabolica）、したがって、所有権の証明を要件とするところの物権的請求権の制度(rei vindicatio, actio negatoria)によって事実的支配を回復することは、またきわめて困難なことであった。占有訴権は、事実上の支配そのものを個別的具体的に保護することによって、多くの場合に所有権者に占有を回復せしめ、所有者をして「悪魔の証明」“probatio diabolica”を免れることを得しめるのであり、かくして間接に所有権の保護に奉仕することとなるのである。だから、盗人が占有権を有するのは、占有訴権の本来の目的ではない。それが右のごとき・占有制度のいわば付随的反射的効果にすぎないことは、あたかも証券的債権所持人の有する「資格」Legitimation と同様であり、また、のちにのべるような観念的絶対的権利としての所有権が社会的にいまだ確立されていない原始的社会においては、物支配の保護が対人的相対的個別的となることの結果であり、盗人が占有訴権の保護を被害者以外の第三者に対して享受するのは——被害者自身に対しては盗人の占有は瑕疵を帯びており、占有訴権の保護を享受し得ず、逆に被害者の占有訴権によって占有を奪われる——あやしむに足りないのである。原始法においては、一般に複雑な物権的関係は存在せず、人は常にただ一種の支配(ひろい意味での所有)のみを意識し他の支配(質・賃借)を分化しないのであるから、自主占有者の占有訴権が、占有訴権制度のもっとも本来的原始的型態であったと考えてよいであろう。

(ロ) 他主占有者。占有訴権は特定の他主占有者にのみ認められた。すなわち、質権者・仮容占有者・訴訟目的物保管者[23]の三者のみが possessor だとされたのである。しかし、そのほかの他主占有者、たとえば、賃借人や受寄者は単なる所持者 detentor だとされ、占有訴権の保護を与えられなかった。右の三者にのみ占有訴権が与えられたのは、それらの占有が、特に保護されるべき強度の支配を内容とするからである。[24]すなわち、質権者は単なる事実上の所持以上に保護されるべき経済上の利益をもっていることは言うまでもなく、また訴訟目的物保管者も訴訟の円滑なる運行上保管者の自衛以上に国家からの保護を与える必要があったのであり、また、仮容占有者が賃借人とことなって特に保護されたのも、彼らが特にその社会的地位において賃借人よりも社会的に独立的のものとして承認されていたことに基くものと解されているのである。したがって、これらの三者の占有訴権は、一種の物権(より正確に言えば、生成の途上にある物権)の保護手段なる性質を有するのであり、現代の占有訴権制度について言われるような意味においての「仮の」保護を与えるものではない。これらの占有訴権はむしろ本権の保護の手段であり、したがって、それは所有権に基く訴と同様に占有の権原そのものを問題とするものである。

(20)　占有訴権は元来は、所有権 dominium ex iure Quiritium の成立し得ないところのローマ国有地 ager publicus に対する占有(耕作)を、保護することを目的とするものであった。はじめは貴族 patricii のみが(lex Licinia)、のちには平民 plebs もまた、これを占有し、国に一定の地代を支払って耕作することができた。この土地支配は、先占 occupatio によって所有権となることはできず、常に——事実的には先占の場合の占有とことなるところがないにもかかわらず——ただ事実上のものにとどまっていた。しかし、これらの土地支配者 possessor は、他人の不法な侵害に対し保護されるべき正当な利益を有するので、ここに praetor は interdictum poss. を与えるに至った。だから、この最初の interdictum poss. で保護される possessio は、先占 occupatio における占有と実質的にはことなるところなく、正当に「animus domini を有する占有」と言われ得る(この点についてはのちにふれる)。この最初の占有訴権がのちに拡張されて「所有者意思」を有する自主的占有一般について認められるに至ったのである。なお占有訴権の史的発展を右のごときものとする理論は、占有訴権が本権の訴における挙証責任をきめるための手続だとする Gaius (*Inst.*, IV, § 148) および Ulpianus (*Dig.*, XLIII, 17, 1, §§ 2-3) の説明と矛盾するわけであるが、この後者の説明は歴史的に成り立たないとされている。——以上 Huvelin-Monier, *Cours élémentaire de droit Romain*, tome 1, 1927, p. 453 et seq. による。

(21)　Savigny, *Das Recht des Besitzes*, 1803.

(22)　Jhering, *Der Grund des Besitzschutzes*, 1869 参照。

(23)　(1)質権者 creditor pigneraticius は、元来は独自の質権を取得したのではなく、信託的所有権譲渡をうけて質物を占有したのであったが、のちに質権者として質物を占有するに至った。しかし、質権に基く物権的請求権の保護を有するに至らず、ただ占有者としてその占有そのものを保護されたのである。(2)仮容占有者。貸主が何時でも任意に撤回し得るという条件で借主に土地を貸し与える関係を precarium と称し、その借主を仮容占有者と称する。precarium は貸主と借主との間に身分的隷属関係の有する場合に行われたもので、したがって、両者の関係はまだ権力の関係で、契約の関係ではない。借主は、貸主の請求(interdictum de precario)があれば何時でも返還しなければならないが、第三者に対しては、その地位の独立性を認められ、占有訴権の保護を享受したのである。(3)訴訟目的物保管者 sequester は、訴訟目的物を判決あるまで保管し、これを勝訴者に引渡すべき義務を負う者である。保管関係の存続中は、その物に対するすべての人(なかんずく訴訟当事者)の干渉を排除すべき特別の保障を与える必要があり、そのためにこの保管者に占有訴権が与えられたのだとされている。

(24) しかし、ローマ法の法源においては、占有者の animus によって、これを説明しようとされた。それが、一九世紀末に至るまで大論争の対象となり、現代にまで影響を及ぼし「占有」の技術的な概念構成を混乱せしめていることについてはのちにのべるごとくである。

以上のような占有訴権は、要するに一つの物権保護手段であると解せられるべきである。占有は事実であるか、権利であるかが争われたことがあるが、右のような占有は決して単なる事実ではなく、一つの権利としての性質をそなえているものと認めざるを得ない。それは現代法におけるように、本権たる物権の保護と峻厳に対立するものではなくして、むしろ本権的保護と並んで共同して機能を分担しているものと考えられるのであることはつぎのごとくである。第一に、占有訴権は「物権」保護手段であった。それは、単なる占有者の人格保護との事実としての占有の保護とか(Savigny, Kohler)にはとどまらず、一般の不法行為保護(すなわち、過去の損害に対する賠償)より以上に、原状回復(将来の保護)をも与えるところの、「物権的」保護を目的とするものである。賃借人・受寄者の占有は、actio furti(および interdictum quod vi aut clam)によって保護されたのにかかわらず、占有訴権によって保護されなかったことは、それらの者の社会的経済的地位がまだ物権としての保護を要求しなかったからであると解されている。第二に、しかし、占有訴権の与える物権的保護はまだ完全な本権的保護の程度に達していない。すなわち、占有訴権は、不法行為的侵害によって発動し、その保護方法は警察的緊急処分によって与えられ、またその保護内容は紛争当事者間における物的支配の相対的優劣の決定にあった(占有訴権の保護をうけ得るには相手方に対し彼の占有が瑕疵をおびていないこと、すなわち彼の占有取得が暴力・隠秘・プレカリウムによらぬことを要した)。したがって、占有訴権は、存在した物支配事実そのものを基礎とするところの対人的債権的関係にほかならぬのであり、「物権的請求権」のごとき観念性および絶対性を有しないのである。一般に、ある「利益」は、まず刑罰・警察的処分・民事的不法行為保護等の消極的防衛手段("Defensive")を通じて「権利」へと生長し、やがてそこから次第に、不法行為を前提としながらしかもそれから独立して、積極的攻撃手段("Offensive")をもつところのより高い権利すなわち「絶対権」へと発展するのであるが[(25)]、右のような占有訴権は、まさしくこの Defensive に該当するものであった。したがってまた、それはいわば生成の途上にある物権の保護手段たるものとして特徴づけられ得るであろう。要するに、占有訴権は、かのゲヴェーレにおけるごとく、現実的支配と結びついた物の利用関係を保護するものにほかならぬのであり、したがって抽象的観念的な現代の物権概念を予定しそれと同一体系内にこれと調和しつつ存在するものではなくして、むしろ、近代的物権概念と歴史的に平面を異にする存在と認められねばならない。このことは、また裏面から見れば、このような占有訴権とともに一つの法体系を構成したローマの「物権的」訴権(なかんずく rei vindicatio)ないしその基礎たる所有権の性質にあきらかに現われていると考えられる。ローマ法は、つとにその原始時代から所有権 dominium および rei vindicatio を知っていたとされているが、そのことは、そのいわゆる所有権がはじめから観念的のものであったことを意味するとはかぎらず、むしろそれは古くは現実的支配の事実と不可分に結合された権利であったものと認むべきである。[26] 占有訴権は本来、比較的高度に発達した典型的物支配としての所有権——原始法は一般に、ひろい意味での所有一般のみを知っており、それから区別された他物権なるものはより発展した後期の法的文化の所産だということは、今日多くの古代法について一般的に承認されるところである——とならんで、より少く絶対的且つ観念的であるところの物的支配を保護するものとみるべきであり、所有権と占有権との間には本来は、現代法におけるごとき、権利抽象性の質的差異は存在せず、ただ量的差異が存在したにすぎぬと解すべきであると考える。[27] ローマ法における占有訴権保護が上述のようにきわめて制限されたものであり、ことに賃借人・受寄者がこの保護を享受しなかった(これらの者は possessor でなくして detentor だとされた)という事実は、これらの者の物的支配がいまだ「物権的」保護をうけるに足るほどの(またそれを必要とするほどの)経済的社会的地位に到達していなかったことの反映にほかならないのである。[28]

(25) Jhering, *Der Zweck im Recht*, Bd. 1, S. 260 (Volksausgabe, S. 201).

(26) 古くは、ローマの所有権は現実的支配と不可分に結合せられた。土地の所有権は、わずか二年間の占有 (usus, possessio) で、また動産の占有権はわずか一年の占有で、時効取得 (usucapio) され得たのであり、これは裏からいえば、所有権が現実支配を伴っていないかぎり、独立の物権としての観念的な追及力をきわめて薄弱にしかもっていないことにほかならない。のちに帝政時代に至り属領地に認められるに至った取得時効(これは praescriptio とよばれる)は、土地につき一〇年または二〇年となり、ついにユスティニアーヌス帝によりすべての土地が一様に同一標準で二〇年または一〇年で、すべての動産が三年で時効取得され得るものとされたことは、所有権の観念性の成長、その現実支配からの解放の増大の表現であると認められる。

(27) このことに関連して、ひとはローマ法におけるつぎのような諸事実を参照すべきである。(1)ローマ古典時代の観念によれば、「占有」とは所有権内容に該当する物支配であるに対し、「準占有」は地役権内容に該当する物支配であったこと。(2)古典時代以後、占有と所有とのアナロジーが強化され、占有者は土地に対し一定の所有的権利を有する者をさし示すことになり、したがって、「占有者」なるものは1つの社会階級を意味するようになったこと(Cuq, *Manuel*, p. 31)。
(28)　たとえば Huvelin-Monier, *Manuel de droit romain*, p. 459 以下を見よ。

(2)　その後の発展

奴隷所有の基礎としての土地所有、広汎な商業取引の客体としての動産所有を地盤とするローマ的社会の衰退の後に、中世ヨーロッパを支配した社会体制は、古代ゲルマン文化の土壌の上に生長した封建制度である。中世的封建体制についてここでの問題の立場から、つぎの二つの点を指摘しなければならないと考える。第一に、中世の封建的秩序は、ローマ的な「所有権」の意識や制度をうけいれる社会的地盤を欠いていた。奴隷制的商品経済の退化およびこれと表裏をなすところの農牧的自然経済の支配、ローマ的奴隷経済ではなくして村落的および家族的協同体を基礎とする生産方法の支配、これに加うるに、本来的に分権的な封建的秩序における・政治的中央権力の欠如(ないし、はなはだしい薄弱性)、――このような封建的秩序の本来的な諸々の事情は、ローマ的な抽象的且つ絶対的な「所有権」の存在を不可能ならしめる。と同時に、第二に、右のような事情は物的支配を現実的な支配の上に基礎づけられるものとし、ここに特殊なゲヴェーレの法体系の存在を必然的ならしめたことは、前にのべたごとくである。元来ゲヴェーレは、封建的体制の成立・完成の前から古代的ゲルマン社会に存在したものであったが、それは、封建的体制の成立・完成によって物(とりわけ土地)支配の種々の分化があったにもかかわらずそれをみずからの中にとりいれながら、存続発展していったのである(その詳細は、川島「所有権の観念性」法協六一巻一号参照)。しかし、中世の封建的社会は、単にこのようなゲヴェーレの「生長」だけでは満足しないで、ここに封建的体制特有の物的支配保護の制度をつくりだした。actio spolii と summariissimum possessorium とがそれである。このほかに、中世は、summariissimum とともにローマの int. possessorium がドイツに継受された。この三つのものが、現代の占有訴権制度(特にドイツ民法およびわが民法の）に系譜的に連なるのである。

(イ) summarissimum possessorium 中世ことにその初期は、中央権力の衰微、たえざる実力闘争（私闘 Fehde）、によって特徴づけられる。そこでは当事者は「占有」訴訟の方法を選ばずに、ただ実力によってのみ事を解決しようとした。かくして、裁判官は職権をもって（のちには当事者の申立に基いて）、紛争当事者のいずれが決定的に占有を有するかをしらべた上、現在の占有者の占有を維持せしめ、もし決定的な占有者があきらかでない場合には両当事者の支配を禁じ、占有訴訟によってのみ解決すべきものとするに至った（起源は一三世紀イタリアにはじまり、summarissimum の語は一六世紀に生じたものだとされている）。sum. はだから、占有保持的機能を有することになる。このきわめて特色的な、いわば屋上に屋を架するごとき占有保護制度の成立こそ、武力闘争のみが唯一最大の解決方法であった中世社会の反映にほかならない（periculum seu timor armorum がその要件の一つとしてあげられている）。このような社会においては終局的な観念的な本権の決定は退化し、支配のもっとも現実的なモメントが物的支配の秩序の基礎とならざるを得ないのである。sum. は本来は、占有の訴（sum. に対して、ordinarium possessorium とよばれる）または本権の訴（petitum）の準備的前段階的な附従的手続であったが、紛争は実際上は sum によって解決される場合が多かった。この制度は一七世紀にドイツにも輸入された。ドイツの summariissimum はつぎの二つの点で注意を要する。第一に、ドイツでは summariissimum と ordinarium との関係はつぎのようなものとなった。すなわち、sum. は現在ないし最近の占有事実そのもの（das blosse Faktum des gegenwärtigen, neuesten, jüngsten Besitzes）に関するに対し、ordin. は占有の期間と正当性（Alter und Rechtmässigkeit des Besitzes）に関するものとなるに至った。このことは、ローマの占有訴権が本権的な内容をもつに至りゲヴェーレ的のものとなったことを示すとともに（後述(ハ)参照）、他方では近代法の占有訴権のごとき、純粋の事実的支配そのもの（das blosse Faktum）に関するところの制度が、sum. としてこれと対立して分化していることを示すのである。第二に、summariissimum の当事者は、ローマのポッセッシオにおけるごとくに possessor にかぎられることなく、すべての事実上の支配者（"detentor"）が当事者たり得たのである。このことは、ローマにおけるような社会的階級としての possessores と detentores との対立がもはや中世には存在しないことの反映である。勿論中世においては、より複雑なヒエラルヒッシュな社会構成が成立したことは言うまでもないが、そこでは、人のそれぞれの社会的地位に応じて、彼に適用される法規とそれを適用する裁判所とをことにしたのであるから、占有の訴で争い得ない者はそもそも当該の法の平面では権利能力者として登場してこないのであり、ただのちに中世末期に近づいて次第に隷農がラント法上にも権利能力を承認されるようになってはじめて、detentor の当事者適格性が肯定されるに至るのである。

(ロ)　actio spolii　ローマ法王を最高の君主と仰ぐ中世カトリック教会のヒエラルヒーはまた、世俗的封建体制とならんで存在したところの一つの封建的な政治的社会であった。そこでもまた権力者の間に所領の争いがたえなかった。この事態に対応して、一つの政治的社会としての教会的秩序によってつくりだされたのがこの制度である。暴力によって所領を奪われた episcopus (episcopus spoliatus) は、まずその所領の現実的支配の回復を得たのちでなければ、彼に対する刑事的訴追に応ずる義務なし、としたところの抗弁権 (exceptio spolii) の制度から（それが、もとはいわゆる Pseudo-Isidorus の偽作にかかる教令 decretal から発しているのであるが）、これがやがて拡大されて、積極的な回復請求の訴権 (actio spolii) にまで発展した。これは、episcopus の政治的地位を保障する機構であり、次第にその適用の範囲が拡張され、ついにはあらゆる第三取得者に対して、土地のみならず動産をも回復すべきことを請求し得るものとなり、また、この訴権は時効によって消滅しないものとされるに至ったのである（detentor をも原告適格者として承認すべきか否かについても議論されていた）。事実的支配に基くところの回復請求権のこのような無制限な強さは、全く当時の教会の歴史的地位からのみ説明される。それは、一方におけるローマ法の物権的訴権による回復の困難さ("probatio diabolica"による)のゆえに、簡易な原状回復方法を必要としたのであったとともに、他方においては、教会の財産をあらゆる場合に——特に役人の手中に帰した場合に——取戻すことによって、教会の財産を確保しようとする意図にでたのである(actio spolii のこのような完成は法王権の最盛時においてであった)。actio spolii は、現実的支配を基礎とするところの、しかし現代の占有訴権のごとくただ仮の保護のみを目的とするものでない本権的訴権であることはあきらかであり、この意味においてそれはゲヴェーレに基く請求とその歴史的性格を共通にするものと言われ得るであろう。教会法のこのような法原理は、一六世紀にドイツ俗界に導入され、世俗的紛争に適用されるに至った。actio spolii なる独自の訴権の存在は一七世紀にドイツにおいてまず理論的に確立され、これが次第に勢力を得て実際上にも承認を得た。しかし一八世紀以来は、むしろ actio spolii のあまりにも広汎且つ強大な効力を制限し、原状回復の法的手段をローマ法の占有訴権に統一しようとする学説上の傾向が顕著となり、それが次第に実際の上にも影響を及ぼしていった。このことは、教会的世界のもっていたところの特殊的性格、ならびに、actio spolii がドイツにおいて世俗的関係の法となり、その地盤をことにするに至ったことを、その主たる原因とするであろう。

(ハ) 占有訴権　ローマ法の int. poss. は、中世初期イタリアで発生したところの summarissimum とともに、ドイツへ継受された。興味深いことは、第一に、ローマ的な所有権の制度と意識とを欠きゲヴェーレの秩序によって統一される中世ゲルマン社会においては、ローマの占有訴権は次第に現実的物権としての占有の保護の制度へと変形して、ゲヴェーレとの融合の過程をたどったこと、第二に、それは actio spolii と並存し、ともに事実的支配の保護手段として両者の間に相互滲透ないし融合の過程が行われたことである。中世におけるローマ的占有訴権はもっぱら interdictum uti possidetis である。けだしこれはもとは単なる「占有保持」int. retinendae possessionis 的のもの(「占有回復」

int. recuperandae possessionis のものではなくして)であったのであるが、ゲルマン法の・土地のゲヴェーレは不法侵奪によって失われないであいかわらずもとの占有者において続くという原則の影響のもとに、占有侵奪の場合にも回復請求をなす手段として用いられるに至ったからである。占有訴権の保護は中世を通じてはなはだしく拡張され(すなわち、その要件が緩和され効果が拡大され)、そのもっともはなはだしいときには、学説上つぎのような内容をもつものとなった。(i)占有侵害は暴力によることを要せず、およそ任意にあらずして占有を失っただけでよい、(ii)原告はすべての所持者でよい(possessor たるを要しない)、(iii)被告はすべての第三取得者である、(iv)一般の訴権と同じく三〇年の時効に服するだけである。このような内容は、勿論実際上ひろきにすぎ、一七世紀以来反対論を生じ、ことに一九世紀サヴィニーによって決定的に学説上克服されるに至ったが、なお裁判の実際の上にはその影響を残したのである。このような内容をもつところの int. uti possidetis は、ローマ法のそれとは、つぎのごとくはなはだしくことなるものである。それはもはやローマ法におけるごとき不法行為的対人的のものではなくして、物権的対物的のものである(右の(i)(iii)を参照)。所有権についての本権的争いを前提しこれに従属するところの仮のものではなくして、機能的にはむしろ「所有権」を別に前提とするのでないところの、むしろ本権的のものである。前者の機能を営むものは前にのべたようにむしろ summariissimum となったのであり、int. uti possidetis は、これに対立する possessorium ordinarium として、本権的な抗弁を認めるところの本権の争いとなったのである。要するに、ローマの占有訴権は、ギールケのいうごとく、eine petitorische Klage aus dem besseren Besitzrecht――すなわち、実質的にはゲヴェーレの訴権――となったのであり、社会関係の地盤の相異がもたらしたところの必然的の変形であったのである。なお、占有訴権の当事者適格において、ローマ法の possessor に関する特殊な厳格な条件がなくなって、ひろく所持者 detentor にもそれを認めようとする傾向は summariissimum および actio spolii におけると同様であり、ここにもまた社会関係における地盤の変化の反映を認め得るのである。

二 近代法における占有訴権

(1) 近代法的占有権の成立

ゲルマン的なゲヴェーレの地盤の上に生長したところの右のような物支配秩序の法的構造は、近代的な所有権の生長によって変化をうけ、近代的な占有訴権制度をつくりだした。中世の封建社会においても、都市ではすでに徐々に発展してきた商業取引の中で絶対的な観念的所有権が生長しつつあったのであるが、これが次第に社会において支配的な意義を獲得するに至るや、右のような中世的な占有保護制度との間に矛盾を生ずるに至ったのである。近代的所有権の争いは、もはや"besseres Recht"の争いではなくして、ただ一つの終局的な絶対的な権利の帰属についての争いである。観念的な近代的所有権は、中世的な占有訴権(int. uti poss.)やactio spoliiなどの保護をもって満足し得ない。かくして近代的所有権の確立とともに、これらの占有保護は、近代的「所有権」の保護方法としての物権的請求権に席を譲らなければならなかったのであり、このことによって、また、所有権に基く物権的請求権は、いわば中世的な占有訴権を自己のうちに吸収したのである。すなわち、物権的請求権の原告はもはや、かの「悪魔の証明」probatio diabolicaの至難さになやむ必要はなく、不動産登記の制度の普遍化とその権利推定的効力および占有の権利推定的効力というゲヴェーレ法理の現代化によって(民法第一八八条、ドイツ民第八九一条・第一〇〇六条参照)、所有権の証明はきわめて容易なものとなっており、このことによって、近代法の物権的請求権は観念的絶対的所有権の保護手段として近代法的特質をそなえたのである。(29)

本権的な占有保護制度が、右のように近代的所有権に席を譲りこれに吸収されたのに対して、本権的な要素を全く含まないところのpossessorium summariissimumは近代的所有権と矛盾しない。両者の関係は、ローマにおける所有権と、全く仮の保護のためのものである自主占有者の占有訴権との関係に類比され得る。このゆえに、poss. sum. は近代法においては、所有権と対立する制度としての占有訴権制度へと発展し得たのであり、そうして次第にローマの古典的な占有訴権の内容へと近づいたのである。わが民法の占有訴権は、まさしくこのような制度を承認したものにほかならない。ここにおいては、民法における占有訴権の歴史的性格ならびに、物権法の体系における占有訴権の地位は、単にローマ法との系譜的関係の考察のみをもってしては説明され得ないことはあきらかである。それは現代物権法そのものとともに、近代的所有権によって条件づけられ基礎づけられているところの、近代的な制度なのであり、したがって物権法(ないし民法)の体系における地位も、近代的所有権との右のような内面的関連の基礎の上においてのみあきらかにされなければならないのである。占有訴権をこのような近代的な制度として理解するときにはじめて、近代法における占有訴権と本権の訴との関係も正当に理解し得られるのである。占有権と本権との峻別対立は、近代法の所有権が徹底的に観念的なものとして現実的支配の要素を含まないことの表現にほかならぬのであり、このような観念的所有権と対立しこれを前提とするゆえに、占有訴権は常に本権と全く無関係なものとして存在するのである。ローマ法の体系においては、占有訴権はむしろ一定の物的支配を保護することを目的とする本権的性格を有したこと、そこでは占有訴権は物権的訴権と同一平面において相並んで存在したこと(一方は本権の、一方は仮の、保護というように、ことなった平面での存在であるというのではなくして)は、前にのべたとおりである。したがってポッセッシオの外延的ひろがりに関するローマ法上の諸問題は、近代法の占有訴権については存在し得ないことはあきらかである。

ところで、ローマ法においては、自主占有者の占有訴権と所有権の訴権との間には――この両者の関係が拡大され一般化されたものが近代法における占有訴権と本権的訴権との関係だ、と一応形式的には見られるのであるが――、前にのべたように、つぎのような関係があった。すなわち、占有訴権は、「悪魔の証明」を要する所有権の訴権の困難さを所有者から取りのぞくことによって、所有権に奉仕する、という関係がそれである。近代法の占有訴権は本権に対し一般にこのような関係に立つ、と認めてさしつかえないか。私は疑問に思う。近代法においては所有権の証明がもはや「悪魔の証明」を要しないことはさきにのべたごとくであり、したがって、占有訴権の規定が、「本権」の訴の従者であるということは、右のようにしては証明され得ないと言わなければならない。まさに、このような点を考えるならば、「今日においては仮処分制度のほかに占有訴権を必要としない」という主張にも全く理由がないわけではないのである。(30)

(29) 中世的物権の体系からこのような近代的構成への過渡的段階を表現するのがプロイセンのALR(1794)だと考える。同法の占有訴権の規定は、その外形においてはローマの占有訴権であるが、実質的にはposs. summariissimumだと解されており(ALD, I-7, § 146 f.; Dernburg, *Preussisches Privatrecht*, I, S. 381 f.)、また同法がローマ的な物権的請求権を規定しているにかかわらず(ALR, I-15, § 7 f.)、他方においてはこれとならんで「占有を中心とする besseres Recht の主張」の規定が存し、学者はこれをposs. ordinariumとして説いているのである(ALR, I-7, § 167 f.; Dernbung, *op. cit.*, S. 633 f.)。ドイツ民法典はこの伝統をひいて、やはりAnspruch aus früherem Besitzを認めている(BGB, § 1007)。なおわが民法における、動産所有権に基く物権的請求権とゲヴェーレ的法関係との並存については、説明の便宜上、即時取得について後にのべるところにゆずる。

(30) たとえば、M. Wolff, *Sachenrecht*, § 77.

(2) 占有訴権の目的

しからば、法は何ゆえに、本権の訴とならんでそのほかに、本権と無関係な保護を占有訴権として認めるであろうか。言いかえれば、本権の有無に関係のない占有訴権制度の現代における目的は何であろうか。この問題は、かの有名な占有理論の論争の一部分として多くの学者によって論ぜられている問題であるが、ここではまず注意されねばならぬことは、われわれにとっての問題は現代法についての問題であり、ローマ法の占有制度についての解答は決して現代の占有制度についての問題への解答にならぬということである。[31] この方向においてなされた有名な解決のところみを素描しよう。第一に、Savigny は所有訴権の本質を、占有者の人格に対する侵害からの救済という点に求める。[32] 本権を有しない占有者に対しても、その占有する状態をみだりに攪乱することは、彼の個人的生活の平和を害するところの一つの人格侵害だということを強調するのであり、したがって占有訴権は一つの不法行為上の損害賠償としての原状回復手段だということになるわけである。この説明は、近代的な「人格」概念を中心へもちだしたことにおいて、また占有訴権における不法行為との内的結合の要素をとりだしたことにおいて、また占有訴権を物権への単なる奉仕者としてでなく独自の目的をもつ制度として承認することにおいて、注目に値する。第二に、今日において支配的な学説は、占有訴権の目的を、「一般的平和秩序の維持ないし保障」にあるものだと主張する(Pernice, Kohler. ドイツおよびわが国の通説[33])。これは右の第一の説の個人中心的構成を社会中心的に構成したものとも見なされ得るであろう。この説もまた、占有訴権における侵害の不法性と、その非従属的・独自的存在性とを承認するのである。

思うに、第一の説も第二の説も決してまちがってはいないが、特に占有訴権の目的・作用の本来的の部分をおおいつくしてはいないのではないかと臆測される。たしかに、占有訴権は本権の訴の従者と見るべきではないし、また、その不法行為的要素は無視されてはならない。しかし、「人格の侵害」という点では、占有訴権は姓名・身体・自由などの保護から本質的には区別され得ないし、むしろそれと一体となるはずでもあろう。しかるに占有訴権は全く特殊な保護として、物権法の中に位置せしめられている。これは決して単なる沿革の遺物と見られるべきではない。占有訴権が単なる人格保護でなくして、一つの物権的保護の手段となっていることを見のがしてはならない。平和秩序維持説についても同じことが言えるであろう。平和秩序維持という点では、私力禁止の原理の上に立つすべての法的保護は占有訴権と同じである。それだけでは特に占有訴権の作用が説明されたとは言えないのである。右のような説明は、占有訴権制度における一つの消極的な側面、すなわちそれが本権（特に所有権！）なくしても（盗人にも）許与される保護手段であるという側面を、もっぱら視野の中においたものである。そうして、近代の占有理論が、ほかならぬこの消極的側面のみをとりだしてこれを強調するという点に、その一面性が認められなければならぬとともに、またまさにこの点に、実は近代的占有訴権の特質が裏書されているものと認められるのである。というのはつぎのごとき理由によってである。

たしかに近代的占有訴権制度においてもっとも人の眼をひくのは、それが本権から全く遮断されているという側面である。だが、それがそのような側面をもって人に迫ってくるのは、それが観念的な物権（ことに所有権！）の背景の上にいちじるしいコントラストにおいてあらわれるからである。このようなコントラストにおいてあらわれる占有訴権は、いうまでもなく系譜的には summariissimum possessorium の承継者であり、そうして後者はかの中世において暴力の禁止、平和秩序の維持のために特に案出された制度だったのであるから、現代の占有訴権が平和秩序維持や（その個人的反射たる）人格権の保護の手段として観念されるのは、まことに当然である。だが、同時にまた、それは近代社会の高度の平和秩序の表現たる観念的所有権の成立によって媒介されているのであり、したがって、summ. poss. が平和秩序のない（或いはいちじるしく弱い）社会における最小限度の平和秩序の維持を目的としたのとは反対に、近代的占有訴権は高度の平和秩序の基礎の上において、最大限度の平和秩序の維持を目的としているのである。近代的占有訴権のこのような近代性は、占有訴権制度の近代社会における機能をして、中世におけるごとき決定的重要性をもたないものたらしめる。近代社会における高度の平和秩序の確立は――一般に、平和秩序破壊行為が経済的・社会的（前法的）原因からはるかに少くなっていることを別としても――、一方では、本権による保護を容易なものとするとともに、また他方では、不法行為法（ドイツ民法においては、不法行為の効果として回復義務の発生を認めている）

や仮処分制度による平和秩序一般(特に物支配についてだけでなく)の保護を拡大している。したがって、近代的な観念的所有権の確立という社会的＝法律的基礎の上においては、一方において占有保護は summ. poss. 的な「非本権的」な占有訴権とならざるを得なかったのであるが、同時に、他方において、このことは、このような占有訴権制度の現代社会・現代法における機能から、かつてのごとき決定的重要性を奪わざるを得なかったのである。かくして近代的占有訴権制度においては、まさにこの「本権からの絶対的分離」が人の注意をひかざるを得ぬことになったのであり、「占有権制度の機能・目的」が近代法において果してどれだけまたどのように存在し得るのか、という点に対する疑問を喚起せざるを得なかったはずである。一九世紀ドイツ法律学が、占有訴権制度についてあのように興味をもち論争をたたかわせたのは、問題のこのような歴史的性質に基いているのではないかと臆測される次第である。

占有訴権の近代的特質が、観念的所有権に媒介されたところの右のような「本権との分離」にあるということ、一九世紀以来の法律学がこの点にその焦点をおき、これを占有制度の機能の中心に押し出したということ、――このような事情は、占有制度のもう一つの側面を背後に押しやった。だが、占有制度のその側面こそ、近代社会・近代法において重要な機能を営むことを期待されているのであり、またそのようなものとして立法化されまた発展せしめられることを期待されているところのものである。ではそれは占有訴権のどのような側面なのであろうか。それは、右にのべたところの近代的占有訴権の成立過程のうちにあきらかである。すなわち、物の現実の利用を保護することを目的とした int. uti possidetis(中世的＝ゲヴェーレ的な)は、所有権の観念化という近代的過程との矛盾におちいり、したがって所有権(およびそれと同列に立つところの他の諸物権[34])に関するかぎり、int. uti poss. は summ. poss. に全く席を譲ったのであったが、注意すべきことには、近代法は、ただ所有権ときわめて限定された少数の「物権」とのみを観念化しただけで、多くの物の利用を債権的関係にとどめたのであり、そのかぎりでは物の利用の保護を目的とする int. uti poss. は決して近代法の中において矛盾をもっていないし不用でもない。否逆に、このかぎりでは、物の現実的利用の保護を目的とするところの制度がまさに必要である。それらの債権的利用関係は、天下万人に対する観念的な支配ではないが、占有の現状への違法な侵害に対する保護はなお欠くことはできない。これらの債権的利用関係が「物権」として保護されていないということは、いうまでもなくそれが法の保護を必要としないということを意味するものではなく、ただ、自由な所有権への近代法の至上命令が物の利用の債権的構成を原則化せしめたことはさきにのべたごとくである。したがって、かえって物利用のノルマルな型態であるところのこれらの債権的利用関係を侵害に対し護ることは、依然として近代法の重要な課題である。それはまさに占有訴権によって満たされる。だから、占有訴権はこの側面においては、系譜的には中世的＝ゲヴェーレ的な int. uti poss. の承継者だと認められねばならない。フランスの判例法において、一年の正当占有に基礎をおくゲヴェーレ的訴権 complainte が認められているのも、ドイツ法および日本法の占有訴権のこの側面を間接に裏書するものであると考える(勿論、その技術的構成はちがうが)。占有制度のこの側面は、さらにつぎの二つの点にあきらかにあらわれている。

(i)わが民法典は、フランス民法の解釈的構成にならって、占有とならんで準占有を規定しているのであるが(第二〇五条)、この構成は元来は「物の占有」possession corporelle, possessio rei ないし「占有」一般と「権利の占有」possessio iuris「準占有」quasi-possession とを対立させ、前者は「所有権の本来的内容に相応するところの完全且つ排他的な物支配」を指し、後者は「他の権利」の内容に相応する限定的な物支配を指すものとすることに由来するのである。[35] このような民法典の構成にしたがえば、ここに問題としている占有訴権の機能は、準占有に基く占有訴権について存在するわけである。[36] ドイツ民法はあきらかにこの両者の占有を統一する意図をもって、単一の占有訴権を構成した。[37] わが民法の解釈はこの単一主義のドイツ民法の構成ないし解釈論に影響され、占有と準占有との限界に移動を生じてはいるが、要するに占有訴権が諸々の物権的ならびに債権的利用を保護することを目的としていることには、やはり変りはないのである。ここでは占有訴権の目的機能は、盗人の占有を保護するのではないことがあきらかである。

(ii)民法の中には、賃借権などの債権的利用権について、ほかに特別の妨害排除請求権を規定していないことは、まさに占有訴権のこのような機能と照応するものである。すなわち、占有訴権制度はそのような機能を担当しているのである。学者は、しばしば近代民法典が「賃借権に基く」妨害排除請求権を特に規定しないことを非難するが、法律は、「占有或いは準占有に基く訴権」という構成をもって問題を解決しているのである[38]。その構成は形式的にはローマ法的(正確には、ドイツ普通法的)であるが、実質的にはゲルマン的な int. uti poss. であることはさきにのべたとおりである。法律は決して賃借権の保護を忘れているわけではないのである。

(iii)学者は一般に、占有訴権によって賃借権などを保護することは、賃借権を「仮の保護」の方法で保護することになる、それを「物権的請求権」で保護しないことは不当だ、と考えているようである。しかし、必ずしもそう単純に考えられてはならない。第一に、占有訴権が「仮の保護」だというのは、さきにのべた占有訴権のsumm. poss. 的側面である。近代的所有権に基礎づけられている(したがってそのゆえにsumm. poss. 的側面をもつ)占有訴権については、「仮の保護」としての規定が含まれている。しかし、占有訴権がそれに尽きるものではないことは、すでにのべたごとくである。フランス法で現在もなお complainte が占有訴権の一つとして、判例上認められていること(前述)は、現代における占有訴権の機能を物語る。ドイツ民法やわが民法では、この二つの側面が外形的には一つの制度に統一されているのである。第二に、占有訴権は、物権編中に位置しているものの、その保護は「物権的請求権」とはことなり、対人的である(しばしば学者は、占有訴権は物権的請求権の一種としているが)。占有訴権は、特定の侵害者と被害者との不法行為的対人的な(物そのものを追求してゆく物権的請求権が対物的であるのに対し)関係である。学者は、しばしば近代法が賃借権を「物権的に」保護しないことを攻撃し、ゲルマン法の保護が物権的であったことと対照するが、利用の妨害排除に関するかぎり近代法とゲルマン法の間には根本的な差異はない。ゲルマン法のゲヴェーレの訴においても、利用の妨害排除は対人的不法行為のものであったからである。賃借権を占有訴権で保護することは必ずしもそれほど微弱なものではないのである。賃借権を「物権的に」、所有権と同じように、物権的請求権で保護するということは、単に賃借権の侵害に対する保護の問題ではなくして、賃借権の絶対性の問題なのであり、賃借権と賃借物所有者との関係についての歴史的発展の問題である。以上の説明によって、占有訴権の機能の一つとして、しかも近代法において重要な本体的なものとして、「物の利用保護」があることを承認し得られるであろう。

だが、それでは何ゆえに、占有訴権のこの側面は学者によって注意されなかったのか、またそれが制度の中心に押し出されなかったのか。思うに、それは、この側面における占有訴権が奉仕した権利(債権的利用関係)のもつ経済的社会的重要性の少さに由来する。所有権の自由が強調され債権的利用関係が比較的軽視された一九世紀ドイツにあっては、この側面における占有訴権の機能も軽視されたのは、全く自然であったと認められるのである。このことは同時に、占有訴権における「物の利用の保護」の機能の近代性を物語る。その機能は、系譜的にはゲルマン的な int. uti poss. の承継者であるが、それが奉仕する権利は近代的な諸々の利用権(物権的な利用権、債権的な利用権)であり、したがって、それは近代的な利用の秩序の一部分を構成する。近代的占有訴権は、発生史的には、summ. poss. と int. uti poss. との二つの要素から成り立ち、機能的には二元的な構成をもつものであるが、この二つのものは右のような近代性——観念的所有権(物権)の確立、物権と債権との対立——によって基礎づけられることによって統一されているのである。結論的に、これまでのべてきたことをいま一度要約して読者の理解に資することにするならば、つぎのごとくである。第一に、占有訴権の機能は「仮の保護」と「物の利用保護」との二元的内容をもつものであること。

第二に、近代法においては、物の利用の保護が実質的に意義を有するのであって、「仮の保護」という機能は近代法においては重要性を失っていること。第三に、従来の学説においては、もっぱら前者を中心において議論がなされていること。(39)

(31)　我妻教授は、つとに、現代法の占有制度の歴史的性格への注意を喚起され、ローマ法の占有制度の探究が直ちにそのまま現代法上の問題の解決を意味しないことを説かれている。我妻栄『物権法』(二九五頁、三〇二頁)参照。

(32)　Savigny, *Das Recht des Besitzes*, 1803.

(33)　Pernice, *Zeitschr. der Savigny-Stift* (*röm. Abt.*), 17, S. 169 f.

(34)　たとえば、わが民法でいえば、地上権・永小作権・地役権など。これに反し、留置権や動産質権や動産先取特権については観念的な物権が認められないことは、さきにのべたとおりである。

(35)　Planiol-Ripert, *Traité pratique* (Picard), III, n° 143 et seq.; Planiol, *Traité élémentaire*, I, n° 2264; *Motive zum BGB*, III, S. 119 f.——民法典にいわゆる「債権の準占有者」に対する弁済の効力を規定する民法第四七八条は、第二〇五条の準占有とは無関係である(ただしわが国の学説はすべて反対)。物権法上の占有訴権は占有者を保護する制度であるが、第四七八条は「債権の準占有者」を保護することを何ら目的としていないのであるから。フランス民法で「身分の占有」possession d'état といわれるものについても、おなじことが言われ得る。なおこれらの点についてはAubry et Rau, II, n° 178; Picard, *op. cit.*, n° 144 を見よ。

(36)　ただし、立法者は準占有の規定を起草するにあたり、ドイツ民法の構成にも影響されていたようである。梅博士は準占有に関する民法第二〇五条は使用借権・賃借権には適用なく、地役権・先取特権・抵当債権・著作権などに適用すべきものだと説いている(『要義』第二〇五条の注釈)。これは、占有訴権の規定があらゆる物の支配について適用される、とするドイツ民法の構成(だからドイツ民法には準占有の規定がなく、ただ地役権について特別の規定を設けるにとどまる)にしたがうものである。

(37)　*Motive*, a. a. O.

(38)　判例は、賃借権に基く「物権的な」妨害排除請求権を確認したのだと学者は一般に認めているが(大正一〇年一〇月一五日、民録一七八八頁判民一四八事件、大正一二年四月一四日、民集二三七頁判民四五事件)、実ははなはだ問題である。判例がそのような妨害排除請求権を是認した事件はことごとく、賃借権などの利用権に基いて現に占有している場合に関するのみならず、またその理論構成においても判例はむしろ「準占有」訴権を認めていると解し得られるからである。賃借人といえどもいまだ現に占有していないときは、妨害排除請求は否定されており(大正一〇年二月一七日、民録三二一頁、昭和五年七月二六日、新聞三一六七号)、また妨害排除請求を認めた前記大正一〇年の判決では、「権利者ガ自己ノ為メニ権利ヲ行使スルニ際シ之ヲ妨グル者アルトキハ其妨害ヲ排除スルコトヲ得ルハ権利ノ性質上固ヨリ当然」だという構成をしている。

(39)　「物の利用」を占有訴権の中心において理解しようとする試みをしているのは E. Ehrlich, *Grundlegung der Soziologie des Rechts*, S. 75 f., insbes. S. 82-83.

三　占有権の法的構成

占有訴権によって保護される実体たる物の事実的支配は、民法上どのようなものとして構成されているか。占有に関して学説上もっとも問題となっている部分の一つである。

占有訴権が事実的支配をその侵害に対して保護するものであることはことばをかえれば、「占有権」が物に対する事実的支配(学者はロマニストの用語に従って、これを corpus と称する)をその本質的内容としていることにほかならない。しかし、一見自明なこの「事実的支配」なるものが実は必ずしも自明ではなく、いかなる事実があれば占有訴権で保護されるに値する「事実的支配」があるかは、特定の歴史的な社会において具体的に決定される問題である。

しかし、占有訴権の保護の前提たる「占有権」は、ローマ法以来、客観的な支配事実のほかに、一定の意思(学者はロマニストの用語に従って、これを animus と称する)を要素とすると解されてきている。この corpus および animus については、ローマ法ならびにローマ法学の影響が支配したが、問題はあくまでも現代法の立場から考察されるべき現代的課題であることを注意すべきである。

(1)　corpus

物に対する事実的支配がどのような場合に存在すると認められるかは、一方においては、前にのべたように、もっぱらその歴史的社会の具体的な諸関係によって決定されるし、また他方においては、その占有保護がその法の体系において占める地位によって決定される。たとえば、ローマにおいては占有は全く現実的に存在すべきものであったのであり、したがって占有の承継は存在せず、常に承継人によって占有が原始的に取得されるのであり、また占有の二重存在はあり得ずして常に貸主(賃貸借の場合)または借主(precarium の場合)のみが占有をなしたのであった。これは、ローマにおいて、権利能力の完全な者と権利能力の全く無い者との二種が対立したことの反映である。これに対しゲルマン法においては、ゲヴェーレの半本権的未分化的性質のゆえにその承継が可能であった(ゲヴェーレの相続)。またゲヴェーレはゲルマン封建社会の複雑な社会関係をそのまま反映し、一つの物につき幾重にも重なり得た。すなわち、一つの物に対する上級および下級のゲヴェーレはそれであり、そこでは、人は自分の権力に隷従する人を通じて直接に且つ現実的に客体を支配するものとして意識されたのである。いうまでもなく、これは中世ゲルマン社会における人の権利能力が有と無との二種の対立状態において(ローマ)ではなくして、種々の段階において存在したことの反映である。現代における占有の「事実的支配」には、現代の社会関係が基礎に横たわっている。すなわち、現代においては人はすべて互いに平等に且つ自由に権利能力者として対立しあっている。このことは物に対する支配をきわめて個人的な性質のものとするのであり、したがって「他人を通じての物の支配」の構造を全く近代的なものにするのである。

第一は、いわゆる占有機関(Besitzdiener, Besitzorgan)による占有の場合である。現代法においては、占有機関もまた、権利能力ある・法の保護に値する人間である。占有機関関係は、もはやローマの奴隷におけるような、占有者の個人的支配の手足的関係としては存在しない。占有機関もまた、その占有する物に対して全くの「無」関係なのではなく、彼の権利能力が社会的に承認されることと相表裏して彼の占有者としての地位もまた社会的承認をうけるはずである。したがって、それにもかかわらず彼(女中・家子)が独自的に占有訴権をもたないで、彼の主人(家長)が占有訴権をもつとされるのは、この占有機関の権利無能力ないし隷従によるのでなくして、彼が主人とともに構成する団体の一成員として団体法的に占有し、彼の主人がこの団体の外部への代表者として団体法的に占有を主張することによるのである。団体的占有の事例は現代ははなはだ多いのであるが(工場・商店における占有)、それはすべて、このような近代的な占有機関関係を構成するものである。このようにして、近代法は、隷従者なき個人的社会関係のゆえに、占有を個人的のものとし、そのゆえにまたかえって団体法的な占有関係をつくりだしたのである。わが民法典は特に占有機関関係を規定していない。しかし、わが民法の「代理占有」(第一八一条—第一八四条)は本来占有機関関係の規定に由来するものであり、したがって、わが民法ではそれは代理占有の規定によっておおわれているものと言い得られるのである(ただし、わが国の学説は、代理占有のほかに別のものとして占有機関関係を認めている)。

第二は、直接占有および間接占有の重畳である。中世の封建的な社会関係においては、直接に耕作する占有者(彼は、奴隷ではなく権利能力を有しており、彼の占有は独立にゲヴェーレとして保護される)のほかに、この者の占有する土地の領有者もまたその隷従者に対する権力をとおして土地を現実的に占有支配していたのであり、ここに上級および下級のゲヴェーレの重畳が存在し得たのであった。しかるに、典型的な近代社会においてはこのような権力隷従関係は存在しないのであるから、物(特に土地・建物)の貸借においても現実的支配をなす者は借主だけであり、貸主は借主に対する対人的な債権関係をとおして観念的に客体を支配しているにすぎない。このことは、直接の占有がもっぱら非占有者の利益のためになされるところの寄託についてもことなるところはない。しかるに、近代法はこのような場合に、現実の占有者でない貸主・寄託者に占有権の存在を承認する（第一九七条後段参照）。ドイツ民法はこれを直接占有に対し間接占有と名づけ(unmittelbarer u. mittelbarer Besitz)、わが民法はこれを代理人による占有と名づける。[40] 系譜的には、前者は中世の上級および下級ゲヴェーレを承継するものであり、また後者はローマの・他人による占有を承継するものであるが、近代法における間接占有は、万人の平等且つ完全な権利能力を基礎としているゆえに観念的なものである点で、ローマ法や中世ゲルマン法とことなっているのである。このことは、近代法における占有訴権とそれによって保護される占有権に対し、一つの注目すべき特質を与えることになる。すなわち、占有訴権制度が保護するところの物の利用そのものが、近代法における法関係一般の観念化の傾向と歩調をあわせて観念化してきていること、物に対する現実的支配が単純な物理的且つ個人的のものでなくして社会的な支配(特に、債権関係の社会的性質)となっていることが、ここにあらわれているものと認められるのである。

(2)　animus

ローマ法では占有訴権によって保護される占有を限界づけるために、possessio の要件として特殊の主観的要素を要求した。所有権に類似した占有が占有訴権の中心をなす場合には、その意思は「所有者の意思」animus domini であったが、占有訴権が質権者や仮容占有者などの占有に関する場合には、この占有を detentio から区別する技術的構成のために、「自己のために物を支配する意思」animus rem sibi habendi が要求された。近代法では、ローマにおけるような他主占有者の特殊な社会的地位(或いは権利能力)は存在せず、すべての人は一様に占有者であり得るのであるから、一定の「意思」によって possessor と detentor とを区別する必要や実益はなくなったのである。近代法の占有訴権が物に対する利用を保護するものである以上、「占有権」の要素として要求されるのはただこの利用すなわち事実的支配があるか否かという客観的事実だけでよいはずである。ドイツ民法典が「占有」の要件として、ただ客観的な「物に対する支配」のみを要求する立場を採ったことは（ドイツ民法第八五四条）、系譜的にはゲルマン法のゲヴェーレに由来するとはいえ、まさにこのような占有訴権の近代的性格に由るものである。わが民法が占有の要件として「自己ノ為メニスル意思」を要求しているのは、なおロマニスト的法理にとらわれているものと言うことができる。ところで、物に対する事実的支配があるか否かは、占有訴権の制度の現代的意義と相対的に決定されるべき社会的評価の問題であり、それ以上に「この事実的支配はいかなる意思を必然的に伴うか」というような心理的詮索は、法技術の合理性に縁遠きスコラ的煩瑣主義に堕するにほかならぬであろう。したがって、わが民法の解釈として、多数の学説は、意思の要素を解釈上最小ならしむるに努力し、意思の有無を客観的に決定しようとするに至っている。(41) このような解釈論においては、実質的には「意思」は占有の客観的事実の中に解消してしまっており、「意思」の存在は全く「構成」の上での擬制的のものにすぎない。私は、民法の占有の「構成」の歴史的性質にかんがみ、解釈上animusを無視してしまってよいのではないかと考えている。

（40） わが民法が間接占有を代理占有として構成してくることは（第一八一条―第一八四条）、ローマ法的、フランス法的構成にならったものである。しかし、間接占有関係を代理占有として構成することは、占有重畳の近代的関係の構成としてははなはだ不適当である。代理占有という構成は、元来、法律行為の代理と同様に、代理の効果がもっぱら本人にのみ及ぶとする観念の上に立っており、本来占有機関的関係に由来するものだからである（ローマにおける、賃借人による貸主の占有、無能力者の財産管理人の占有、家、奴隷による家長の占有、のごとき）。すなわち、わが民法は、占有機関関係と直接＝間接占有との分化を明確にしていないのである。なお代理占有に関する文献として、末川博「代理占有論」（『民法上の諸問題』六六頁以下）。

（41） 我妻栄『物権法』（〔一三二〕(2)）参照。

四　民法典の「占有権」の規定の多元性

占有訴権によって保護されるところの物の利用は、「占有権」という・一つの物権としての性質を有するものと認め得られることは前にのべたごとくである。しかし、このような意味での占有権に関する規定は、わが民法が「占有権」という題の下に総括する諸規定(民法第二編第二章)の中の一部分にすぎず、そこでの多くの規定は本来的な意味での「占有権」に関係がないのである。すなわち、直接に占有訴権を規定する第一九七条ないし第二〇二条、占有訴権の前提たる占有権に関する第一八〇条ないし第一八四条、占有権の消滅に関する第二〇三条・第二〇四条は「占有権」に関する規定である。しかし他の諸規定は他の制度に関係するものであって、ただ物に対する事実支配に関係する法律関係を規定しているにすぎず、したがって、これらの諸規定を本来的な「占有権」と一括して規定することは無意味であるのみならず、人をして誤解に導くおそれなしとしない。すなわち、「占有権」の章の中にある規定で「占有権」に関係しない・ただ「占有」に関係するにすぎない規定を分類列挙すればつぎのごとくである。

(1)取得時効に関係する規定。——第一八五条・第一八六条・第一八七条・第二〇三条。
(2)物権的請求権の効果に関する規定。——第一八九条・第一九〇条・第一九一条・第一九六条。
(3)動産物権の即時取得に関する規定。——第一八八条・第一九二条・第一九三条・第一九四条・第一九五条。
(4)なお代理占有に関する第一八一条ないし第一八四条は動産物権変動の対抗要件としての引渡についても重要なる意義を有する。

要するに右に列挙した諸種の場合は、「占有権」に関するものではなくして、「所有権」に関するものであり(ゲヴェーレ的観念に基く第一九二条以下も主として所有権に関する)、これらの諸規定は近代法の体系においてはむしろ所有権の問題としてそれぞれ法典中の当該の場所に編入されるべきものだったのである。したがって、即時取得に関する第一九二条以下の規定および引渡に関する第一八二条以下の規定は、各国の法典において存在の場所を異にしている。わが民法がこれらの諸規定をただモザイク的に「占有権」の章の中に雑然と編入したのは全く沿革の遺物にすぎず、われわれは民法典の「占有権」の章を理解するにあたっては、右のごとくその多元性を眼中におくことに注意しなければならないのである。

第四章　商品所有権の流通

一　所有権の商品性

1　序　説

いうまでもなく近代経済は、高度の社会的分業の基礎の上における経済的財貨の商品的生産および交換の上に成り立っている。そうして、この商品交換の中で大きな部分を占めるところの生産手段の購入・商品の売却などは、法的には所有権の取引的流通としての型態をとってあらわれてくるのである。所有権取引の頻繁さ、経済にとってのその支配的意義は、近代経済を特色づけるとともに、また近代経済の基礎法たる民法、なかんずく所有権法をきわめて鮮やかに刻印づけずにはおかない。一言にして言えば、このことは近代的所有権の本質をして商品所有権たらしめると同時に、全物権法の重点をしてもっぱら物権取引法たらしむるに至っているのである。そこでわれわれのつぎの研究課題は、所有権の商品性の内容と、民法の物権取引法の構造との分析でなければならぬことになる。

商品としての所有権も、いうまでもなく、究極においては人の利用の客体となるという意味において、利用価値なくしては存在し得ないのであり、またその基礎の上において商品となるのであるが、物が商品として流通する当面の過程においては、利用価値は一応背後に退き、もっぱら物の交換価値がその所有権の客体として前面にあらわれる。

しかも、資本制経済は商品生産と流通の上に基礎づけられているのであり、したがって、商品所有権は近代経済にとって基礎的意義を有するのであり、商品性は近代的所有権の普遍的属性である。しかし、このようにいうことは、所有権と商品性との関係を、まず所有権がありこれに商品性があとから付加される、というふうに理解することであってはならない。近代的所有権は物が商品として存在することによって成り立つのであり、近代的所有権と商品性とは、互いに他を規定しつつまた同時にみずからを規定しつつあるところの相互規定的・相互媒介的関係に立つのである。ところで近代経済における商品交換の普遍性は、あらゆる物に「商品性」の刻印をつける。そのゆえにあらゆる物がまず私所有権の客体となり、物に対するすべての他の法関係は私所有権から第二次的に派生する（私有財産制度）、という物権法の基礎構造が歴史的に必然となったのであり、したがって物権法における所有権と他物権との対立、という一見きわめて自明なるかのごとき関係こそ、実は近代社会ならびに近代法のもっとも根本的な構造の表現たるものである。

かくして近代法は、所有権を、交換価値の独占的支配権として法の世界において「認知」せざるを得ぬのであり、このことのゆえに物の利用価値は所有権法にとって従属的意義しか認められず、所有権の法的構成は、交換価値を中心とするところのつぎのような特色ある三つの原則——所有権の内容、客体および主体における統一性——の上に立つこととなったのである。

2　所有権内容の統一性

所有権が商品としての一般的な適格性を完全に有するためには、つぎの二つの条件を必要とする。すなわち、第一に、所有権の主体についての条件であり、所有権が何びとにも属し得るという一般的な可能性の存在することが必要である。封建制度の下においては財貨——ことに土地——の主体者の資格は厳格に制限されていたのであり、所有権の主体者についての条件の解放こそは、近代法において確立された重要な変革であったのである。近代的所有権のこのような性質の・主体者における表現は、人の一般的な所有権能力にほかならぬのであり、それは近代的人格者の権利能力の抽象的普遍的十全的性質(民法第一条ノ三)の実質的内容を構成するものである。[1]

　第二に、商品所有権は何びとの手にあっても常に恒常的に同一の内容を保持することを必要とする。このような権利内容の恒常性なくしては所有権の流通適格性が減殺されることは、特に商品中の商品たる貨幣においてもっともあきらかにあらわれている。ところで、商品所有権の本来的内容は交換価値の一定量であり、そうしてこの交換価値そのものは利用価値を離れては存在しないのであるから、ある物の交換価値の恒常性——といっても勿論物価の変動などの、外からの原因による交換価値の変動は、所有権の内容の問題ではなく、ここでは所有権に内在する交換価値の恒常性のみが問題なのである——は、その物の利用価値の内在的恒常性を離れては存在しない。したがって、何びとの手へも流通し得るごとき高度の商品性は、普遍的な利用価値の存在する場合、すなわち特定の固定した利用関係からの解放(本書第二章参照)、使用・処分の自由が存在する場合にもっとも完全に存在するわけである。諸国の近代的民法典におけると同じく、「自由ニ其所有物ノ使用、収益及ヒ処分ヲ為ス権利」と認められるところのわが民法の所有権(第二〇六条)もまた高度の商品性を有するものと言うことができる。

　主体および内容についての・所有権のこのような一般者的普遍者的性質は、民法上の所有権をして、きわめて抽象的な存在たらしめる。所有権の法的構成はあらゆる生活上の具体的諸条件から抽象され、法は実生活上の現実に全く無関係なるかのごとくである。いうまでもなく近代経済においても物はそれぞれの自然的利用価値に応じて具体的には各種の機能を営んでいるにもかかわらず、民法典の世界においては物のそれらの具体性はことごとく消失して、抽象的観念的な構成に包括せしめられている。しかし、このことは、近代法典の立法者の無知のため、或いは彼らの愚かな抽象癖のため、――しばしばそう言われるごとく――誤ってつくりだされた結果であるわけではないのである。所有権の商品性がもっとも徹底的に存在する場所においては、物の諸々の具体的な利用型態は商品的所有権が一時的に採る現象型態にすぎぬのであり、その本質はまさに抽象的統一的な貨幣価値の一定量であり、そのようなものとして、すべての所有権は、個性をもたぬところの・共通の分母(貨幣価値)を有する・互いに等質的な存在にほかならぬのである。もとより、民法は利用価値を全く無視してはいない。土地の相隣関係や、利用を目的とする他物権などに関する規定は、利用価値に関する。しかし、それらは、所有権の交換価値に関する規定に比し、あきらかに従属的意義しかもっていないのである(いうまでもないことであるが、このようにいうことは、このことを是認するかどうかとは関係はなく、ただこのことの存在を確認しているにすぎないのである)。だから、民法上の所有権は、「外界の物の利用を目的とする権利」という定義をもってしては、正確に表現され得ないことになるのである。

近代的所有権が第一次的にまずこのように交換価値支配権であるということから、所有者と所有権との特殊な近代的関係が生じてくる。近代的所有権の個性は右にのべたように交換価値(貨幣価値)の単なる量的差異にのみ存する。所有者にとっては物はすべて質的には均等のものとして抽象的代替的のものとして存在する。したがって所有者にとっては、ある物に対する所有権はやがて交換価値に転換しまたさらに他の物の所有権に転換しまたさらに交換価値に転換する等々という宿命をもっており、所有権は、所有者にとっては本質的には何の感情も情緒をも含むものではないのである。これに対し、非近代的所有権たるところの、わが国農村における、家族労働による経営の基礎たる農地の所有権ないし利用権は、本来的に物の具体的な利用価値の上に基礎づけられており、その利用主体の生活そのものの不可欠的条件であり、それは農家族の生活感情と不可分に結びついている。農家族と農地所有権ないし利用権との結合は、強い愛情と執着とをもって貫かれており（土地は彼らの「偉大なる母」である）、無色なる近代的所有権とは比すべくもないのである。このような牧歌的な所有権の意識の上に立つ人々にとっては、近代的所有権は、まさに「唯物的」思想に基く悪魔的存在としてあらわれてくるのである。

民法第八五条は、全物権法の基礎たるところの所有権（すべての物はまず第一次的に所有権の客体となり、所有権以外の物権は第二次的に所有権から流出派生するものとして規定される）が、このように交換価値の支配権として個性を有しない、ということに由来する。同条は、「本法ニ於テ物トハ有体物ヲ謂フ」とする、ほとんど無意味なほどまでに抽象的な規定である。同条は民法総則中に規定され、物権法と何らの関連がないかのごとくであるが、元来それは物権法に属するものであったのであり、法典の体系において総則篇が独立せしめられたときに物権法の体系から分離されたものであった[2]。しかるに学者はこの規定を、ドイツにおいてもわが国においても、それが総則篇中に位置している外観のゆえに、物権法に特殊のものとしてでなく、財産法全体に対する総則的意義において理解し、同条の「物」を「財産」の意義に解する。そうすると、「財産」を有体物に限定するいわれはないこととなるから、同条が「物トハ有体物ヲ謂フ」と規定することは狭きに失することとなり、無体物もまた「物」でなければならぬとして、同条が攻撃されるのである。しかし沿革を無視して、同条を物権法から分離してこれを攻撃することは、解釈としても正当とは称し得ないのではないかと考える。もし、これを物権法の序論的規定と解するならば一見無意味なるかのごとき抽象的定義も必ずしも無意味ではないものとなる。すなわち、——

第一に、物すなわち有体物、という概念は、右にのべたような近代的所有権の特質に由来する。元来、物すなわち有体物と観念し所有権の客体を有体物 res corporales にかぎり、特に必要ある場合には無体物 res incorporales の概念をこれに対立させることはローマ法に由来するのであるが、これは、ローマ法において所有権が客体に対し全体的包括的に支配を及ぼしたことに由来する。(3)近代的所有権は、近代的な商品所有権としての性格においてではあるが、必然的に、客体の全部に対する独占的支配(中世的上級・下級所有権におけるごとき諸支配への分裂を想い合せよ)をその内容とせざるを得ぬのであり、したがってそこではやはりローマ法におけると同じく、客体たる物のある利益ではなくしてその有体的な全体性(körperliche Totalität)が問題とならざるを得ない。民法第八五条は近代的所有権の客体的側面のこのような表現なのであり、(4)したがってそこで「有体物」が核心となっていることは近代的所有権の観念性と矛盾するものではないのである。だからこのような所有権制度の下においては、「物」(それは有体的な全体性の、別の表現なのであるが)はまた同時に所有権そのものをも意味する、という結果をもきたすのである(たとえば第一七九条にいわゆる「其物又ハ其物権」)。ところで、ある利益の独占的な支配権は勿論有体物に対してのみ存するとはかぎらない。しかし、外界の有体物に対する権利は、人間の法的生活におけるもっとも原始的な且つ今日においてもっとも基礎的なものであり、民法の物権法の規定もほとんどすべてのものは(若干の例外を除いては)有体物に関する。非有体的客体(電力・電波・特許・著作など)に対する独占的支配権は、あれこれの関係で「所有権」に似ることはあるが、これをそのまま「所有権」として、物権法の規定(たとえば、対抗要件に関する規定)を一般的全面的にこれに適用することは、全く法の予想しないところであり、結果的にも不当である。(5)電力や無電の電波の上に「所有権」が存在するものと認めることは、民法上は、比喩ないし類推以上のものではあり得ず、むしろ誤解の原因ともなり得るのである。(6)第八五条は、物権法のこのような基本的構成の上において存在するものであり、一見無意味に見える法的モノローグにもかかわらず近代物権法のもっとも基礎的な特質を表現しているのである。

第二に、物の交換価値の上に基礎をおく物権法においては、動産・不動産の利用価値上の区別は第二次的のものでしかなく、すべての有体物はまず第一に「物」としてひとしく所有権の客体となる。このゆえに第八五条の抽象的定義が歴史的に可能となったものであり、また現実化したのである。勿論、民法は動産物権と不動産物権との間に規定上種々の区別を認めている(用益物権は不動産についてのみ可能。担保物権における動産と不動産との対立。物権変動の対抗要件についての両者の対立)。しかし、それらの区別において、利用価値上の規定は重要性において実際上軽微であり(条文数の多少が問題なのではなく、規定の現実的機能が問題なのである)、利用価値に関連しての動産・不動産の区別は、交換価値支配権としての所有権の商品性の基礎の上においては第二次的意義しかもち得ない。すべての物は商品としては、交換価値の量的差異を有するだけであり、利用価値における質的差異はその背後に退いてしまうのである。

要するに民法第八五条はドイツ普通法学の抽象癖の所産にはちがいないのであるが、そのような抽象化の可能性と実在とは、右のような近代的所有権の商品としての統一的性質に由来するものと認め得られるのである。

(1) 川島「民法における人の権利能力」(『杉山教授還暦祝賀論文集』)。

(2) ドイツ民法においてもこの規定に相当する第九〇条は総則篇中にある。しかしその第一草案においては、同条にあたる第七七八条は物権篇中に位置されたのであり、「理由書」は問題をもっぱら物権の客体の表現方法として論じているのである(*Motive*, III, S. 32 f.)。

(3) O. Gierke, *Genoss. R.*, II, S. 59. ——これに対し、ゲルマン法においては、「すべての物は本来一つの意思にのみ従属し得、ただ一つの権利の客体たり得るだけだ、という観念は発達しなかった」のであり、そのゆえにそこでは物権の客体としての有体物概念が発達しなかったのである。O. Gierke, *op. cit.*, S. 61f.

(4) O. Gierke, *op. cit.*, S. 59.

(5) 電気は、最近の物理学によればきわめて小さい物質(電子)の運動であることがあきらかとなっているとのことであるが、民法の物権法はこれを予定していない。

（6）この点については我妻栄「権利の上の所有権といふ観念について」(法協五四巻三―五号)が、特に詳しく論ぜられている。

3 所有権の客体の物質的統一性

一 一物一権主義

商品的所有権は、右にのべたごとく、その法的内容における統一性――いわばその内包的統一性――のみならず、さらに、その客体の物質的統一性をも要求する。これを、前者の統一性に対し、所有権の「外延的統一性」とよんでさしつかえないであろう。すなわち、所有権の客体は、その物質的存在性において「一つの物」としての統一性を有しなければならぬのである。このことのドグマティッシュな表現は、つぎの諸原理に要約される。第一に、「一つの物には所有権(およびそれに由来する他の物権)は一つしか存在しない。また逆に、一つの所有権の客体は常に一つの物である。」この原理のコロラリーとして、つぎの二つの原理が生じてくる。すなわち第二に、「一つの物の部分には所有権は成立し得ない。」第三に、「独立な物の総体の上には特別の独立の所有権は成立し得ない。」これが、近代法におけるいわゆる「一物一権主義」の原則であり、各国の法律は多少の例外を認めても原理的にはこの主義を採用しているのである。所有権が一つの物については一つしか存在し得ないことは、前にのべたように近代的交換価値所有権がその客体の物質的存在の全部を包括せざるを得ないこと――すなわち「物トハ有体物」であること(第八五条)――の物の物質的存在性の面における表現である。一物一権主義は、一方においては、物の部分に独立の所有権を認むべき必要ある特殊の場合に関連して、また他方においては、財団に対する独立の所有権・抵当権を認むべき近時の必要に関連して批判をうけている。勿論一物一権主義の無批判な適用が不当であることはいうまでもないが、さりとて一物一権主義が全くローマ法の沿革にとらわれた、或いは「一物一権」という概念的形式論理にとらわれた「過失」であると考えるのもまたあやまりである。一物一権主義は商品所有権の下において一つの歴史的な合理性を有したのである。一物一権主義、所有権の客体の「有体性」は、所有権の客体が商品であることの必然的な帰結である。商品としての所有権は、客体の交換価値に対する独占的排他的な支配を、その内容としているのであり、したがってその客体の範囲は、常に客観的に明確であること、且つ常にただ一つであることを必要とする。物の部分に対する独立の所有権の存在は、その物の有体的存在全部を包括する所有権の存在と矛盾せざるを得ぬことになる。けだし、物の部分に対する所有権を認めると、もはや所有権の範囲は外部的には認識確定し得られなくなり、取引安全の障害を結果せざるを得ない。たとえばある物を買う者は、外部的に認識し得られるところの・その物の有体的存在全部に対する所有権を取得し得るとはかぎらぬことになり、常に、売主の所有権が客体の全部にわたるかどうか、第三者がその部分に対し所有権を有するかどうかを調査しなければならぬこととなり、取引の安全は、はなはだしく障害されざるを得ないのである。(7)

このことは、物的支配が物の利用価値のみに対しているような経済的社会的体制における物権の関係と比較すると一そうあきらかとなる。そこでは、事実的な各種の利用状態をそのまま維持確保することのみが法的秩序の関心事なのであり、それらの諸々の物権は同一の客体の利用価値を具体的な利用関係のままに互いに分割して支配し得る。したがって、そこでは、物の部分に対する支配と全体に対する支配とは同一平面において並存し得たのである。しかし近代法においては、両者は所有権としては矛盾的存在であるから、両者はまず全体に対する独占的排他的支配、つぎにそれから派生した他物権としての部分支配というように、それぞれ異った平面において存在がゆるされるのみである。と同時に、近代法においても、現実的支配を内容とする占有権は物の一部について存在し得るのであり、(8)そのことはまた逆に、一物一権主義の右のごとき特質のいわば裏面を示すことになるのである。数個の独立の物の総体に対する所有権の成立不可能性も、全く右と同様の理由に由来するのであることはいうまでもない。

右のような意味においての一物一権主義で問題となるところの「一つの物」とは、どのようなものであるか。一般的にいえば、それは外部的に物体として一個の独立性を認め得べき物である、(9) というべきであるが、(10) 具体的には物の物理的性質、および経済的性質によって種々の場合がある。特に注意すべきものとして、——

(イ)　土地の個性は、かつては政治的或いは伝統的な要素によって社会関係の実体に基いて決定されていたが、現代においては、不動産登記の制度の下における帳簿上の記載によって形式的に決定され、それは所有者の意思によって決定される。

(ロ)　液体、穀物などのように、物の物質的性質のゆえに外形的に固定した独自の個性をもち得ないものについては、その個数はそのときどきの具体的な存在の状態によって定まる。たとえば、液体は一つの容器に入っている状態において、一つである。勿論これらの物の物質的性質上、二つ以上の容器に入っているものを一つの容器に合せれば直ちに一つになり、また一つの容器に入っているものも容器をわければ直ちに二つ以上にわかれ得る。しかし一つである状態においては、その物に対しては一つの所有権しか成立し得ない。

（7）　一物一権主義と取引安全との関係を説く文献は、私の気がついた範囲ではきわめて少いように思われる（我妻栄『物権法』〔二〕(4)（ロ）参照）。しかし、ドイツ民法はこの法理を徹底的に認めるので有名であるが、第一草案理由書が、建物がその地盤たる土地の所有権に吸収されることにつき取引安全の必要を立法の理由としてのべていることは注目に値する（*Motive*, III, S. 43）。

（8）　たとえば我妻栄『物権法』（三〇七頁）を見よ。

（9）　ドイツ民法第一草案理由書はこれを körperliches Sachindividuum と表現する。

（10）　なお、物権の客体としての物を、「取引観念上一個の物と認められる物」と表現することは、同一の問題を別のことばで言いなおしているにすぎない(ただし法解釈論的立場においては別であるが)。問題は、「取引観念上一個の物と認められる物」とはどのようなものであるか、を問うことにあるのである。

二　物の部分

所有権の客体たる一個の物の範囲がどうであるかは、「一個の物の部分」とは何であるかを具体的に考察することによってさらにあきらかとなる。

ドイツ民法は、物の部分を「本質的構成部分 wesentliche Bestandteile」と「非本質的構成部分 unwesentliche Bestandteile」とにわける(BGB, §§ 93-95)。同法によれば、独立の物権の客体となり得ない「本質的構成部分」とは、「物が破壊されまたは本質において変化を受けることなしには分離され得ないような、一個の物の構成部分」である。しかし、思うに、この技術的表現は不適当である。ドイツにおいては一般に、右の表現の理由を説明して、「物を毀損しないで維持しようとする国民経済的考慮」にある、と言われている。しかし、このような説明は、問題の核心を逸脱するものである。たとえば、石油などは何ら「毀損」も「本質的変更」も与えることなしにその部分を分離し得るが、しかも分離前には、部分に対し独立の所有権を認め得ない。土地・建物の使用収益権者が、彼らがそれに附合せしめたものを分離し得ることは、現に法律が認容し保護することなのである(たとえば民法第二四二条但書・第五九八条)。ある物が他の物と附合して一個の物を構成したか否かという法的問題の重点は、右のような点にあるのではなくして、所有権の商品性からの要請、すなわち独占的排他的な所有権の客体的範囲を外形的に判断確定することを可能ならしめることによっていわゆる「取引の安全」を保障するということにあるのである。したがって、右のドイツ民法のごとき技術的論理構成は不適当なものであると言わざるを得ない。私は、現行法上の諸結果を綜合してつぎのように構成してよいのではないかと考える。すなわち、「独立の物権が成立し得ないような物の部分」というのは、「物の外形的物質的状態からみて一つの物としての統一性の中に吸収されている物」である。だから、外形的物質的な存在状態において、一つの物が他の物と結合して独立の経済的作用を失ったときには、その全体に対して一つの所有権が成り立つことになる。これを民法は「附合」と名づける(第二四二条以下)。民法は動産の附合の要件として前掲のドイツ民法と同様の表現を用いている(第二四三条)。勿論、多くの場合には「毀損スルニ非サレハ之ヲ分離スルコト能ハサルニ至リタルトキ」に附合を認むべきことになるのであろうが、毀損せずに分離できる場合でも物の外形的物質的状態においてーつの物と認められるべき結合があれば附合を認むべきである。しばしば学者が物の部分の例としてかかげるところの石垣・灯籠などはこの例である。物の単一性に関する右のような技術的構成上の異同は、単に技術上の、概念構成上の、末梢的問題なるかのごとくであるが、一物一権主義の本質を理解するためにはなお理論的興味なしとしないのである。このような一般的命題は、具体的な場合の経済的必要や伝統によって、種々の変更をうけている。問題となるいくつかのものをつぎに考察しよう。

(1)　一時的の結合

物が右のような意味で独立性を失い他の物の部分となる場合でも、その結合が単に一時的のものであるときには(一時的の仮小屋・仮植中の植物)、なおその物は独立性を失わないで、その上に独立の所有権が成立する、という法理はドイツ民法に規定され(ドイツ民法第九五条)、またこのような規定を欠くわが民法の下においても解釈上同一の結果が認められている。このことは、結合が単に一時的にとどまるものは、多くの場合、外形的に物質的状態から容易に判断することができ、取引の安全を害しないからだと認められねばならない。

(2)　建物その他の地上工作物

建物とその地盤たる土地との関係は、はなはだ興味ある問題である。ゲルマン法においても、建物が簡素で土地との結合の程度がきわめて微弱であった古い時代においては、建物は動産として意識され、また事実においても動産であった。このような意識は、建物が堅固なものとなり土地との結合も永久的のものとなるに至っても永く残存し、“Was die Fackel verzehrt ist Fahrnis”なる法格言が行われたという。しかし結局、建築様式の変化とともに建物は土地に固着するものという意識が支配的となり、不動産として意識されるに至った。そうしてゲルマン法においては、建物が動産と見られた時代はもとより、不動産と見られるようになっても建物は独立の物と見られてきた。(11) しかし、ロマニスト的なゲマイネスレヒトでは、建物は土地の一部とされ(Superficies solo cedit)(12)、それがドイツ民法にそのまま承継された。しかしドイツ民法は同時に、地盤使用権者が建築した建物は土地と附合しないと規定している(そうして、この場合には、地盤使用権が消滅してもなおその建物は従前の地盤使用権者の所有権の客体たる状態を変えないと解釈されている)。わが民法上は建物は、土地とは常に別に、所有権の客体となる(第八六条および不動産登記法第一四条・民法第一七七条)。フランス民法もスイス民法もわが民法と立法の主義を同じくする。建物に対する独自の所有権を認めることは、右のように多少の範囲の広狭があるが、根本的においては普遍的であり、ローマ法の原理もついにこの点を征服し得なかったのである。

(3)　植　物

土地に植えつけられた(単に一時的目的のためにでなく)草や木或いはそれらに生じた果実は、土地と附合するか。この問題はわが国において農業が経済上重要な意義を有し且つ耕作者と土地所有者とが分離している(小作)ことが多いという事情から実際上きわめて主要な結果に関係するのである。ゲルマン法においても、これらのものは、土地と結合したままで独立の所有権の客体とされた。しかるにローマでは、いうまでもなくこの場合には「地上物は土地に帰属する」Superficies solo cedit の原則が行われた。思うにこの差異はつぎの事情から生じた。すなわち、ゲルマン法においては、利用が物権法の主題をなし、そうして中世的な土地利用関係のヒエラルヒーにおいては、土地の利用耕作は独立生産者としての零細な直接的生産者に帰属し、事実において地盤支配者と草木所有者(直接的生産者)とが別々にわかれたことに由来するが、ローマにおいては土地所有は原則として貴族に集中され、これを現実に耕作する者は、奴隷或いは賃借人或いはコローヌスというような・独立生産者としての経済的社会的地位のない或いは薄弱な者であったことに由来するのではないか。ところで取引安全すなわち所有権の客体の範囲の画一的明確性が物権法の主題となっているところの近代法においては、ロマニスト的原理に傾くのは当然である。ドイツ民法はこのことを疑いの余地を残さないような表現で明確に規定している(ドイツ民法第九四条)。しかるにわが民法第一四二条の表現ははなはだ明確を欠く。おそらく起草者は、フランス民法の原則に従い、土地利用の権原(地上権・永小作権・賃借権・善意占有者の果実収取権)ある者のみ、独立の所有権をもち得るとなす趣旨をもって同条但書をおいたものと推測される。[13]けだし、地上の農産物に対する独立の所有権を否認することは、わが国の農地制度・小作関係の実情に矛盾することになるからである。このことは、他面において、土地所有権が地上の植物を含むか否かが外形上明確でないという結果を来し、取引上の要請に対しては、勿論消極的に作用せざるを得ないのである。ところで、民法第二四二条の解釈としては、右のような民法起草者の考え(として私が一応推測する)よりさらに進んで、植栽者の権原の有無をとわず常に「稲苗」はおよそ土地と附合しない、と解しようとする学説がある。[14]この解釈論は、民法起草者の考えからは離れるが、わが国の農村の経済的社会的構造、その歴史的性格を考えるときは(一般にわが農村は近代的な市民的関係ではないのである)、少くともそこで問題となるものについては(すなわち、およそ植物一般についてではなく)、肯定されてよいのではないかと考える。[15]のみならずこのような地上の草木果実に対する独立の物権的支配の上に、「資本」が重畳的に物権的支配を及ぼした(青田売買・未成熟の西瓜や蜜柑の売買・未成熟果実への強制執行など)。この事実は、さらに、地上の草木果実に対する独立所有権の「法的」承認を要請する第二の現象である。地上の草木果実に対する独立所有権の承認には、このような二重の社会的基礎が存在するのである。まさにこのことがつぎのような種々の法的現象において、その表現を見出している。すなわち、(イ)地上未分離果実に対し、土地と離れて独立に、強制執行をなし得ることが、制定法において承認されていることにおいて(民訴法第五六八条)。(ロ)判例法によって、立木・未分離果実・桑葉について独立の所有権の移転をなすことが是認されていることにおいて。(16)

(11)　O. Gierke, *DPR*, II, S. 9, S. 40. このような意識は近代に至るまで残存し、プロイセンのALRはなおこの立場を維持していた。ALR, I-9-§ 98, § 327 f., I-20-§ 472 f., I-22-§ 199, 200, 243 f.

(12)　ただし、ローマ法では、建物その他の工作物についてはやはり独立の所有権が認められたのだといわれている。*Motive*, III, S. 48 参照。

(13)　民法修正案理由書第二四二条の説明。旧民法財産取得編第八条第二項(なお第一〇条・第一一条参照)。フランス民法第五五三条(Planiol, *Traité élém.*, vol. 1, n° 2524 et seq.)。――一般にわが国では第二四二条はそのように解釈されている(たとえば我妻栄『物権法』〔五六〕1(2))。

(14)　末弘博士の昭和一二年三月一日、大判(民集三一三頁)に対する評釈(判民二三頁)。事件は稲苗に関することを注意すべきである。その理由として、「稲苗の耕作はそれ自身が目的であって、土地使用は寧ろ其手段に過ぎないから、此場合稲苗を土地に従として附合したものと考えるのは不合理である。」と構成されている。

(15)　かつて私が「附合」についてのべたことは、これと異っている(昭和六年判民一〇三頁)。そこでは、あまりに近代法の典型的な構造にとらわれていたと考える。――なおゲルマン法においても古くは果実が"verdientes Gut"となったときから、土地から未分離のままで独立の動産として扱われたといわれている(O. Gierke, *DPR*, II, S. 9)。

(16)　この点については我妻栄『物権法』〔一二六〕〔一二七〕を見よ。

三　物の集合

一物一権主義の他の側面は、独立の物権の客体たり得べき物の集合の上には別の独立の物権が存在しない、という原理である。

前にものべたように、商品所有権の内容は単なる交換価値の一定量であり、それはこのような量的差異のほかには質的な個性を有しない。「利用」の面においては、物は他の物と一定の有機的結合関係に立つが、交換価値の担い手としては、このような具体的結合から無関係な抽象的な・そのゆえに孤立的な存在でしかない。かくして物が交換の客体としての性質をそなえることによって、それらの物を構成部分とする物の集合は崩壊せざるを得ぬのである。ゲルマン法においては古くから、一つ一つの物に対する支配と、それらの物の集合全体に対する支配とが(すなわちギールケのことばによれば Vielheit と Einheit とが)、矛盾なく同時に有機的に結合調和して存在し得た。しかし、これは、物がそれぞれの利用価値において特定の関係において支配の客体たり得たことに基くのである。しかるに、物が交換価値において全面的に支配の客体となるときには、その支配の存在は、それらの物の集合全体に対する支配とは両立し得ない。集合物全体に対する支配を承認することは、当然に個々の物に対する支配の制限としてあらわれる。このゆえに、所有権をもっぱら交換価値支配権として把握する近代法は、物の集合全体に対する独自の所有権を承認することに対し、はなはだ遠慮がちである。ドイツ民法第一草案は、ロマニスト理論にしたがい徹底した一物一権主義、集合物所有権の否認の原則の上に立っていたのであり、ギールケの強い反対にもかかわらずその原則は現行ドイツ民法典においてもかえられていない。そのような根本原則の上においては、物の集合はただ「主物・従物」という独立物のアトミスティッシュな構成をゆるすのみである。したがってドイツ民法第一草案を承継したわが民法も集合物を規定することなく、ただ「主物・従物」を規定するのみである。しかし、それにもかかわらず集合物は現代においては新しい意味において、重要性をもつに至っている。したがって、つぎに集合物と主物・従物とについて説明を加えることにする。

(1)　集合物 Gesamtsache

法的意味における集合物とは、「個々の物がその独自的な存在性を失うことなくして、しかもそれらの物の全体が独立の権利の客体たるがごとき一団の物」である。すなわち、集合物においては、まずその複数の物の全体の上に一つの統一的な独立の物権が存在するとともに、同時にそれを組成する個々の物がそれぞれ個性を失うことなくして別の物権の客体となっているという関係が存在する。ギールケのことばによれば、Einheit と Vielheit とが、そこでは互いに矛盾することなく同時に存在しているのである。ところで、個々の物の集合をこのような統一体たらしめるモメントは何であるか。それは、諸々の構成物の間の継続的な経済的関連のゆえに成り立つところの統一である。この継続的な経済的関連は、古代ゲルマン法においては物の現実的利用におけるそれであった。だからそこでは、全体に対する支配は、個々の物に対する支配を超越した観念的全体に対するところのものでなくして、——物権が常に客体に対する包括的全部的支配である場合には(ローマ)、別の統一的支配の客体としての集合物は、それを構成する具体的物の現実的存在を超越した観念的全体(universitas)である——、なお現実的な総体に対するところのものであり、これは、まさに人法の領域におけるゲノッセンシャフトに該当するところのものであった[17]。しかし、近代法において集合物を成り立たしめる「継続的な経済的関連」は、物の現実的利用には存し得ない。交換価値を客体とする近代的所有権の自由、その Atomismus は、むしろこのような「利用」に由来する物の拘束の打破をこそ本来的の内容としたのである[18]。いうまでもなく、利用の面において経済的に全体として一つの統一を構成する諸々の物は数多く存在する(企業)。しかし、それらの物は同時に交換価値の客体なのであり、それらの処分、それらに対する強制執行が自由になされ得ることが、その所有者自体のため(彼はそのことによってそこからより多くの金融を抽きだし得る)また第三者のために同時に要請されているのである。学者は、集合物の例として通常図書館の本全体、商店の商品全体、一群の家畜などをあげる。しかし近代法においては、これらの物の統一性それ自体がそのまま現実に集合物たるのではない。所有者がそれを所有しているという静的状態においては、その交換価値は潜在的に存在するのであり、したがってその集合物の統一性も法の世界における現実的のものとならないで、事実的のものたるにすぎない。所有者がその統一性を破壊してその組織物を分離し処分すると否とは、個々の物に対する彼の所有権の行使にゆだねられている。だから近代法は(民法も)これらのものをそのまま集合物としては規定しないのである。しかし、集合物の交換価値が現実的のものとなるときに、この過程に媒介されて集合物の統一的存在が法の世界において現実的のものとなる。[19]換言すれば、このような近代的集合物は、できるだけ大きな交換価値を物からひきだすことによって金融上の利益を得んがために、つくりだされた。活動しつつある企業全体が、その生みだす利潤の基礎の上に有するところの交換価値は、それを組成する個々の物の交換の単なる算術的総和よりも大であるのを通常とするのであり、この価値を担保とすることによってそこから資本をひきだすことは、資本制経済のもっともつよく要請するところであった。諸々の財団抵当制度[20]は、まさにこのような交換価値に基く物の関連の基礎の上に立つものであり、近代的な集合物の典型である。これらの財団抵当にあっては、集合物に対する物権の存在によって、集合物を組成する物に対する個別的所有権はその独自性をうばわれるとともに(譲渡・差押の制限)、また新たに組成物となった物に対しても財団抵当権の支配が及ぶことによって集合物は権利客体としての統一性を保持するのであり、このような場合にはじめて正当に、法的な「集合物」の存在が認め得られるのである。そこではじめて、個々の物に対する所有権と集合物に対する所有権とが、二重関係に立つのであることは、前にのべたゲルマン法上の集合物と同じであるが、ここでは個々の組成物に対する所有権の客体が交換価値としての観念的存在であると同時に集合物に対する所有権の客体もまた交換価値としての観念的存在であることにおいて、この二つの重畳的な所有権はゲルマン法の集合物の支配関係とはことなるのであり、したがって人法的世界において原理的にこれに照応するものを求めるならば、それはゲノッセンシャフトではなくしてむしろ近代的株式会社だと言われねばならない。

要するに、近代法における集合物を成り立たしめるモメントは、その組成物の間における交換価値的関連であり、まさにこの点に集合物の近代的性格が存在する。物は交換価値のゆえに孤立し独立しながら、またかかる独立の基礎の上において、交換価値のゆえに、その反対物たる集合物へと発展したのであり、このような近代的所有権の発展は、交換価値そのものの表現且つ発展にほかならないのである。

(17)　O. Gierke, *Genoss. R.*, II, S. 63. なお *Motive*, III, S. 28 参照。

(18)　だから近代法においては、集合物が、図書館の本全体のような「利用」上の統一体であるか、商店の商品全体のような「利用」上全く相互に関連のない、ただ「商品」としてのみ関連を有する統一体であるかは、本質的に意義を有しないのである。

(19)　集合物の、このような総体としての交換価値をつくりだす経済的基礎は、集合物が全体として有する有機的な経済的効用である。しかし、それは単なる利用価値上のものではなくして、その全体の有機的構成が生ずるところの収益、そうして集合物の「資本」としての交換価値の計算の基礎となるところの「利潤」としての収益なのである。

(20)　工場財団抵当(工場抵当法)・鉱業財団抵当(鉱業抵当法)・鉄道財団抵当(軌道抵当法)・軌道財団抵当(軌道ノ抵当ニ関スル法律)・運河財団抵当(運河法)・漁業財団抵当(漁業財団抵当法)・自動車交通事業財団抵当(自動車交通事業法)。これらについての概要は、我妻栄『担保物権法』(一九三二)を見よ。

(2)　主物・従物(21)

従物とは、独立の物権の客体たる資格を失わないで、しかも他の物(主物)の経済的効用を果すためにこれと空間的にも結合されているものである。近世に至るまでは、従物と物の構成部分とは区別されなかった。それは、物的支配が「利用」にあったときには物の部分に対しても独立の物権を承認することになるゆえ、従物と構成部分とを区別する実質的意義を欠いていた、ということに基く。この両者の区別は、近代法において所有権が物の交換価値を把握することにより物の構成部分が全く独立の所有権の客体でなくなったことによって、可能且つ必然となったものであり、この意味において、従物は、近代法における歴史的存在なのである。(22)

主物・従物は、ともに独立の物権の客体でありながらしかもその間に経済的結合が存する点において「物の集合」の一つの場合であるが、両者の結合のしかたが両者の総和をこえた独立の統一物をつくりだすようなものでなく、そこでは主物の存在が支配的である(ギールケは、集合物がゲノッセンシャフト的なるに対し、これを支配的団体herrschaftlicher Verband的のものとして特徴づけている)点において、集合物とことなっている。しかし、このような差異にもかかわらず、近代法においては主物と従物とのこのような経済的結合関係、その統一性は、物の交換価値を媒介としてのみ法の世界において現実的となるのであることは、集合物とことなるところはないのである。

主物・従物の法的構造はつぎのごとくである。すなわち、(イ)集合物におけると同じように、ここでも、主物・従物はともに独立の所有権の客体となる、(ロ)しかし、主物の右のような支配的地位のゆえに、この両者間の経済的関連は、主物そのものの法的運命の中に包括されてしまう(「従物ハ主物ノ処分ニ随フ」第八七条第二項)。この関係は、あたかもherrschaftlicher Verband(ギールケのいわゆる)においてその支配者がその団体の運命を決し、したがって外部に対しては一応支配者個人が前面に登場することに(たとえば、家父長制のもとにおける家長)、類比せしめ得られるであろう。しかし、ここで注意すべきことは、両者の交換価値支配権としての独立性のゆえに、ここでも両者間の利用の上の経済的関連は、それ自体としてそのままでは当然に従物に対する所有権を法的には拘束しない。すなわち、所有者がそれを所有しているという静的状態においては、その交換価値は潜在的に存在するのであり、主物・従物の統一もまた、潜在的でしかない。所有者はその統一を破壊して主物・従物のいずれかのみを処分することも可能である。また、処分を媒介とする交換価値の実現によって「従物ハ主物ノ処分ニ随フ」という原則が一応妥当するが、これも所有者の反対の意思表示を妨げる——無効ならしめる——力はない。しかし、主物・従物が全く交換価値そのものとして登場するときには、両者の結合は法の世界においても現実的とならねばならない。かくして主物・従物の結合は、抵当権の客体たる場合或いは金銭債権に基く強制執行の客体たる場合に法的にもっとも現実的且つ確実なものとなるのである(第三七〇条)。したがって主物と従物との法律上の運命共同性は、しばしば説かれるようにその主体者の意思の推測というような点に由来するのではなくして、両者の客観的な関連性に由来するのである(このことを特に強調されたのは我妻教授である)[23]。かくして、主物・従物なる法的構成そのものが近代的のものであるとともに、それを成り立たしめるモメントもまた近代法に特殊的のものであることになる。すなわち、主物・従物の結合をして統一体たらしむる真のモメントは、両者間の「利用」上の関連ではない。なるほど主物・従物は「利用」上の関連によって成立する。しかし、そのままではその統一は法律上現実のものではない。そのような「利用」上の統一は、交換価値上の統一をつくりだす基礎として意義を有するのであり、主物・従物の統一はこの交換価値の現実化を媒介として法の世界において現実的存在に転化する。要するに近代法の主物・従物は、交換価値上の統一の上に基礎づけられて存在する点において、且つ集合物と分化対立する点において、ゲルマン法のそれとことなるのである。従物においても集合物においても、交換価値によって所有権の客体が単一性を要請されながら、同時にまた結合を要請される、ということは、矛盾であるように見える。しかしこの矛盾は、交換価値そのものの中に内在するところの宿命にほかならぬのであり、所有権の客体における右のごとき対立は交換価値そのものの内面的必然性に基くものである。

(21)　従物について古典的価値をもつ文献——Kohler, Zur Lehre von den Pertinenzen, *Jherings Jahrbücher*, Bd. 26, S. 1 f.

(22)　ゲルマン法においても(中世は勿論古代においても)「交換」が全くなかったわけではない。しかしそれは、きわめてわずかの範囲で行われたにとどまり、全経済的社会的機構にとって決定的な意義をもち得なかったのである。だからそこでは物の交換価値は利用価値を克服しない。そこでの従物の問題は、構成部分のそれと同じく利用上の関連・結合をどの範囲において維持すべきかという点のみに存していたのである。

(23)　我妻栄「抵当権と従物の関係について」(『法協五十周年記念論文集』)参照。

(3)　特別財産(財団)

つぎに問題となるのは、積極・消極の財産よりなる財産上の単一体である(特別財産或いは財団 Sondervermögen, Vermögen とよばれる)。それは法律上一つの単一体を形成するか。まず、ここでも注意されねばならぬのは、経済的に単一体を形成する財団が必ずしも常に近代法において法律上の単一体を形成していないということである。たとえば、商人の営業財産(積極・消極の)、農家の土地や農具や牛馬とともにその負債などの全体は、必ずしも常に法の世界において単一体として構成されてはいない。それはいうまでもなくつぎのごとき理由に基く。すなわち、このような財産における単一性は、その主体者の単一性によって与えられている。しかもこの主体者は、自由な取引の主体として自由な所有権と自由な契約との主体であり、したがって、財団の統一性はただこの主体者の自由に委ねられているのであり、それを拘束するものであり得ない。主体による統一以上の財団の客観的な統一は、この主体者の自由と矛盾する。換言すれば、単なる「利用」上の統一は、特別財団の法的統一をつくりださない。法律が経済上の特別財団を必ずしもすべての法律上の単一体としないのは、決して立法者が「不当にも」特別財団の存在を無視したからではないのである。だが一定の条件のもとにおいては、このような主体による統一の原則は破られる。

第一は、一つの主体に、二つ以上の財団が帰属する場合において、その一つの財団が、その財団固有の債権の執行の客体となるときである。この状態においては、その財団の統一は、もはや単なる「利用」の上の統一ではなく、責任財産に対する債権の Zugriffsmacht においての統一、すなわち財団の「交換価値」における統一である。それは、もはや主体者の「自由」の基礎の上における統一によっては与えられない。否、それを拘束するところの客観的な統一でなければならない。ここにおいて、財団は法律上の単一体として登場する。限定承認や財産分離の場合における相続財産、破産財産などは、このような意義をもつ。一つの特別財団が、主体者の他の財産から分別されて一つの単一体として構成されるということは、それが、あたかも別の主体者に属するかのごとく取扱われることを意味する。このことに関してつぎの二つのことを、注意しなければならない。(i)特別財団の法的単一性ということは、単に執行の過程におけるこのような法主体性の統一の分裂の問題であり、決して、これによって新たな一つの権利をつくりだすことではない。したがって、ここでは、財団は一つの統一的な権利客体すなわち一つの「物」となるわけではない。(ii)しかし、このような主体性の統一の分裂はここではまだ新しい法主体者をつくりださない。ここでは財団は、一つの独立の法主体に属するかのごとくに取扱われるだけである。[24] なるほど、ここでは財産関係は、従前の主体とは別の独立の主体の関係としてあらわれるから、実質的には、その財団は一つの特別の法主体――「法人」――の客体なるかのごとくである。[25] にもかかわらず法律は、ここでは財団法人を構成していない。だが、これは、立法者が不明にも問題を十分に理解しなかったことから生じた過誤・誤謬だと見るべきではない。このことについては、さらにのちに至って触れることとする。

財団が法律上の単一体となる第二の場合は、その財団が頻繁な取引流通の世界においてその存在意義をもつ場合である。商人の営業財団・会社の企業財団・ある特定の目的にささげられ運営される財団（いわゆる「目的財産」）などはその例である。ここでも財団を法律上の単一体に転化せしめるモメントは、その「利用」上の単一性でなく、それが商品交換の世界においてもつ単一性である。ここでも、財団の統一性は、決してその主体にとって重要であるのみでなく、むしろそれと交流する多数第三者にとって重要なのであり(特に財団の債務とそれを負担する財団の積極財産との不可分の結合)、それはもはや主体者の単一性による統一によっては保障され得ぬのであり、主体者の「自由」に対立する客観的な統一が要請される。そうしてここでもまた、いうまでもなく、一つの「物」が構成されるのでなく、ただ主体者の統一の分裂があるのみである。だが、ここでは、この主体者の統一の分裂の結果、新たな法主体者がつくりだされることが多い。その極致は「法人」(会社・財団法人)である。近代法の技術的概念としての「法人」は、商品交換の当事者としての適格性たる「個人的」性質を有するところの、「個人法的」関係の主体たるところの(私のいわゆる「擬制説型」の法人たるところの)、特殊＝近代的な現象であり、[26]したがって、ここで問題としているような類型の財団が「法人」化すること――正確にいえば、特定の法人の客体となること――はきわめて自然的のことであるといわれ得るのである。

(24)　加藤正治『破産法論』(六〇頁)。
(25)　兼子教授は、破産財団を「法人」として概念構成すべしと提唱されている。「破産財団の主体性」(兼子一『民事法研究』四二一頁以下、法協五八巻七・八号)。なお、同論文は、数少い(特にわが国において)「財団」研究の中でもっともすぐれたものであることを付言する。
(26)　川島「経済統制法と民法」(国家学会五七巻一号一四五頁以下)。

同時に、さきにのべたような第一類型の財団が法人化しないことの理由も、「法人」のこのような性質から説明され得る。特に頻繁な取引流通の過程におかれるのでない財団は、「法人」化される必要がない。また、財団の単一的取扱が「執行」というような一時的な必要に出ずる場合には、独立の「法人」を設定する必要はない。そこではただ、財団の単一性を保持するような諸々の法律関係が具体的に保障されればそれで足るのである。

四　貨　幣

一つの「物」であるところの貨幣は、その特別の性質のゆえに、物権の客体として他の諸々の商品とことなる全く特殊の法的性質を有する。

いうまでもなく貨幣は、商品の価値規準として流通手段であり且つその一変形であるところの支配手段であり、貨幣としては純粋の交換価値以外の何ものでもない(27)。貨幣の利用価値は、それを交換価値として機能させることにほかならない。したがって、貨幣たる「物」は、すべてただ一定量の交換価値の担い手として徹底的に等質的であり、その間には量的差異が存するのみであって質的差異は全く存せず、したがって「物」としては全く個性を欠いている。したがって、貨幣は有体的外観の下における全くの抽象的観念的存在である。かくして、商品中の商品であるところの貨幣において、「物」の近代的な社会的本質がもっとも極端化されてあらわれてくるのである。

貨幣のこのような特質のゆえに、それに対する物権はまたきわめて特殊なものとなる。貨幣は全くの交換価値なのであり、「物」としての特定の貨幣は、このような観念的抽象的等質的な交換価値にとっては偶然的非本質的なものでしかあり得ない。だから貨幣のみの「集合物」も「主物・従物」も存在の余地がない。したがって、貨幣に対する「支配」は近代法における物支配の一般的な歴史的型態であるところの「観念的所有権」をもってしてもなおかつ具体的現実的でありすぎるのである。たとえば、自分が「所有」――その本質は以下にのべるように特殊なものであるが、仮に一応こうよんでおく――していた貨幣が、法律上の理由なくして他人の手中にある場合に、自分がその貨幣に対する観念的所有に基いて物権的返還請求権を行使する、ということは全く不必要であり且つ不当である。貨幣支配権が客体の全くの抽象的な支配である以上、その貨幣の返還を要求する必要がないのみならず、貨幣がこの程度においても具体的支配に服するとすれば貨幣の流通性(その唯一の利用価値)ははなはだ阻害されざるを得ないからである。したがって、貨幣に対しては、近代的所有権一般の観念性でさえ現実的でありすぎることになる。かくして、貨幣に対する支配権は、物権一般の存在要件とされているところの客体の具体的特定性を欠かねばならぬのであり、観念的な交換価値の一定量の支配への権原 title という徹底的に観念的抽象的なものたらざるを得ないのである。貨幣所有は、このような徹底的観念性のゆえに、近代法の体系においてはつぎのような特有の現象型態において存在する。

第一に、貨幣所有が直接にその客体たる貨幣を支配し得べき状態は貨幣の占有がある場合に限られる。所有の客体たる貨幣がその所有者の占有中に存在しない場合には、所有者は右にのべたように物権的請求権を行使し得ないのであるから、貨幣所有は一定交換価値量の給付を目的とする債権として存在するほかはない。貨幣の占有または引渡債権という二つの型態は、近代法の体系においては全く対立的な相ことなれる関係であるにもかかわらず、貨幣にあってはそのことは本質的の意味を有せず、いずれも観念的な交換価値支配権の一応の現象型態にすぎないのである。

第二に、しかしまさにこのことによって、貨幣の現象型態の平面においては逆のことが存在することになる。すなわち貨幣の占有者は絶対に他人から物権的請求権によってはその占有貨幣をとりあげられないのであり、債権的にとりあげられる場合にもどの貨幣で給付してもよいのであるから、占有は常に当然に所有であることになる。貨幣においては無条件に「占有が権原となる」(la possession vaut titre)。したがって、物理的には動産であるところの貨幣についてはいわゆる「公信の原則」(のちにのべる)すらも適用する必要がない。わが民法第一九二条以下は金銭に適用する余地がないといわねばならない[28]。ところで、貨幣の所有(ここにいう意味での)の条件たる占有は、これまた貨幣の特質のゆえに常に現実の占有・直接占有でなければならない。けだし直接占有者がすなわち所有者である以上、さらに間接占有者が所有者であることはあり得ないのであり、間接占有者の地位は単なる引渡債権たるにとどまらざるを得ないからである。

かくして近代法における貨幣の地位はきわめて特殊なものとなる。貨幣の純粋に抽象的観念的性質のゆえに、かえって貨幣においては占有と所有とが統一され、もっとも現実的な権利関係を生ずるのであるが、しかもこの貨幣所有権の現実性はきわめて近代的のものである。というのは、現実的貨幣所有権の背後には、もっとも観念的な貨幣支配権が存在し、現実的所有権は引渡債権とともに、この観念的貨幣支配権の現象型態にすぎないからである。このことによって、貨幣は動産でありながらもはや単なる物権法的存在ではないことになるのであり、かくして近代法における物権と債権とを峻別対立せしめた根本的モメントたる交換価値は、最後に貨幣において、この対立をふたたび解消せしめあらたな統一をもたらしているのである。(29)

(27)　貨幣は同時に、その貨幣たる物質の本来の性質に基いて、一定の利用価値を有することを、物理的にはやめはしない。原始時代以来貨幣は同時に利用価値をある程度現実にもっていた。しかし、近代経済においては、貨幣は交換価値として独立し抽象され、利用価値に転換すること(たとえば鋳つぶしたり、かざりにしたりすること)はあるべからざる変形だとされるようになっている。ここでは勿論このような貨幣を問題とする。

(28)　ドイツ民法第九三五条第二項は、盗品・遺失物に対する動産即時取得原則の制限を規定し、あわせて、それが金銭および有価証券に適用なき旨を規定している。

(29)　貨幣に関する文献——末川博「貨幣とその所有権」(『所有権・契約その他の研究』三八頁以下)、Max Kaser, Das Geld im Sachenrecht, *Arch. f. civ. Pr.*, Bd. 23(NF), S. 1 f.; F. A. Mann, *The legal aspect of money*, 1938.

4　所有権主体の統一性

一物一権主義が、客体的物的側面における・交換価値支配権の現象型態であったのと相対立して、主体的人的側面における・交換価値支配権の現象型態もまた一つの統一性単一性をその本質とする。物が具体的な利用の秩序から解放され交換の客体として孤立するに至ったこと(第二章参照)は、その主体者の側面において、同時に独立と孤立とをもたらさざるを得なかった。それは二つの意味においてである。第一には、前近代的社会の法の体系においては客体そのものの有する物的秩序(物と物との秩序)の拘束は同時にその主体者に対する拘束としてあらわれたのであり、したがってそのような物的拘束からの解放(これについては前述した)がそのまま主体者への拘束を排除した、という意味において。第二には、前近代的社会の法においては、主体者の側においても人的秩序(人と人との秩序)の拘束が存し、これが物的支配の内容そのものへみずからを投影していたのであったが、近代法においてはこのような人的拘束も崩壊せざるを得なかった(その結果、物権主体者を孤立せしめ独立せしめた)、という意味において。この後者がここでの課題となるのである。

このことは、すでに近代的所有権の第一次の主体者たる個人の法主体性において明確にあらわれている。商品所有権の主体者、したがってまた「交換」の動的対立的当事者としての本質を有する近代の人間 Mensch は、そのゆえに自由な完全な孤立した法的人格者 Person として構成されねばならなかった(民法第一条ノ三)。[30] そうして近代的な法的人格の確立は同時に他面においては諸々の協同体の崩壊という事実にほかならないのである。このような、法主体者の地位一般に関する問題は、もとより本論の範囲外である。ここでは、ただ、このような法主体性における個別化が物権主体者としてあらわれる面のみを問題とすることにとどめなければならない。

このような近代的法人格が所有権の主体者としての面においてあらわれるとき、「一つの所有権の主体はただ一人でなければならぬ」という、一物一権主義の主体者的表現(仮に、これを一人一権主義と名づけ得よう)が必然的となる。経済的社会的秩序が主として利用の上に基礎づけられていたときには、協同体としての多数者が物に対する共同支配の主体者であり得たのであり、そこではギールケの描いているように協同体(部落・家)としての統一性Einheitとその構成者(部落民・家族員)の多数性Vielheitとは矛盾なく同一平面に存在し得た。そこでは協同体の人法的関係は同時に物的支配関係(利用関係)そのものの内容を決定したのであり、かくしてその協同体の内部秩序が多数者の物的利用を秩序づけたのである。しかるに、物が「交換」の客体となると、各人が交換価値の独占的支配者として互いに対立しあうことが要求されるのであり、右のような協同体関係は、このような「交換」の要請と矛盾せざるを得ない。すなわち、右の協同体関係の下においては、「交換」はそのような協同体的拘束の下においてその多数者の共同的関係によって行われねばならぬことになるが、このことは「交換」を困難ならしめ、また「交換」の社会的且つ法的関係を複雑化せざるを得ぬことになる。「交換」の上に基礎づけられる社会は、協同体の物的支配を何らかのしかたで、単一主体の支配に転換しなければならない。このことは必然的に多くの協同体(部落・家など)的法秩序の崩壊へとみちびいた。このようにして、近代法は一権一人主義の原理の上に立ち、団体的共同所有型態に対し反感を示すと同時に、きわめて特殊な近代的共同所有型態をつくりだしたのであり、まさにそのような近代的要求に対しロマニスト的な物権の構成が恰好のモデルを提供したのである。問題となる主要な共同所有型態を概観しよう。

(30)　川島「民法における人の権利能力」(『杉山教授還暦祝賀記念論文集』)参照。

一　総有 Gesamteigentum

団体的所有の一型態としての総有なる概念は、ゲルマン社会の法現象について一七世紀以来ゲルマニストがつくりあげたところのものであり、ことに「合有」(つぎにのべる)に対する対立概念としての「総有」はゲルマニストBeselerにはじまる。しかし、いうまでもなく「総有」なる現象そのものは古くからゲルマン社会に存したのであり、またほかの民族においてもおそらくあまねく存したであろうところの所有型態である。総有とは、ゲノッセンシャフト的団体の内部法的秩序により、団体とその構成員とに共同に属するところの団体法的所有である。総有においては、団体員(たとえば部落民)が団体員としての地位に基いてみずから物的支配(利用)をなし得るとともに、同時にそれは、またその団体が団体として物的支配をなし得ることの反射なのである。ことばをかえて言うならば、そこでは団体はそれ自体としての独立的存在であり、一人一人の団体員の交替にもかかわらず団体そのものは同一性を保持しており、団体員の物的支配は、団体員としての彼の団体法的地位に基いて、この独自的存在者たる団体の支配への参与である。したがって団体員は「持分」を有しない。これは、ギールケが Vielheit と Einheit との矛盾なき結合・調和として特色づけているところの関係であり、団体の人法的関係が、同時にその客体的側面においてはすなわち物の共同所有関係としてあらわれるのである。

いうまでもなく総有関係のこのような団体法的拘束は、その支配の客体をして「交換」の客体たるに不適当なものたらしめる。あらゆる物を交換価値の担い手たらしめることを理想とする近代社会は、総有を個人法的所有へ転換することを必然的ならしめた。わが国においてはそれはつぎのような二つのしかたにおいて実現された。第一には、総有地を総有団体構成員に分割することによって。わが国においても政府当局の指令・推奨に基いて明治以来大正年間にかけて多くの入会地が分割された。入会地が一たび分割されて近代的な個人所有権となると、多くの場合にそれは間もなく処分されて貨幣価値に転換されることにより資本を有する者の手に集中した。この旧入会地の所有の集中は、(i)地主にあっては封建的ないし半封建的小作関係を維持する強力な基礎となっており、(ii)また多くの貧窮農家の燃料の独占により彼らの生活の死命を制し、その結果、薪炭材の販売における巨額の独占利潤の獲得を可能ならしめている。第二には、総有団体が近代法的な法人格を取得し、総有地がその法人の所有となることによって。わが国においては、明治初年に、ゲノッセンシャフト的な部落は近代法的な法人格(個人と同質的な取引主体性)を有する・より大きな「村」に吸収改編され、総有地がこのような村の「所有」に帰したことも少くない。この場合には、総有地は近代法的主体の有する近代的所有権としての一面を取得する。またある場合には、従前の総有団体たる部落がそのまま「区」としてこれを所有した（ただし登記簿上の表示においては、区が単独の土地所有者たることもあり、また或いは区の代表者数名数十名の共有とされることもある）。勿論実質的に入会慣行が継続するかぎり部落内部の団体法の平面においてはなお総有関係が継続するわけであるが、団体外への関係においては、一応これらの個人法的所有関係が形式的には妥当し、したがって右の前者の型態においては総有的利用は個人的包括的「所有権」（村の）に対する部落団体の他物権としての「構成」をもたざるを得なくなり、総有地の利用とその地盤の所有（交換価値）との分裂を必然的ならしめる。わが国の農業社会・経済の特殊性は、明治の立法者をして「入会」なる総有型態を近代法典中に残存せしめるに至ったが[31]、近代法的ドグマティクによっては理解し得られぬところの入会は、民法典中のわずかの形骸的断片的規定の中に、その豊富な内容を暗示せざるを得ぬ運命におちいったのである[32]。

（31）　同様の現象は、スイス民法第六九九条、中華民国第七九〇条第二項。

（32）　入会に関する主要な文献――中田薫「明治初年の入会権」（国家学会四〇巻二―五号）、同「徳川時代に於ける山年貢の性質」（国家学会二一巻一一号）、同「徳川時代に於ける村の人格」（国家学会三四巻八号）、同「明治初年に於ける村の人格」（国家学会四一巻一〇―一二号）（以上すべて『法制史論集』第二巻に採録）、石田文次郎『土地総有権史論』、戒能通孝『入会の研究』。

二　合有（合手的所有）Eigentum zur gesamten Hand

合有の起源は、古代ゲルマン社会の、家長死亡の後における、家産に対する共同相続人の団体的所有だといわれる。それは合有の本質的特徴をもっともあきらかに示している。そこに見られるように、合有とは数人が一つの協同体 Gemeinschaft を構成し、そのような協同体の人法的関係の反射として構成員が全体として（手をつないで Zur gesamten Hand)有するところの物的支配の型態である。合有 Eigentum zur gesamten Hand は、合手的協同体 Gemeinschaft zur gesamten Hand の物的客体的側面であり、したがって、合有の内容は、その主体的関係としての合手的団体関係によって決定される。このような団体法関係と物権法関係の不可分な統一は、総有におけるとことなるところはない。しかし合有においては、合有者の現実的総体をこえた統一としての団体は存しないのであり、合有者は常に多数者 Vielheit として「手をつないで」そのまま主体者なのである。したがって合有者はその客体に対して持分を有し、合有関係の消滅またはそれからの脱退の場合にはその持分が現実化して彼の個人的所有に転換する。この点において合有は総有と区別される。しかし、その持分は、合有関係存続中は、合手的団体そのものの単なる物的反射としての観念的存在にすぎず、したがって、それは団体関係そのものにほかならない。この点において、合有は、全く人法的関係との内面的連関結合を欠くところの、「物権」そのものたる持分を内容とする共有(のちにのべる)から、区別される。さらにまた、合有者は相互に仲間《ゲノッセ》的平等関係に立っており、合有は、外に対する関係においても内に対する関係においても、合有者全員を主体者とする。この点において、合有は、支配者的権力によって結合される団体の所有(つぎにのべる)から区別される。

合有は、物に対し団体的拘束の下に支配する型態であり、あらゆる物を「交換」の客体たらしめようとする近代的社会・経済の要求に矛盾する。したがって、近代法は一般に合有を冷遇する。わが民法は全く合有を規定していない。(33)ドイツ民法は、合手的協同体とともに合有を規定するが、わずかに夫婦財産制・共同相続関係・組合財産の三種類についてだけである。(34)しかるに一方この同じ合有関係が、近代法中もっとも近代的な商法において重要なる意義を認められている。すなわち、合有は、合名会社・合資会社(それらはドイツ法上「組合」の一類型と認められている(35))の所有型態として、すなわち近代的取引主体者の所有型態として、規定されている。しかし、このことは右にのべたことと矛盾するものではない。第一に、これらの合手的団体は近代的法人格を有しており[36]、したがって、それに内在するところの団体的拘束は一応交換の世界より退場し、のちにのべるように団体性は近代的法人格の個人性の背後に第二次的に存在しているにすぎない。第二に、それにもかかわらず、このような第二次的な団体内部法的な団体的拘束は、なおそれらの団体構成員の近代的法主体性に矛盾する。すなわち、経済的にいうならば、団体構成員はそれぞれ交換当事者なのであり(おそらく多くの場合には通常の人より以上に)、したがって団体関係において彼らが有する持分が団体的拘束のゆえに容易に交換価値すなわち資本に転換され得ない(商第七三条参照)ということは、近代経済とそれらの企業型態との矛盾にほかならない。この矛盾のゆえに、外部に対しても内部に対しても完全に一権一人主義的であるような近代的団体所有――そのような所有にしてはじめて完全に交換価値所有である――の型態が団体的所有の世界において内面的必然性をもって成立せざるを得なかった。これがすなわち、株式会社における・会社財産と株式所有とへの企業財産の分裂の現象である。――上にのべたような二つの意味において、合名会社・合資会社における合有は、合有の非近代性の例外ではないのである。

(33)　しかし、わが民法の組合財産に関する規定は、個人法的関係に還元され得ず、むしろ実質的には――起草者自身はそれを意識しないし、その結果形式的には「共有」として構成しているのであるが(第六六八条)――合有関係を認めているのである(第六七六条・第六七七条)。そこで、これを合有関係として解釈すべきことが説かれている(石田文次郎前掲、来栖三郎「共同相続財産に就いて」法協五六巻二・三・五・六号)。

(34)　ドイツ民法第一四三八条以下・第一四四二条以下・第四五八条以下・第一五一九条・第一五四九条・第二〇三二条以下・第七一八条。

(35)　ドイツ商法第一〇五条第二項。

(36)　ドイツ商法は、これらの合手的団体の近代的法人格を明言せず、ただ、これらの会社は「その商号のもとに」unter ihrer

Firma 法律行為を締結し得ると規定するにとどまっている(ドイツ商法第一二四条第二項)。そうしてこのような条文の字句に基いてドイツの学者は一般に合名会社・合資会社の法人格を否定するのであるが(O. Gierke, *DPR*, I. §80, Anm. 36 参照)、理論的には右の規定は法人格の承認たるに帰すると考える(強制執行法上も統一的法主体性を有する)。経済社会的に見ても、これらの団体は、その本来的な主体的 Vielheit を清算するのでなければ交換経済の世界において生存権をもち得ないのである。

三　権力的団体の所有

協同体の所有において、その構成員が合手的団体におけるように仲間《ゲノッセ》的平等関係に立たないで、その中の何びとかの支配的権力に服従することによってその協同体を存在せしめている場合には、その協同的所有は合手的所有とは異る法的関係をつくりだす。それがここでの問題である。ゲルマン法においては、その起源は、原始ゲルマン社会の家族協同体にあったと言われている。すなわち、そこでは家族は、家長の支配的権力 Munt に服従し統率されて一つの協同体を形成しつつ、家産を所有したのである。協同体の構成における権力者と服従者との分裂によって、その人法的および物権的関係(いうまでもなくこの二つの法関係は一つの統一的存在の異れる現象型態にほかならぬのであるが)は決定され、その協同体の、したがってその法関係の主体者は、まず第一次的にはその首長たる権力者であり、彼の権力に服従する他の構成員は、第二次的に彼をとおして間接に、その主体者であるにすぎない。このゆえに協同体ならびにその法関係を外に対しても内に対しても実現するのはその首長ただ一人である。内においては、団体関係は首長一人と権力服従者との対立的関係として存在し(この対立をとおして統一されていることは言うまでもない)、したがって、団体的所有もまた第一次には首長の支配として、第二次には首長との関係をとおして権力服従者の支配として存在する。また外に対しては、首長一人が全協同体の代表者として登場し、団体所有も首長の単独支配としてあらわれる。しかし権力服従者が首長に対し絶対的権利無能力者(たとえば奴隷)でないかぎり(もしそうであればそれはもはや協同体ではない)外部に対する首長の地位は常に協同体の(或いは協同体員全員の)代表者たる性質を有するのである。

いうまでもなく、各個人に交換主体者適格すなわち平等自由な権利能力を承認するところの近代法においては、このような協同体の存続は困難となる。したがって、近代法は家父長的家族団体を解体し、その構成員の一人一人を独立の権利主体者とせざるを得ない。このようにすることによってのみ経済構造の近代的様式への編成、すなわち家族労働による生産から契約労働による生産への転換が、可能になったからである。しかし他方において、経済的・社会的関係そのものがこのように近代化されない部分においては、近代法の右のごとき構成はその現実と矛盾することになる。[37] 明治民法起草者は、農民人口が国民人口の重要部分をしめていた事実を無視し得なかったので、民法全体の近代的財産制度とこのような家族団体とを調和しようとして、一種独特の「家族制度」と「家督相続」とを規定した。すなわち家族構成員はすべて完全な近代的権利能力者であり(第一条・第七四八条)、家産は家長(戸主)の個人財産となり家産としての法的拘束を失ったが、なお家督相続(単独相続)制度によって実質的には家産たる性質をある程度において保持しようとする。わが農村家族が近代的商品経済から全く遮断された別世界でないという事実により、民法上の「家族制度」は種々の困難に逢着した(民法親族編中改正の要綱・民法相続編中改正要綱はこの悩みを示している)。改正民法は「家族制度」を規定の上では廃止したが、現実の生活の中にはまだ強く家族制度が残っており、相続放棄をとおして長子相続制が行われている。なお権力服従者としての家内奉公人(商店の丁稚奉公人・作男・一部農村における半奴隷的奉公人)の「奉公」関係や、また権力服従関係としての小作関係(名子・被官)は、近代的な「雇傭」および賃貸借(他物権としての永小作)として規定されていることをつけ加えておく。

(37)　ドイツにおいても家父長的家族と近代的民法との遊離が嘆ぜられている。O. Gierke, *DPR*, I, S. 698, 699 ; Derselbe, Das deutsche Haus und der Entwurf eines bürgerlichen Gesetzbuches, *Jahresbericht XXXII der Berliner juristischen Gesellschaft*(ただし、この後の文献は参照し得なかった)。

四　共有 Miteigentum nach Bruchteilen

共有とは、一つの物に対する共同所有者が相互に人法的団体関係に立つことなく、純粋に物権関係の平面においてのみ共同関係に立つところの共同所有型態である。共有者相互の間には全く人法的関係を欠き、その結果として各共有者は全く自由な所有権を有し(単独に行使し得る)、ただそれが同一物に対し共同であることに基いて所有権行使に制限をうけるにとどまる。各共有者の物的支配権は「持分」とよばれ(第二五〇条)、その観念的構成については必ずしも説かれることが一致していないが、[38] その実質は自由な近代的所有権にほかならない。[39] 共有者は、何時でも持分を単独に(共同関係の拘束をうけることなくして)処分し得ると解されており、したがって共有持分は完全な商品所有権としての性格をもつ。しかし交換価値所有権の原則のもとにおいては、このような最小限度の共同関係もなお、本来は希望されない一時的の仮の状態としてしか認容されないのであり、「各共有者ハ何時ニテモ共有物ノ分割ヲ請求」し完全な個人所有権となることを得るのである(第二五六条)。民法は、共同所有型態としては、正面からはただ共有のみを規定しているのであり、それはまさしく近代法的な共同所有型態たるものである。

(38) O. Gierke, *DPR*, II, § 103, Anm. 39. 我妻栄『物権法』(〔六〇〕)参照。

(39) O. Gierke, *DPR*, II, S. 383.

五　法人的所有

交換価値的所有権への要請は、前にのべたごとく、一たび物を孤立化せしめながら、しかもふたたびその反対物であるところの集合物の成立を必然ならしめたように、物権主体者の側面においても一たび右にのべたごとく一人一権主義の確立をきたしながら、しかもふたたびその反対物であるところの団体的所有型態の成立を必然ならしめた。このことは合名会社・合資会社という近代的合有型態に関連してすでに触れられたのであったが、それらの型態はいわばその端初的のものであり、その典型的な成熟した型態ではない。したがって、ここで改めてこの問題を眺めることによって、近代的所有権の一つの重要な発展をあきらかにすることが必要となるのである。

資本制経済は、多額の資本に基く企業を必然的に要求するのであり、資本を中心とする多数者の結合すなわち資本＝企業の共同所有という現象は、その内在的要求に由来する。しかるに、このような団体的共同資本所有は、それが商品交換原理のいわば最尖端にあることのゆえにその所有の団体性にもかかわらず依然として個人的所有権の原理をはなれることはできない。したがって、この近代的個人所有権の原理と団体的企業所有との矛盾の解決は右にのべたような諸種の共同所有型態をもってしては不可能であり、近代型法人の典型たる株式会社型態によってはじめて可能となるのである。

このような交換主体者としての近代型法人は、右にのべた諸々の団体とはことなって構成員の多数者を超越する別の統一体であり、そこでは団体の Vielheit と Einheit とは全く二つの領域に分裂してしまっている。それは、外に対しては、その構成員の実質的多数をその統一的法人格の背後に追いやって、全く不可視のものとし、個人——それは「交換」当事者の典型的端初的抽象的存在である——と全く同じ資格において登場する。その取引界における関係は、だから、純粋の個人法関係にほかならない。と同時に、それは、その内部関係においても、構成員に対しあたかも別の一個人のごとく相対立し、団体関係はできるだけ個人法関係に接近せしめられ、資本に対する構成員の共同所有は全く自由な交換価値支配権としての株式という型態をとる。だから、団体構成員の団体的所有はきわめて少くしか団体的拘束をうけない。かくして、ここに交換価値を媒介としてふたたび団体の多数性と統一性との近代的な統一がもたらされたのである。団体の外と内との両面においてのこのような強い個人法的構造のゆえに、このような法人は正当に「擬制された個人」persona ficta と称せられ得る。[40] このような特殊＝近代法的な団体的所有型態の成立によって、そこで基礎となっているところの所有権の交換価値支配的性質がより一そう前面にあらわれることになった。会社の所有権はすでに、近代型法人格の抽象性のゆえに抽象的観念的存在であるが、そのことと相対応して株主の企業所有権もまた同じように抽象的観念的である。けだし株主の企業所有権は、going concern として浮動的な会社財産の・交換価値型態における一定割合を抽象的観念的に、株主たる地位をとおして間接に、支配する権利となっているからである。これに反し、総有においては団体の支配も団体員の支配もともに直接且つ現実的具体的である。このことにおいて、団体的所有のこの二つの型態の基礎をなすところの所有の対立的性質（利用と交換）を理解し得るのである。[41]

（40）　私はこのような近代型法人を「擬制説型法人」とよんでいる（川島「経済統制法と民法」国家学会五七巻一号一四六頁以下）。

（41）　したがって、株式会社という企業型態が、実質的に——ただ法律上の形式においてでなく——現実に成り立つためには、株式をとおしての・会社財産に対する株主の観念的間接的所有の意識、それと不可分な・それの人的主体的側面であるところの・構成員たる個々人とは別の団体 corporation としての会社の抽象的観念的な独立存在の意識、によって裏づけられねばならない。それは、結局においては、所有権の観念性の近代的な意識を基礎としていることは言うまでもなく、したがって、これが欠けている・もしくはまだ十分に確立していない社会においては、株式会社制度が制定法の上で規定されても、そうしてそれにしたがって形式上株式会社が設立されても、その現実の de facto の企業構造は株式会社とはなり得ない。その例、——わが国の某演劇映画興業会社においては、各重役がそれぞれ「手持ち」の役者・劇団などを個人的に所有しており（形式上、法律上は、それらの役者や劇団はその株式会社に直属しており、重役は株式会社の機関として彼らを使用するにすぎないのであるが）、甲という役者を出演させるためには、甲を人的に支配する（或いは人的に結びつく）特定の重役と交渉しその顔を立てねばならず（ほかの重役と交渉して決定されても事実上興行不可能）、またその出演の報酬はまずその特定の重役に手渡され彼が一定額を天引してその残額を役者等に手渡す（その後者の間に Hierarchie がある場合には、またその頭目に渡されて同様のプロセスをたどる)。なお、近代的な共同企業型態においては、人間関係が抽象的となっていること、封建的な具体的個人関係の存在は近代的企業型態と矛盾することが、右の事実にあらわれている。また、東洋のある国では、株式会社の各出資者は、自分が出資した金額だけは会社財産を自分の個人的意思によって——あたかも個人財産のごとくに——使えるものだと意識し、そのように行動しているとのことである。このような事情のあるところでは、会社の株式への投資は、会社経営に参与しないかぎり不安であるから、この点でも株式会社としての実質を欠いている。要するに、これらの実例においては、具体的な個人たる株主ないし重役を超越するところの、彼らとは別の独立の存在者たる抽象的人格(Person!)としての、近代的法人の意識が欠けているのである。

〔**参考文献**〕それぞれの所にかかげたもののほかには、——

O. Gierke, *Das deutsche Genossenschaftsrecht*, I, II(前出); Derselbe, *Deutsches Privatrecht*, I, II, 1905.

二　物権取引法

1　序説

われわれは、現代の経済をささえる重要なモメントとしての商品交換の出発点であるところの商品所有権についての分析を終えたのであるから、今やそのような商品所有権の基礎の上において行われるところの商品交換の過程そのものの法的構造の分析へ進まねばならない。

商品の交換は、契約、すなわち交換しあう両当事者の平等な地位およびそのような基礎の上における両当事者の合意という法的型態においてなされるのであり、その契約は、財産的価値——ここで問題となるのは、そうしてまた多くの場合には、所有権――の移転をその基本的終局的な目的・内容とする。だから、本節の課題は、「契約を通しての所有権の移転」の研究にほかならない。民法中には、商品を交換しあうのでないところの、単に一方当事者のみが相手方に利益を与える契約(無償契約)、が規定されている。この場合にも勿論、本節で問題とするところの「契約を通しての所有権の移転」が存在する。しかし、近代法においては、所有権の譲渡は「交換」の要素として存在するのが原則であり、近代法における所有権譲渡に関する法理の発達は、商品交換契約の要素としてはじめて必然的のものとなったのである。すなわち、高度の社会的分業の上に資本制経済の再生産が可能且つ必然となるその媒介物は、商品交換の過程であり、したがって商品交換の法的型態たる有償契約こそが資本制経済の再生産の構成体である。所有権譲渡は必然的に、きわめて頻繁に、きわめて広汎に、且つ互いに密接に関連しあって、行われることになるのであり、資本制的生産・再生産の支障なき運行は、契約そうして所有権譲渡の過程の円満なる運行の上に基礎づけられることになる。したがって、そこでの法の理想は、契約による所有権譲渡を容易且つ安全ならしめることに存するのであり、ことに諸経済主体の相互依存関係の度の高まるにしたがって、「取引の安全」は私法におけるもっとも指導的な原理とならざるを得なかった。このことから、近代法における、契約法および物権取引法上の多くの改革や新しい技術の発展が必然的となったのであり、さらにまた、物権取引法は全物権法におけるもっとも重要な問題の一つとなったのである。

ところで、ここに注意を要することは、各国における物権取引法の形成がひとしくこのような近代的要請を原動力としているにもかかわらず、それぞれの国の法の歴史的背景および経済発達の事情は、民法のほかの部分にも増して特にこの部分にいちじるしい影響を及ぼし、各国の物権取引法をしてそれぞれきわめて個性強きものとしていることである。これらの諸立法の中にあって、わが民法の物権取引法の規定ははなはだ貧弱且つ不完全であり、わが国の近代的取引の実際の要求に応ずるに足りない。その結果、それは解釈上多くの難問を惹起するに至り、民法全体を通じてもっとも学説および判例が活躍する舞台となっている。しかも、わが民法典は全体としてはドイツ民法第一草案にならっているのに、この部分ではフランス民法の立法主義にならっている。このことは、わが民法の社会的経済的地盤の歴史的性格に由来するのであり、われわれをしてドイツ民法の主義とフランス民法の主義との歴史的考察を不可避ならしめる。と同時に、物権取引法は同時に契約法と密接な内的関連をもっていることのゆえに、わが民法のそのような立法主義は契約法と物権法との関係をも決定することとなるのであり、その結果ひいてはわが民法全体のドイツ民法的構成に対し深刻な動揺を与えることとならざるを得ない。要するに、わが民法の物権取引法の規定は、このような特殊な構造をもつものであるため、民法中もっとも理解に困難な部分の一つとなっているのである。

2　物権取引の事実的過程とその法的構成の発展

一　まず、物権取引の事実的過程の考察から出発しよう。実定法の物権取引法のそれぞれの構成を必然的ならしめたところの、その基礎たる「生ける物権取引法」は、その事実的過程そのものの中にあるのであるから。

物権取引の行われる事実的過程は、つぎのごとくである。すなわち、経済的社会的には物権の移転のみが孤立してなされるということはなく、それは常に売買とか贈与とかいうような実質的原因を背後にもっているはずである。もっとも典型的な場合を描いてみるならば、物権取引は、まず当事者が代金と取引客体とについて協定して売買契約を締結し、これに基いて代金と目的物体とを交換する、という事実的過程をたどるのを常とする。ところで、この一連の事実的過程は、歴史の諸段階において種々の具体的な構造をもってあらわれた。それは、それをとりまく全経済的社会的機構の有機的一部分として特定の歴史的構造をもったのであり、またそれに対応するところの法的意識をつくりだした。特定の歴史的社会における物権取引法の実定法的構成はこのような客観的構造と主観的意識との綜合・統一の表現であり、近代各国法の規定もまたその例にもれるものではないのである。しかるに、近代の物権取引法の規定は同時にかなりの技術的性質を有しており、そこでは物権取引法はあたかも純粋の智能的考案によって合目的性の考慮から出発して創造されたのであるかのごとき外観を示している。しかし、それが技術的性質を有することは、決して、「技術」が、社会的経済的地盤やそれに対応する法的意識と無関係に、ただ恣意的に全く自由に、あれこれを選択して作られたことを示すものではない。むしろ、特定の技術の選択はただそのような歴史的基礎の上においてのみなされ得たのである。いな、そのような「技術」そのものが、それを必要とするに至ったところの一定の社会的経済的地盤の所産にほかならない。まず、簡単に近代的物権取引法に先だつところの諸々の歴史的型態を眺めることとしよう。

二　右にのべたような物権取引の過程には、常にその歴史的社会における人間の自然支配の根本的型態が基礎に横たわっており、ある物権取引は常にそれの一つの現象型態として存在する。このことをそのもっとも根元的な型態において一とおりあきらかにしておくこととする。

この根元的型態は古代法にある。古代法(ローマ法およびゲルマン法)においては、物権取引はその実質的原因 causa たる約束と、その実現たる・現実的な物支配の移転たる引渡と[1]によって完成された。所有権は引渡があってはじめて移転するのであり、causa は引渡によってその効力を完成する。そこでは、契約から引渡の完了に至るまでの一連の過程全体が、一つの現実的行為として存在意義を有する。すなわち、所有権譲渡行為そのものとその原因たる契約との二つの行為が存在するのではなくして、この二つのものは一つの売買の部分にすぎない。そこには一つの現実売買があるにすぎないのである。[2] このように、取引過程を一つの統一として形成するモメントは、その基礎にあるところの物的支配の「現実性」である。古代法においては、何らかのしかたで現実に物を支配していないかぎり権利は存在しないのであることは、前にのべたとおりであり、したがって、そのような権利を移転するためには必然的に現実的支配そのものを移転しなければならない。このような古代社会の構造が、他方では同時に観念的な債権関係の独自的存在を不可能ならしめるのであり、[3] そのゆえに、物的支配移転の過程において、「原因」たる契約関係が物権移転行為に対して独立の存在をもち得ないのであるが、このことによって同時に物権移転行為の独自的存在そのものもまた確立し得ない。かくして、ここに、統一的な・それ以上の分化をもたない・一つの現実的行為 Bargeschäft が必然となっているのである。[4] 売買(たとえば)がこのような客観的構造において存在するかぎり、また物権移転の事実的行為のみをとりだして独自の法的過程を観念する、というような主観的意識もまた生じ得ない。ただ一つの統一的な売買が、そうして、売買の効力としての物的支配の移転が、しかもこの物的支配の移転を核心とする売買が、一つの法的存在として意識されるにすぎないのである。

ところで、右にのべたような物権取引のいわば根元型態の基礎をなしていたところの所有権の現実性は、経済的社会的政治的発展とともに次第に弱いものとなり、所有権が観念的のものとなってきたことは、前章にのべたごとくである。そのことは、必然的に物権取引の法的構造と法的意識とを変化させずにはおかなかった。その近代法への発展の輪郭を素描するとつぎのごとくである。

第一に、所有権の現実性の薄弱化の結果として、所有権の移転における・現実的支配の移転なる要素の重要性もまた当然に少くなった。勿論、たちまちにして現実的支配が全くいらなくなるわけではない。もっとも現実的な支配の移転たる引渡に代ってより少く現実的な(しかしある程度においてはなお現実的な)支配の移転が必要とされていた。すなわち、移転される土地以外の場所での象徴的引渡、証書の作成交付、裁判所での公の契約 Auflassung、公の帳簿への記入、などがそれであり、そこでは、現実的支配のかわりに「方式」が物支配を現実化しているのである。これらの諸々の移転方式を通じて横たわる一貫した流れは、物的支配における現実的要素の退化である。そうして、このような発展のうちに、現実的引渡は所有権移転そのものとしての意義を失ってゆき、所有権移転にともなう別の事実的過程としてそれからはなれてゆくのである。

第二に、所有権の現実性の減少、観念的所有権への移行を促進したところの同じ社会的事情は、同時に債権関係の独立化をうながした。すなわち、主体者間の関係たる債権関係（非主体者間の関係においては債権でなくして人的支配関係が存するのであり、被支配者は「人間」ではなくして「自然」である）は、古くは物権関係たる「責任」Haftungと結合することによってのみその実効性を全からしめたのであったが、物権を観念化せしめた根本的モメントたる・人間存在の社会性の強度化は、主体者関係として本来的に一つの「社会的」関係たるところの債権関係をして独自の現実的存在たらしめ、且つそのことにより債権関係を物権関係としての「責任」との結合から解放した（実は「責任」との内面的結合によって媒介されることをとおして）。このことは、必然的に、また物権取引の法的構造における変化としてあらわれた。売買契約は、現実的な物的支配の移転と区別されるところの債権関係設定者として、独自の存在となり、物権取引の過程において前面にあらわれてくる。この方向への発展は、現実契約から要物契約へ、要物契約から信用契約への契約型態の発展と照応する。債権契約が次第に物権取引の重点を形成するに至る。そうして、この発展は、物権取引の法的構造のつぎのごとき注目すべき変化において結晶する。すなわち、所有権の移転が観念的であることによって、所有権移転の根元的モメントは観念的な契約そのものと合一し、かくして、物権取引の過程は、物権移転をみずからの中に含むところの債権契約をその核心とするに至るのである。換言すれば、物権取引の出発点であった物権そのものの観念化は、ここにおいて、物権取引の法的構造を現実行為的物権的のものから観念的債権的のものへと転化せしめたのである。かつての現実行為的物権取引とは逆に、ここでは債権関係が物権取引に対し決定的意義をもっており、それに対立する過程としての物権譲渡行為はもはや存しない。そうして、そのような客観的事実関係の上においては、法的意識もまた、売買契約のほかにはこれと対立する独立の物権譲渡行為を意識しないのである。

しかし、物権取引のこのような構造は、当然に、より高き発展へのモメントを含んでいる。債権関係の独立化は、「信用」の基礎の上にますます高度化し、信用契約 Kreditvertrag は次第に取引における普遍的型態となる。そのことによって契約は、後になされる「履行」たる物権移転から、事実的外形的にますます離れて独立化するとともに（その極致は清算取引）、物権移転行為もそれによって債権契約から離れた独自的存在となってゆき、かくして、物権取引は、債権契約と物権移転行為との相対立する独立の二個の過程に分裂する。これが現代のもっとも発達した経済取引の典型的な構造である。この客観的基礎の上においては、法意識もまた債権行為から独立した物権行為を観念するのであり、それのもっともあきらかな現象型態が近代私法における物権法と債権法との峻別・対立にほかならないのである。近代的法典たるフランス民法・ドイツ民法およびわが民法は、法のこのような発展の過程のそれぞれの地点に位置しているのであり、それの分析を通じてわが民法の問題への解答が得られるであろう。

（1）　いうまでもなくここに「引渡」というのはローマ法の技術的用語としての traditio のみでなく、「現実的な物支配の移転」たる実質を有するすべての行為を含む（たとえば mancipatio）。

（2）　Jörs-Kunkel, *Röm. R.*, 2. A., S. 127 f.; Brunner-Schwerin, *Deutsche Rechtsgeschichte*, 8. A., S. 197 f.——ただし O. Gierke, *DPR*, II, S. 268 は、債権的契約が現実的支配行為（Sala, Sale）に先行して別にあるのだと主張し、Lex Ribuaria, 60-1 を援用するが、Lex Rib. はゲルマン法としては相当発達した時代のものであり、且つかなり発達した社会の法であるローマ法の影響を

うけているものであって(久保正幡『リブアリア法典』二三頁参照)、古代ゲルマン法の根元的型態を示しているとは言いがたいのではないか。

(3)　いうまでもなく、古代社会にも債権債務の関係があったといわれる。しかし、そこでは、相互依存関係の弱さ、政治的中央権力の弱さのゆえに、当為としてのSchuldは、現実的強制(たとえば“Zugriffsmacht”)としての責任(Haftung)のモメントを欠き、法の世界におけるその存在性はいまだ確立していないのである。

(4)　古代ならびに中世において、いわゆる「抽象的な」物権移転行為すなわち原因行為causaから遮断された独立の物権移転行為があった、としばしば説かれている。ローマのmancipatioやゲルマン法のAuflassungがそれである。しかしこれらの行為は、近代法におけるいわゆる抽象的無因的行為と同視されてはならぬと考える。これらにあっては、その物権移転行為そのものが法の世界において自己完結的な存在をもっているのであって、それに先行する原因たる契約がそれとは別の独立の存在性を法の世界でもち得ない(或いは、微弱にしかもち得ない)ことの表現にほかならない。近代法における物権行為の無因性は、これとはことなり、観念的な債権行為の独自的存在を前提としてこれに対立するものであることは、後にのべるごとくである。

3　フランス民法およびドイツ民法

一　フランス民法[5]

フランス民法においては、所有権は「債権の効力として」移転され取得される。[6] 物を引渡す(所有権を移転する)債務は合意そのものによって完成され、引渡を必要としない。[7] このような構成をもつフランス民法の規定は、つぎのような歴史的性格をもつものである。

(1)　フランス民法が、物権移転に引渡を全く要求しないで、単に合意のみによってその効力を生ずるとしていること(いわゆる「意思主義」)は、いうまでもなく、所有権の観念性を反映するものであり、近代的社会の一つの所産である。元来その領域の大部分がローマ法の支配の下にあったフランスでは、ローマ法の引渡主義が支配したのであるが、所有権の観念性の成長とともに引渡なる要件は擬制されて、公証人の作成する取引証書中の「引渡済み」の条款の記載におきかえられていたのであり、code civil はこれを正面から承認したのであった。そうして、このことによって、逆に所有権移転行為が観念的な債権契約に吸収されて単にその効果として構成され意識されるに至ったのである。(8)したがって、フランス民法においては、債権契約から分化独立した物権取引行為は存在しない。前にのべたように、近代的な信用契約は、まだそこでは、制定法の構成の地盤となるほど成熟していなかったと見られねばならぬであろう。

(2)　しかし、同時にフランス民法は二つの点において、十分に近代的ではない。第一に、所有権譲渡の意思主義は不動産についてのみ存するにとどまっている。動産については「占有が権原とみなされる」というゲヴェーレ的「構成」が支配するのであり(フランス民法第二二七九条)(9)、したがって動産所有権については物権的請求権と占有訴権との分化が存在しないのである。(10)もっとも、後でのべるように、右の第二二七九条は結果的には動産取引における占有公信力の保護というもっとも近代的な要請を実現する手段となっているのであるが、それがこのようにゲヴェーレ的構成の上に基礎づけられていることは、動産所有権の・観念的権利としての未完成(少くとも法典における)——勿論、現代フランスの取引社会においては、近代的な観念的所有権が完全に確立しているはずであるが——を示すものではないであろうか。この点で、フランスの物権取引はまだ完全に近代的ではないと認められてよいであろう。第二に、不動産取引について、つぎのことが注目されるべきである。すなわち、不動産取引の法律問題の中心は、フランス民法では、いかにして当事者の間において所有権が移転するかという点にあり、近代的取引法における最大の理想たる「取引の安全」、物権取引の第三者に対する効力、第三者の保護、というような問題はほとんど考慮に入れられず、わずかに抵当権についてのみ登記(inscription)が「第三者への対抗要件」として規定されたにすぎなかった。これは、所有権譲渡が、全く当事者間の人的関係であるところの債権契約に包摂されて独立の存在を有しないことに対応するものである。所有権譲渡そのものについて一般に登記をもって第三者への対抗要件とすることは、コード・シヴィル制定後半世紀をまたねばならなかった(一八五五年三月二三日法)。[11] そうして、このような登記制度の下においても、物権取引の法的構造は本質的には変化はない。依然として不動産取引は、当事者間の個人的関係であり、それが第三者に対する関係において反射され、登記制度はただこの反射を一定の範囲で制限する、というふうに構成されているのである。

(5)　詳細は我妻栄『物権法』(〔一四〕)参照。

(6)　art. 711—La propriété des biens s'acquiert et se transmet par l'effet des obligations.——この obligations は conventions の意である。

(7)　art. 1138—L'obligation de livrer la chose est parfaite par le seul consentement des parties contractantes. Elle rend le créancier propriétaire……dès l'instant où elle a du être livré, encore que la tradition n'en ait point été faite. なお art. 1583 (vente), art. 638 (donation) 参照。

(8)　このことに対し、グローティウスやプーフェンドルフなどの自然法学者の理論が思想的支持ないし影響を与えたと言われている。すなわち、「占有は一つの事実であるから、それを移転するには事実的行為として引渡を必要とするが、純粋に観念的な性質を有するところの所有権を移転するには単なる観念的な合意で足る」というのである。Planiol, *Traité élémentaire*, I, n° 2594 参照。なお、イギリス法史におけるこの段階については、Max Rheinstein, *Die Struktur des vertraglichen Schuldverhältnisses im anglo-amerikanischen Recht*, 1932, S. 18 を見よ。

(9)　art. 2279—En fait de meubles la possession vaut titre.——この規定のゲヴェーレ的性格についてはのちに「公信の原則」を説くところでさらに立ち入ってのべることとする。

(10)　たとえば、Planiol-Ripert, *Traité élémentaire*, I, nº 2304 を見よ。action réelle と action possessoire の分裂・並存は、不動産についてのみ承認されているのである。もっとも、動産のこのような占有と所有との未分化な構成の上において、ローマ的な返還請求が承認され、占法の"Meubles n'ont pas de suite"という法格言には近代に至って par hypothèque なる限定が付されているのである。

(11)　フランス革命中に、まず抵当権について「登記」inscription の制度が、ついで不動産所有権について「謄記」transcription の制度が立法されたが、これらは近代的な取引安全の理想に導かれたものではなくして、むしろ「徴税」という革命政府の財政上の考慮に出ずるものであった（明治政府が、同じく徴税の一方策として近代的登記制度の創設をはかったことを想起せよ）。だから、謄記制度はコード・シヴィルにおいては後退してしまったのである。

二　ドイツ民法

そこでは、所有権は意思表示のみでは移転しない。動産にあっては、動産所有権移転を目的とする合意と引渡とが、不動産にあっては、裁判所における一定方式の意思表示（"Auflassung"）と登記とが、所有権譲渡（およびその他の一定の物権変動）の成立条件である（いわゆる形式主義）[12]。そして物権処分行為は、不動産については、Auflassung と登記という一連の行為において外形的事実的にも独立しており、且つ法律上も、原因たる債権契約から絶縁された無因的のものとして独立の存在となっている。このような構成をもつドイツ民法の規定は、つぎのような歴史的性格をもつものである。

(1)　ドイツ民法においては、所有権移転行為は「物権行為」・「物権契約」として債権契約から独立した存在となっている。このことが Auflassung においてはもっとも明確であることは、右にのべたごとくである[13]。しかし、このことは動産についても、はなはだ不確かにではあるが、存在する。ドイツ民法については、動産所有権譲渡の要件として、動産所有権の移転を目的とする合意と引渡とが要求されており、そうして、このような規定・構成とは、ドイツにおいて引渡が動産所有権移転の契約そのものとして意識されていたことを、「Auflassung と登記」という構成(すなわち意思表示と事実行為という結合)のアナロジーにおいて、観念的に構成することによって成立したものである。[14] したがって、この動産の物権行為は、本来「現実的物権」の基礎の上にあるところの法意識に由来するものなのであるが、しかもそれが、不動産の物権行為とアナロジーの関係におかれ独立化せしめられて、債権契約と対立せしめられている点において(このことは、動産の物権行為も、一応無因的のものとして意識されていることにおいて外形的にもあらわれている)[15]、やはり債権行為と物権行為との分化と対立とは存在するのである。これまさに、前にのべたように、物権取引の一つの近代的な構造――信用契約を典型とする――に照応する。近代的信用契約においては、債権契約は独立し、履行行為としての所有権移転は、時間的にもそれと離れた・特にそれを目的とする物権行為によってなされるのだからである。ドイツ民法におけるこのような物権行為の独立性の性格は、さらにつぎの点をとおして具体的に確立されなければならない。

(2)　ドイツ民法においては、所有権の譲渡は、意思表示のみによっては効力を生ぜず、登記または引渡をその成立要件とする。このことは、一見、所有権移転に現実的支配を必要としたところの古代法的状態への逆行であるかのごとくに見える。特に動産についての引渡の要求は、まさしくそう見えるであろう。しかし、ほんとうはそうではないのである。実はこのようなドイツ民法の規定は、系譜的には、現実的物権の基礎の上にあるゲルマン法の制度につながるものである。動産についての引渡という要件が、ゲルマン的な物権の現実性につながっていることについては、いまのべたとおりである。Auflassung と登記についてもこの点は同じである。官庁の関与による・一定方式の Auflassung または帳簿への記載(登記)という方法は、取引に対する官庁の後見的機能であったとともに、不動産所有権の現実性の緩和された型態の表現であったのである。そのことは、特に Auflassung が引渡にかわるものとして意識されたこと、[16] Auflassung が単なる物権契約ではなくして、原因としての債権契約から未分化の物権取引行為そのものであったこと、[17] 時には Auflassung が債権契約の方式として意識されていたこと、[18] などにあきらかにあらわれている。すなわち、近代以前のドイツでは、何らかの外形的現実的支配がうつらなければ所有権はうつらないという意識が支配したのであり、ドイツ民法の規定はこのような基礎の上にその片足をおいているのである。しかし、ドイツ民法はその片足を近代的な地盤の上においている。というのは、右のような伝統的な制度をうけついだドイツ民法典そのものは、一九世紀末における発達した資本制経済、そこにおいて確立されているところの観念的所有権、その必然の所産であるところの債権と物権との近代的な対立の基礎の上にあり、したがって、右のような伝統的制度は、この新しい条件の下において、全く新しい機能と構造とをもつに至ったからである。すなわち、登記と引渡とは、観念的な所有権の基礎の上においては、この観念的な・目にみえない権利を有形化することによって公示するという近代的な使命をもつこととなった。このことはまず、登記についてはきわめてあきらかである。登記という制度は、純粋に交換価値に対する支配権たる抵当権の発達と、土地の商品的流通とを媒介として、公示手段という近代的制度への転換をとげたのであった。[19] しかし、動産についても、立法者はあきらかに引渡を公示手段として意識していたのである。[20] このようにして、ドイツ民法は、当事者間における物権変動の要件を近代的な対第三者的な公示の手段に転換することによって、物権変動における当事者間の対内的関係と対外的関係とを統一し、ここに、「物権変動は対第三者関係において公示されないかぎり絶対に効力を生じない」というきわめて近代的な制度をつくりだしたのである。伝統的な慣行をそのまま近代的制度へ転換することができたという点にドイツ民法の立法技術の巧妙さがあるとともに、また逆に、そのような慣行の地盤があったということは立法者にとってまことに恵まれていたと言えるであろう。だから、ここに注意しなければならないことは、このような物権変動の現実性は、決してかの古代法のそれと同じではないということである。それは、かの古代法における物権変動の現実性が近代的所有権の観念性によって否定された上での、新たな「現実性」なのであり、したがってそれは観念的所有権と現実的公示との統一にほかならないのである。

⑶　旧来の制度のこのような近代的制度への転換の他の一つの要点は、物権行為特に Auflassung の「無因性」(或いは「抽象性」abstrakte Natur)に存する。所有権移転が有効に存在するのか否かは、ただ Auflassung が有効に行われたか否かのみによってきめられるのであり、この Auflassung の実質的原因たる債権契約の無効・取消によって何らの影響をうけないものとされ、原因 Causa から全く遮断されているのである。[21] この抽象性こそは、近代的 Auflassung とゲルマン法的 Auflassung とをわかつ重要な点である。本来、ゲルマン法的 Auflassung においては、債権契約と物権契約とは分化しておらず、Causa は Auflassung の一部分をなしていたのであり、Auflassung を Causa から遮断し、Auflassung の意思表示の内容をしてただ所有権移転そのもののみたらしめたところのはじめの法律は、プロイセンの一八七二年の法律であった。[22] すでに、Auflassung は、登記官吏の実質的審査の制度によって不安のないものとなっていたのであるが、この無因性によって一そう安定性の度を加えたのであり、人は、登記された権利の基礎の上に安んじて物権取引を重ねてゆくことができることとなったのである。ドイツ民法はこの制度を承継したのである。[23] ところで、ここに興味がふかいことは、Auflassung の無因性はすでに第一草案に対するギールケのゲルマニスト的反対論において批判されたが、その後ドイツ民法施行後においても、Auflassung の無因性がドイツ人の現実の法意識になじまず、あまりに法曹的、あまりに技術的だとして攻撃されるに至ったことである。この攻撃は、「法曹法たる BGB のかわりに民衆法をおきかえよ」というゲルマニスト的モットーをかかげるナチス政権の支配下においてますますつよいものとなった。或いは、将来においては、物権取引の抽象性は廃止されることになるかもしれないと思われる。では、何ゆえにプロイセン法やドイツ民法典が、物権行為の無因性を規定したのであろうか。物権取引過程の

社会学的構造からこの問題を少し立ち入って考えてみることにしよう。

まず注意すべきことは、物権行為ことにAuflassungの抽象性という法理は、取引安全保護という目的のためにつくられたものではないと考えられることである。このように断定することは、おそらくわが国の従来の支配的な見解に反することになると思われるが、それが取引安全保護のためにつくられたという積極的な根拠を見出し得ないのみならず、諸々の事情はむしろそうでないことを推測せしめるのである。物権行為の抽象性の機能或いは目的としてまず思いつかれることは、それが「公信原則」のそれと同じく取引安全保護であり、したがって物権行為の抽象性の法理は公信原則の代用物ではないか、ということである。しかし事実はそうではない。歴史の上ではじめてAuflassungの抽象性を規定したところのかの一八七二年のプロイセン法には、これとならんで登記の公信力が規定されていたのみならず、[24]公信原則は右の法律よりも早くすでにプロイセンのAllgemeines Landrecht中に確立されていた。[25]したがって、取引安全の保護のために、このほかにさらに物権行為の抽象性を必要としたとは考えられないのである。この点は、ドイツ民法についても同じであり、しかも草案理由書は、取引安全保護すなわち公信の原則と考えており、[26]これに反し、Auflassungの抽象性は取引安全保護に関係のない全く別のところで、しかも別の立法理由で説明されているのである。その立法理由というのは、前にのべたプロイセンの一八七二年法のそれと全く同じであって、ドイツ民法はそれをただ承継したのにとどまる。すなわち、「もし登記官吏が、原因たる債権契約の有効無効まで審査すべきものとすると(登記官吏が実質的審査の権限と義務とを有することは前にのべた)登記手続をあまりにも錯雑且つ難渋なものとすることになるから、登記官吏の審査すべき範囲を物権行為(登記名義移転についての)のみに制限し、このことによって、登記主義を採用しても物権取引を簡易ならしめる」というにあった。[27]まさにこの点に、物権行為抽象性の原則の核心があるのである。またそのゆえにドイツにおいてその廃止が要求されているのであることはつぎのごとくである。

前にのべたように、Auflassung は元来は債権契約をその中に含んでいた。原始法においては、方式が人を支配するのであり、且つ債権関係が法の世界において物権関係から独立の存在をもち得ないのであるからである。しかし債権関係の独自性の成長は次第に Auflassung の中からその Causa を分離せしめようとする。それにもかかわらず、伝統的な方式を具えた Auflassung はその方式のゆえにやはり独立に人を支配する。Auflassung の抽象性はまさにこのような段階の所産である。そこでは債権的 Causa は独自的存在となって Auflassung のそとにあるが(信用契約の普及)、まだその独自性は弱く、相かわらずもとのように Auflassung が物権取引において決定的な役割をもっている。したがって、このような段階においては、多くの場合に Auflassung に先行するところの Causa についてまで登記官吏が実質的審査をなすことは錯雑且つ難渋をきわめることとなり、物権取引を阻害することになるのである。ところが、資本制経済の発展は、経済生活における債権の役割をますます支配的なものたらしめ(「近代法における債権の優越的地位」)、債権が経済関係――いうまでもなく物権取引はそのもっとも重要なものである――の構成においてももっとも決定的な意味をもつようになった。かくして、Causa から全く抽象的に物権関係が決定されるということから起るところの、Causa と物権行為との分裂は、社会の法意識において矛盾として感ぜられるに至るのであり、ドイツにおける、物権行為抽象性への反対は、このような社会的地盤の上にあるものと考えられる。このような抽象性の矛盾は、同時に、抽象性を必然ならしめた Causa の独立性そのものにある。まさにその点に、ドイツにおいて要求されるところの物権行為の有因性と、フランス民法のそれとの間に、歴史的差異が存在する。後者においては Causa と物権行為との二つのものの対立がないゆえに、そもそも有因・無因ということが問題として存在し得ないのに対し、前者においてはいうまでもなく Causa と物権行為との対立の上における新たな統一が存在するのだからである。この点をあきらかにしておくことは、わが民法における物権行為の構造についての論争に対して、重要な意味をもつことはのちにのべるとおりである。

(12) § 873–Zur Übertragung des Eigentums an einem Grundstücke, zur Belastung eines Grundstücks mit einem Rechte sowie zur Übertragung oder Belastung eines solchen Rechtes ist die Einigung des Berechtigten und des anderen Theiles über den Eintritt der Rechtsänderung und die Eintragung der Rechtsänderung in das Grundbuch erforderlich, soweit nicht das Gesetz ein anderes vorschreibt.

(13) 当事者が登記判事の面前で物権移転の合意をする(第九二五条)。登記判事はAuflassungについて実質的審査をなし、物権行為の効力の不安となるのを防止するのであり(§ 20 GBO. なお藤本秀麿氏「独逸法系不動産登記簿の公信力に就いて」法協五三巻四号七一六頁以下)、したがってAuflassungは、人民に対する官庁の後見的機能を含んでいることになる。

(14) *Motive*, III, S. 333 u. 336.

(15) *Motive*, III, S. 339.――ただし、動産の物権行為には「条件」を付し得るのであるから、ほんとうはその無因性は薄弱な、或いは有名無実なものであるのに。

(16) Dernburg, *Preussisches Privatrecht*, I, § 240, S. 607.

(17) Dernburg, a. a. O.

(18) E. Huber, *Schweizerisches Privatrecht*, IV, S. 710. スイスでは、Auflassungにあたるものは Fertigung とよばれる。

(19) もっとも権威的で且つもっとも資料にとむ文献――Hedemann, *Fortschritte des Zivilrechts im XIX Jahrhundert*, II, 2 (Die Entwicklung des formellen Bodenrechts) (1935). そこでは、登記制度がいかに近代的工業と取引との欠くべからざる支柱となったかが、詳しく且つ興味ふかくのべられている。

(20) 第一草案理由書は、ドイツ民法が動産についてフランス民法典の立法主義にならわなかったことの理由の一つとして、公示ということをかかげているのである。*Motive*, III, S. 333.

(21) このことを明言する規定はない。元来第一草案はこのことを第八二九条で明言したのであったが、草案審議の際に第二読会でその規定は削除されるに至った、その理由は、物権行為の無因性は第八七三条（本書二〇八頁注(12)を見よ）の規定から明らかで、特に規定する必要はない、というにあった。vgl. Planck, *Komm.*, Anm. III, 5. zu § 873.

(22) Das Gesetz über den Eigentumserwerb v. 5, Mai 1872.

(23) なお、物権取引の無因性は、ドイツ民法典以外にはこれを規定する立法例がない。

(24) 前掲法律第九条・第三八条。

(25) ALR, I-10, § 7 f.（土地所有権の登記につき）、I-20, § 410（抵当権の登記につき）。

(26) *Motive*, III, S. 208 f. 特にその標題を見よ。

(27) *Motive*, III, S. 187; Dernburg, *Preussisches Privatrecht*, I, S. 907. そうして、このことが、プロイセン法をして抽象性の原則を規定せしめたもっとも主な理由だったということを Motive は明言しているのである。なお、Hedemann, *Fortschritte des Zivilrechts im XIX Jahrhundert*, II-2, S. 259-60 を見よ。

4　日本民法における物権取引の法的構成

一　日本民法においては、所有権の移転は「意思表示ノミニ因リテ其効力ヲ生ズ」る（第一七六条）。しかし、これを第三者に対抗するためには、不動産については登記を、動産については引渡を、必要とする（第一七七条・第一七八条）。すなわち動産について引渡を対抗要件としていることのほかは、すべてフランス民法と同じであることはあきらかである。これらの規定の意味するところの物権取引の構造がどのようなものであるかは、ただに理論上のみならず実際の解釈上も興味ある問題である。しかし、それに答えるには、いうまでもなく実定法の文字のみからは十分でないのであり、ここでもまた、まず民法の規定の社会的経済的地盤の歴史的発展をながめなければならない。

二　まず土地取引についての法制の沿革をながめることとする。(28)

(1)　明治政府は地租改正の準備のため、租税を負担する土地の永代売買禁止を解いて土地の流通取引をゆるし、土地をして新租税制度における租税額決定の標準たる地価を有するものたらしむることとし、そうして、地価および租税義務者たる土地所有者(地価によって表現されるところの交換価値の独占主体者)を確定する手段として「地券」の制度を創設した。[29] 土地の売買譲与には必ず地券の書換を経ることを要し、もしこの手続をふまずに密売買した者は地所取上などの厳罰に処せられることとなっていた。[30] すなわち、地券の制度は私法的取引のためと言うよりはむしろまず税法上の目的のためにつくられたのである。ところが地租改正施行後になって、地券書換は所有権移転の効力発生要件とされるに至り、[31] 地券における物権法的私法的要素が前面に出ることとなった。しかるに、この明治政府の新制度は、幕藩時代以来の民衆の伝統的な取引慣行の基礎の上にあるものでなく、政府の必要のゆえにいわば「上から」、慣行との関連なしに制定されたものであったから、地券制度は民衆にしたしまない。民衆はもっぱら従来の慣行にしたがって、売買証書と名主の奥書証印という方式で――この方式による土地取引は明治七年の布告によって無効とされているにもかかわらず――土地の売買譲渡をしていた。ことに、当時の農村には前近代的な非永久的売買たる年季売買のごときが行われたのであるから、近代的な永久的売買の器たる地券は農村の要求に合わなかったのである。のみならず、確定的売買のための地券は、本来質入・書入というような担保権設定に適しないものであり、したがって、当時質入・書入には地券を債権者に引渡す、という方法がとられたが、それは質入・書入のための適当な法的方法とは言い得ない。そこで、政府は結局、民衆の中に生きているところの慣習法に対し一歩一歩譲歩せざるを得なくなったのである。まず、はじめに、土地の質入・書入の方式として、慣行的な「契約証書の・戸長の奥書証印」(法律はこれを「公証」と名づける)という方法が承認され(明治六年一月)、[32] ついでこの方式はさらに建物の質入・書入および譲渡にも拡張された(明治八年九月)。[33] しかし、いうまでもなく名主の奥書証印という慣行は、ほかならぬ土地売買譲渡そのものについてもっとも根づよく行われていたのであり、あたかも当時地券手続が渋滞して土地取引に不便を与えていたという事実とあいまって、ついに明治政府は地券制度の本体たる土地売買譲与そのものについても譲歩せざるを得なくなった。まずはじめに明治一〇年七月に、司法省達という形式をもって、地券書換を経ない土地売買を有効と認めたが、(34)これはあきらかに明治七年一〇月の太政官布告(注(31)参照)と矛盾する。そうして最後に、政府は明治一三年一一月に土地売買について一般的に「公証」の制度を承認し、ついに生ける慣習法に対し全面的に退却してしまったのである。(35)かくして地券制度は、制定法上は私法的機能を全く失うに至ったのであり、今やそれにかわって公証制度が旧登記法(明治二〇年)制定に至るまでの物権取引の方法となったのである。

地券と公証というこの二つの土地取引の法的手続の構造は、つぎのごとくである。まず地券制度の基礎になっていたところの、そうしてついに地券制度をも後退せしめたところの、旧幕時代以来の慣行的方法たる公証をながめよう。公証されるのは売買証書であり、その証書は所有権の移転をその中に含むところの売買契約の証書である。すなわち、そこでは債権関係はいまだ物権関係からはなれた独自の存在ではなく、所有権は、このような物権関係から未分化の売買契約の効力として、移転するのである(証文の記載内容においては、代金受取済みということと、所有権移転につき売主が以後は何ら異議を申立てぬということと、の二つが要件をなす)。勿論、証書作成以前に売買の交渉がありそこで合意が成り立ってはじめて、代金を支払い証書を作成するという経過をたどるのを通常とするが、証書作成前の行為はまだ法の世界においては存在性をもたぬのであり、法的効力・拘束力をもたなかったものと認められねばならない。しかも、証書は観念的な所有権移転を証明する所のものではなく、この証書なくしては所有権移転はない、という意味においての所有権移転の要件である。地券制度は、このような物権取引の基礎の上にある。地券は証書による売買譲渡に対して下付されるのであり(注(29)参照)、観念的な所有権を第三者に公示するということはそこで問題となっていない。[36] そこでは、売買そうしてその一部分としての所有権移転は、第一次にはその当事者間の問題にすぎないのであり、第三者に対する所有権の効力はこの当事者間の効力の反射にすぎないのである。要するに公証制度および地券制度は、売買証書または地券の占有という現実的支配の上にある所有権によって基礎づけられているのである。[37]

(28)　この問題についてのすぐれた文献――福島正夫「旧登記法の制定とその意義」(法協五七巻八・一〇・一一号)、舟橋諄一『不動産登記法』(新法学全集一五頁以下)。本書の叙述もこれによる。なお、土屋喬雄『続日本経済史概要』(五二頁以下)、小野武夫『維新農村社会史論』(一〇九頁以下、一七一頁以下)参照。

(29)　明治五年一月大蔵省達「地券発行地租収納規則」(それまで免税地たりし東京府下の旧武家地および町地について)(『法令全書』七一四頁以下)、明治五年二月十五日太政官布告「地所永代売買ノ儀従来禁制ノ処自今四民共売買致所持候儀被差許候事」、明治五年二月二四日大蔵省達「地所売買譲渡ニ付地券渡方規則」(全国のすべての土地について)、――地券の交付は府県においてこれを行い、正副二通を作成し正紙を地主に下付し、副紙を地券大帳に編綴する。地主の変更があると、当事者から請願(つぎに掲げるとおり)によって、旧地券を廃して新地券を下付する。この点はのちに改められて、管轄庁が地券の裏面に新地主の所有なることを確認する旨を記入し、且つその旨を台帳に記入して地券を下げ渡すことになった(明治一二年二月太政官布告第六号)。

(新地券下付申請書様式)

奉願候田畑地売買之事

地券渡方規則制定当初の地券の雛型

年号干支月

地券之証

某国某郡某村之内

何番

一、田何町何反何畝何歩　某郡某村 持主　何之誰

此高何石何斗何升何合

此地代金何百何十何両也

右検査之上授与之

何府知事 県令　苗字名□

大少属　苗字名□受付

某国何郡何村ノ内
何番
字何
一、田畑何段何畝何歩
持主　同郡同村
何之誰
此高何石何斗何升何合
此地代金何十何両也
買受人　同郡同村
何之誰
但是迄ノ質入証文添
右地所今般相対ノ上売渡且買請可申積相談相整候間売買ノ儀御聞済地券御渡シ被下置度依之村役人奥印ヲ以此段奉願候以上
年号干支月
売渡人　右何之誰印
買請人　右何之誰印
前書願ノ趣双方相糺候処情実相違無御座候依之私共連印ヲ以此段申上候以上
某国何郡何村組頭
何之誰印
年号干支月
同　名主
何之誰印
何府県庁

（30）　地券渡方規則第六「右地券ハ地所持主タル確証ニ付大切ニ可致所持旨兼テ相諭置可申候……」、第十二「爾後地券ヲ不申請

密売致シ候者ハ其地所並代金共取揚可申事、但致連印候村役人ハ地代金ノ三分通罰金可申付事」。

(31)　地券渡方規則第十二条は明治七年十月三日達第一三三号により廃せられ、布告第一〇四号が公布されたが(条文不明)、同布告は明治八年六月一八日布告第一〇六号によりつぎのように改正されている。「地所売買致候節代金受取ノ証文有之トモ地券申受ケサレハ買主ニ其地所所有ノ権無之候条規則ノ通地券書替可申請事」。旧来の慣行たる「証書による譲渡」の方法はこの規定によって無効とされるのである。

(32)　「地所質入書入規則」。「金穀の借主地主ヨリ返済スヘキ証拠トシテ貸主金主ニ地所ト証文トヲ渡シ貸主其作徳米ヲ以テ貸高ノ利息ニ充候ヲ地所ノ質入ト云フ」(第一条)、「金穀ノ借主地主ヨリ返済スヘキ証拠トシテ貸主金主ニ地所引当ノ証文ノミヲ渡シ借主ノ作徳米ノ全部又ハ一部ヲ貸主ニ渡シ利息ニ充候ヲ書入ト云フ」(第二条)、「金穀ノ借主地主ヨリ返済スヘキ証拠トシテ貸主金主ニ地所引当ノ証文ノミヲ渡シ借主ヨリ其利息トシテ米又ハ金ヲ払ヒ候ヲモ亦書入ト云フ」(第三条)(傍点は川島による)。同第九条は奥書証印がないと、証書は「貸付ノ証拠ニ不相成候事」と規定した。明治七年一月布告第六号はこれを改正し、「負債主財産分散ノ時債主他ノ債主ニ対シ先キ取リノ特権ヲ失ヒ独リ質入又ハ書入ナキ金穀貸借ノ処分ヲ可受事」とした。――戸長の奥書証印の制度は、旧幕時代以来の名主加判の制度の公認である。戸長は、実際には旧幕時代以来の名主がつとめていたのである。詳細は福島正夫前掲八号一四九〇頁以下参照。

(33)　布告一四八号「諸建物書入質入規則並ニ売買譲渡規則」　建物書入質入規則第一条「金穀ノ借主又ハ預リ主ヨリ返済スヘキ証拠トシテ貸主、預ケ主ニ対シ引当トナス所ノ建物ノ図面ト証文トニ戸長ノ公証ヲ受ケタル者ヲ貸主、預ケ主ニ渡シ置キタルヲ建物ノ書入質入ト云フ」。

(34)　明治一〇年七月七日司法省丁四九号達。

(35)　ただし、この規則が、奥書証印を、土地売買の要件としたものと解すべきか、単なる第三者対抗要件としたものと解すべきか、については多少問題の余地があることについて、舟橋諄一前掲一九頁を見よ。

(36)　わが地券制度は英米法系のトレンス・システム(その内容については舟橋諄一前掲一二頁以下)にならったものだと言われている(舟橋諄一前掲一八頁)。しかしトレンス・システムは、近代的な公示制度であるのに対し、その輸入品たる地券は、わが国の当時の社会的地盤の上においては必然的に右のような非近代法的のものとならざるを得なかったのである。

(37) 地券渡方規則第六は、地券が「地所持主タル確証」であると規定している。訴訟法と実体法との近代的分化なき訴法的構成においては、権利の要件はしばしば証拠として構成されるのであり、ここに「確証」というのもおそらくは、現代民事訴訟法上の「証拠」という意味ではなく、所有権の要件の裁判規範的表現、と解されるべきであろう。なお、さきにのべたように、民衆になじまなかった地券の制度も、時のたつのにしたがって、次第に民衆において伝統的な公証ある売買証書と同様に「地所持主タル確証」としての意識を生ずるに至ったことはつぎのごとくである。旧登記法制定当時の、元老院会議における内閣委員の言にいわく、「民情未ダ此必要(物権変動の対抗要件としての登記の要求)ヲ感ゼズ、猶ホ所有権ヲ確ムルハ地券鑑札ヨリ貴キモノハナシトノ旧套ヲ脱セザラントハ……」(福島正夫前掲二号二〇八八頁注一による)。

(2) 右のような公証制度は、やがて近代的な登記制度(旧登記法)によって代わられる。公証制度から登記制度への移行をうながした原因は、公証に関する詐欺手段の続出と、戸長の管理する公証簿の事故の頻発とであった。[38] すなわち、ようやく土地取引は頻繁となるに至っているのに、公証制度は、それを公示し取引の安全を保障するには不完全たるを免れなかったのであり、こうして所有権変動の公示の制度を完備することは、ようやく本格化してきた近代的取引の要求となった。あたかも当時、政府は財政収入の源泉としての登記手数料に着目し(ちなみに戸長の公証は無料であった)、政府は主として財政上の考慮から近代的な国家登記制度の実現を急いだのであった。明治一九年八月一二日、わが国における最初の近代的登記法が法律第一号として公布された。これによって登記は国家の事務となり、原則として治安裁判所の管轄に属せしめられ、治安裁判所が遠隔の場合にのみ戸長役場――国の監督の下に――の管轄に属せしめた。登記は、公証を、いわば戸長の手から国の手にうつしたものではあるが、[39] そのことによって物権取引の法的構造はつぎのごとく変化したのである。

登記法第六条は「登記簿ニ登記ヲ為ササル地所建物船舶ノ売買譲与質入書入ハ第三者ニ対シ法律上其効ナキモノト

ス」と規定する。この規定はつぎのことを意味する。すなわち、物権変動は、もはや公証を要しない。第三者に対する関係においては登記を要するが、当事者間においては登記の必要がない。また登記法のもとにおいては、土地所有権(および担保物権)はもはや証書や地券の占有を必要とせず、国の管理する登記簿の登記という国家の保障の上に存在することになったのであり、この意味において所有権は「現実的」のものではなくして、「観念的」のものへと転化したわけである。ところで、所有権売買譲与が当事者間において有効なるためには、登記を要しないという消極的要件はあきらかであるが、単なる意思表示だけで十分だとする趣旨か否かは条文の上からはあきらかではない。しかし法律は、所有権移転が証書によって行われることを当然のこととして前提しているようであり(登記法第一四条参照、注(39)を見よ)、また実際においても、証書によって所有権が移転するという意識が支配したであろうと思われる。しかし、旧登記法にひきつづいて明治二三年に公布された民法(旧民法)は、ついに実施には至らなかったが、右の登記法の中にあらわれた、物権取引の原理の前提としての、当事者間の所有権移転そのものを、つぎのごとく規定した。すなわち、「特定物ヲ授与スル合意ハ引渡ヲ要セスシテ直チニ其所有権ヲ移転ス」る、また「代替物ヲ授与スル合意(をした場合には)所有権ハ物ノ引渡ニ因リ又ハ当事者立会ニテ為シタル其指定ニ因リテ移転ス」る(財産編第三三一条・第三三二条)。いうまでもなく、ボアソナードの起草にかかるこれらの規定はフランス民法にならったものであり、そうしてボアソナードはこれらの規定を説明して、土地取引を封建時代以来の諸方式から解放したものであり、意思表示のみによって所有権移転の効力が生ずる、と説くに至ったのである。(40)

登記法ならびに旧民法のこのような規定によって、物権取引の法的構造はつぎのごとく転化したことになる。すなわち、地券・証書の占有を本体とするところの半現実的な所有権は、非現実支配的な「登記」を媒介として、観念的な所有権と公示という二つのものに分裂したのであり、またそのことによって、物権変動は当事者間における観念的移転と登記との二つの段階に時間的に分裂するのである。そうして、このことは、近代的土地取引の増大によって次第に所有権が「社会的」存在となり、生ける法の中において「観念化」してきたことが、登記法を媒介として現実化したのにほかならぬのである。しかし、この合理的近代的な登記の制度は、ドイツにおけるような伝統的な慣行という社会的基礎なくして、輸入されたものであったから、わが民衆の物権取引の世界において根を下ろすのははなはだ困難であった。民衆は、一方には伝統にしたがって、証書や地券を所有権の最大の確証と心得て、真に所有権の実をあげるためには(第三者に対抗するのに)登記が絶対に必要であることをさとらず(注(37)を見よ)、また他方では、当時の政府の性格と人民の思想とに原因して、登記官吏は民衆から超越した「おかみ」であり、民衆をして登記になじませなかったのである。[41] このような状態であったから、一八七二年のプロイセン法やドイツ民法のごとき立法主義はわが取引慣行からははるかに縁遠きものであったのである。

(38)　福島正夫前掲八号一四九七頁。戸長や筆生と結託して二重公証をすることが多くなり、取引の安全がはなはだしく害されたこと、公証簿の紛失・盗難・虫喰・鼠喰・雨漏などで権利関係が不明になったこと、などが指摘されている。

(39)　売買譲与につき登記をなすには「契約者双方出頭シテ其証書ヲ示シ其署名捺印シタル謄本一通ヲ差出ス可シ……本条ノ謄本ハ登記簿ノ一部トシテ之ヲ添ヘ置ク可シ」(第一四条・第二一条・第二三条、なお登記法取扱規則第二五条参照)。戸長の公証控簿のかわりに国が登記簿を管理するのであり、この登記はフランス法の transcription に該当する。

(40)　「日本の法典は、この規定(財第三三一条)で近代におけるもっとも注目すべき法的進歩の一つを承認する。すべての原始法制においては、常に、所有権は、ある者から他の者へ、つぎのごとき行為によってしか移転しない。すなわち、当事者の意思を表示するだけでなくすべての人の目につき・かくして所有権の交換に一種の公示性を与えるような、外部的な、多少とも有形的な、行為によってしか移転しない。……本条は旧来の法理を排棄する。それは、絶対的な言いかたで、所有権は少くとも特定物に関するかぎり単なる合意によって移転される、と規定する。」(*Code civil de l'Empire du Japon accompagné d'un exposé des motifs*, II, p. 406 et seq.)。なお、財産編第三三一条・第三三二条は、債権法(財産編第三部)中に「当事者間及ヒ其承継人間ノ合意ノ効力」という題下におかれている。

(41)「……現今ノ戸長ニハ尚民選ニ係ル者アリ、仮令官選ニ出ルモ常ニ町村ノ住民ト接近シテ相ヒ面識シ相ヒ親和ス。故ニ公証取扱上甚ダ便利ヲ得タリ。今ヤ強テ之ヲ治安裁判所ニ移ストキハ、徒ラニ人民ヲシテ畏懼ノ念ヲ増サシメンノミ。大抵田舎人ノ風習タル官吏ヲ視ル恰モ鬼神ノ如ク、其官衙ニ上ルハ恰モ閻羅庁ニ入ルカ如キノ思ヒヲ為ス。是レ深ク察セサル可カラス。……要スルニ斯ル厳密ノ規律ニ束縛セラルル以上ハ、民間融通ノ便宜ハ頓ニ絶塞シ、従前ハ相互ノ貸借ニハ敢テ連署ヲ須ヒス、単ニ戸長ノ面前ニ至リ所謂膝組ニテ内情ヲ談シ金額ノ多寡ヨリ期限ノ緩急マテ一一協議シ、情誼親愛ヲ以テ融通ヲ図リシ跡ヲ絶ツニ至ラシムルハ誠ニ惜ム可キナリ。……」(旧登記法第一読会における尾崎三良議官のことば。福島正夫前掲一九〇四—五頁による)

(3)　動産取引については、民法に至る歴史はあきらかでない。法史学専門家ならぬ私には、全く発言権も発言能力もないのを遺憾とする。しかし、つぎのようなことを推測することが許されるであろうか。

動産所有権は原則として、引渡によって現実支配を移転しないかぎり移転しなかったと考えられる。このことは、もっとも早く所有権が観念化すべき領域たる商事売買においてさえ確認し得られることから、容易に類推し得られるであろう。(42)もっとも、いまだ現実に引渡をしない間でも、すでにその対価たる代金の支払があったときは、目的物が特定している場合には、当然に所有権が移転した。(43)このかぎりにおいては、所有権とその移転が観念化していたものと考えてさしつかえないであろう。民法典は、一般に意思表示のみによって当然に動産所有権が移転すると規定している(第一七六条)。この規定が、右のごとき従来のわが国の慣行と、どのような関係に立つかについては、のちにのべるであろう。

(42)『日本商事慣例類集』第一編第四章第四条、「売買契約をなしたるときは、何れの時より商品の所有権は買主に移転するや……此場合に於て其商品確定物（此物品と現に指定したるもの、例へば此品物此反物と定むるが如し）なるときと不確定物（前の反対の語にして現に此物品と指定せざるもの、例へば反物幾干といふが如し）なるときとに因り区別ありや」、「〔東京〕其商品の確定不確定に拘らず、其所有権は受渡するに非れば買主に移らず……。」同じ趣旨が大阪・大津・熊本・岡山・高松・福井・徳島・宮城・松山等の土地について記載されている。売買契約と同時に当然に商品の所有権が移転するとされるのは、ただ兵庫・馬関および飯田だけであり、しかも、そのうち馬関については、「其商品の損失は未だ受渡を為さざれば売主にて負担す」というのであるから、「売買の契約調ひたる上は買主に移転」するという原則は実質的意味がないことになるのではないかと思われる。

（43）　後述注（50）参照。

三　さきにのべたような現行民法の規定が、この旧登記法および旧民法の規定をそのまま承継したものであることは、内容そのものからすでにあきらかであるのみならず、立法者自身の明言するところである。(44) 民法に至るこのような歴史的発展は、日本民法の物権取引の法的構造をおのずからあきらかならしめている。この点をやや立ち入って考察することとする。

（44）　民法修正案理由書第一七六条の説明。

(1)　右にのべた沿革からあきらかに知られるように、わが民法の意思主義はフランス民法から由来するものであり、したがってフランス民法と、歴史的性格においてまたその法的構造において、ことなるところはない。わが民法の意思主義には、フランス民法のそれについてさきにのべたことがあてはまる。すなわち、所有権の観念性のゆえに、所有権の移転を目的とする物権行為はその原因たる観念的な債権契約に吸収され、物権変動は「債権契約の効力として」行われることになる。したがって、物権変動はもっぱら債権関係の面において、すなわち、債権契約の当事者間の対内的関係として、問題とされ、第三者に対する物権変動の主張という対外的関係は、この対内的物権変動の当然の反射として構成されている。債権契約とその履行とが時間的へだたりをもつところの信用契約は、そこでは支配的意義を有し得なかったのである。しかし、わが民法は一つの点でフランス民法とことなっている。フランス民法の意思主義は不動産についてのみ完全であって、動産については所有権の観念性の構成はまだ不完全である。しかしわが民法においては、意思主義の原則は動産と不動産との間に差異がなく、動産所有権の移転は引渡なくして意思表示のみによって移転する。所有権の観念性が徹底している点において、わが民法の方がより近代的であると言い得るであろう。

(2)　わが民法においては、フランス民法と同じく、物権変動は第一次にその当事者間の対内的関係として問題とされ、第三者に対する対外的関係はこの対内的関係の当然の反射とされており、ただ取引安全のためにこのことに一定の制限(対抗要件)がおかれているにすぎない。取引安全という近代的理想はこのように第二次的な地位におかれているのであり、わが民法はその意味では十分に近代的ではない。フランス民法におけるように、わが民法においても、物権行為は債権行為から独立した別の存在として構成されておらず、この二つのものは一つの契約の中に未分化のまま統一されているのである。単に契約当事者の対内関係のみを問題とするかぎり、観念的な所有権の基礎の上においては債権契約と物権契約とは本質的な差異を有しないからである。だから、所有権は売買契約の効力として移転する。売買契約の後に時をへだててなされる引渡や登記は、すでに移転した所有権についてただ対抗要件のみをつけ加える行為、或いは売買契約そのものによって所有権が移転するための一定の条件に、すぎないのである。

民法典のこのような構成をもっとも明快に論断されたのは末弘教授であった。[45]末弘教授のこの理論は、我妻教授によって支持されている。[46]これに対し、末弘教授以前からわが学界を支配した理論は、いやしくも債権と物権とが区別される以上、物権変動を生ぜしめる行為が債権関係の変動を生ぜしめる行為から区別されるべきは論理的に当然であり、民法第一七六条の「意思表示」とはこれをいうのである、と説いている。[47]この学説は、このような理論構成からすすんで、さらに解釈論においても、物権変動を生ずる行為が事実的にも債権契約とは別になされねばならぬと主張し、それは通常、引渡または登記の時に存在する、というのを常とする。仮にこれを物権行為独立説と名づけよう。この説は大体においてドイツ民法の構成に由来する(ただし末川教授は別である)。歴史的存在としての民法典の構成に関するかぎり、末弘教授の理論の正常なことは、すでにのべたように疑いの余地のないところであると私は考える。と同時に、物権行為独立説が成立するに至ったことにも、歴史的な理由が存在するのである。さきにのべたように、信用契約が支配的となり、履行が時をへだてて後になされることが多くなるにしたがって、物権変動は事実的に債権契約からはなれて独立のものとなり、ここに法意識の上においても物権行為が独立のものとしてあらわれることになる。物権行為独立説はこのような社会的地盤の上に成立するものである。しかし、このような社会的事実が、直ちにわが民法典の解釈として物権行為独立説の主張するような結果をみちびきだすか否かは、はなはだ問題である。これに関する具体的な問題について、わが民法の構成を研究しよう。

(45)　末弘厳太郎『物権法』(七七頁以下)。なお民法が「債権契約の効力として物権変動が生ずる」という構成をもっている、と解することは、「およそ、債権契約とはなれて物権変動のみを目的とする行為はあり得ない」と言うのではないことは言うをまたない(末弘厳太郎前掲を見よ)。ただ、売買等の契約のある場合――それが商品交換の、物権変動の、もっとも主な場合である――においての構成を問題としているだけである。物権行為独立説は、物権変動のみを目的とする行為もあり得ることを、物権行為の独立性の主張の一理由とするが、そのことは決定的な争点ではないのである。

(46)　我妻栄『物権法』(一四)二(1)。ただし、我妻教授の理論は末弘教授のそれとやや異なる点があるようである。末弘教授が全くフランス法的に、物権変動を「債権契約の効力として」承認されるのに対し、我妻教授は、「一つの意思表示が債権関係の発生とともに物権関係の発生をも目的とするときには物権変動の効力を生ずる。これ、わが民法上物権変動が全く意思表示のみによってその効力を生ずる以上、何ら物権行為と債権行為との間に差異がなく、二つともひとしく意思表示の効力たるにすぎず、特に物権行為なる独立の概念をみとめる必要がない。」とされる。

(47)　石田文次郎『物権法論』(三九頁以下、および四四頁にかかげられる学説)参照。なお、ここに注意を要するのは、末弘教授の理論と石田博士等の理論とは、平面を異にしていることである。末弘教授は民法典の歴史的な構成を問題としておられるのに、物権行為独立説は歴史的構成そのものではなくして、それとは別の、物権債権等の概念に基く論理的演繹を問題としておられるのである。のちにのべるように、物権行為独立説には一つの歴史的地盤はあるのであるが、この点を問題としないで、物権と債権との概念(実はドイツ民法的概念であるが)から演繹することには、私は方法論的に賛成し得ない。なお末川博士は、物権行為独立説のうちで、その社会的地盤を根拠として強調されるただ一人である。末川博士の理論にはのちにふれる。

(イ)　わが民法においては、意思表示による物権変動は、独立して物権変動のみの問題として存在するのでなく、常に経済的実質をなすところの「原因」と一体をなして存在する。物権変動は当事者間の債権契約的関係の一部分にすぎない。したがってそこでは物権行為は独立の存在性をもたない。物権変動の内容は、契約上の債権関係によって定まる(より正確に言えば債権関係はすなわち物権関係である)[48]。債権契約が、即時に物権変動を生ずることを目的としている場合には、即時に物権変動を生ずる。しかしこう言ったからといって判例や多くの学説の言うように、特定物所有権の移転を目的とする契約においては常に原則として、契約の成立すなわち債権の成立とともに所有権が移転すると解すべきではない。有償契約のもっとも本質的な内容は、対価的給付の相互規定的牽連関係——「同時履行の抗弁権」(第五三三条)——である。有償契約の当事者は、相手方の給付(代金支払)が実現されないかぎりみずからもまた給付(権利移転)をしないということが、その本質的内容をなしている。この契約債権関係——しかももっとも本質的な——は、わが民法においてはそのまま物権関係に反映しなければならない。したがって、売買契約においては、代金の支払あるまでは、売買目的物が特定していてもその所有権は移転しないのが原則であるはずである。実際の取引では、特に履行期が約束されていないかぎり、代金の支払と登記または引渡とが同時に交換されるのを常とするが[49]、同時履行の原則が支配するかぎり、登記または引渡がなくても代金支払があれば売買目的物の所有権は移転するものと認められねばならない。対価たる代金がいまだ支払われる以前においても、売買契約と同時に目的物の所有権が当然に移転するとするわが判例および多数の学説は、物権変動と債権関係とを統一する民法の主義にかえって適しないものと考える。のみならず、それは、わが国の生ける取引生活の現実にも適しないと考える。すでに、徳川時代以来、わが国では代金を支払えば引渡なくとも売買目的物の所有権を取得するものとして意識されてきたのであり[50]、またしたがって当事者は代金を受けとるまでは売買目的物の所有権を移転せしめない意思をもって取引をしているはずである[51]。わが判例・多数学説の解釈は、片務契約や或いは即時に履行が交換される契約においては不都合はないが、そうでない場合にははなはだ疑問であるといわねばならない。私はこの意味において、物権行為否認説の具体的結論にも賛成し得ないのである。ところで、物権行為の独立を認める学説の多くは、登記または引渡のときに原則として物権移転の合意があり、この合意が第一七六条にいわゆる「意思表示」だ、というのであるが、このような構成が少くとも民法典の構成からは遠いものであることは、右にのべたごとくである。のみならず、実際の取引の意識においても、特定物に関するかぎりは当事者は登記・引渡のときに、所有権を移転せしめるあらたな合意をするのではなく、むしろ所有権移転をも含む売買契約の前提の上に、その効力の完成のために、ただ前になされた契約の履行に必要な事実行為をなすにすぎないと考える。したがって、不動産の場合には常に、登記の時に別の物権移転行為が存在するのではないと考える。また日常の取引(たとえば生活必需品の売買)においても、不特定物の売買は右と同じように行われる、すなわち、売主は、売買契約の基礎の上に、ただ目的物を特定してこれを引渡すのであると考える。しかし、不特定物売買、ことに近代的な大量的な信用取引においては、契約締結と時をへだてて、引渡のときにはじめて目的物が特定され、それをそのときに移転するという過程が事実的に外形の上において独立しており、したがってまた当事者の意識においても履行が独立し、そのときに所有権を移転するものとしてあらわれるようになる。したがって、そこでは引渡は単なる事実的履行ではなくして、所有権移転行為として独立してゆく傾向をもつようになる。(52)

要するに、物権変動はいつ効力を生ずるか、物権行為が独立のものかどうか、については、民法典の歴史的な構成と生ける法的生活におけるそれとの間に、右にのべたような多少の差異が存するものと認められねばならない。換言すれば、民法典の構成と生ける法生活との間には、発展の段階におけるへだたりがある。したがって、独立の物権行為は存在するかどうかという問題については、存在の平面を異にすることによって答えがちがうのであり、いずれも無条件的には断定し得ないのである。しかし、物権変動を目的とする行為は概念上債権関係を目的とする行為とは区別されるという理由の下に、物権行為の独自的存在を認めようとする説は、物権行為の存在ということの理論的意義を理解しないものといわねばならない。形式的概念の世界においては思惟によって考え得られるいかなるものでも存在するであろうが、それは私にとっては全く興味のないことに属する。

(48)　物権変動が債権契約の一部である、ということが論理的に矛盾だと思うのは、矛盾律のみの上に立脚する・平面的な非歴史的な形式論理から出発するからである。

(49)　不動産取引はつぎのような順序手続で行われるのが(少くとも東京では)、従来の慣行である。売買の場合を例にとると、まず当事者は契約条件につき交渉し、まとまると手附を入れる。つぎに約定の日に、代書人の事務所で出あい、つぎのような「売渡証書」を作成する。

売渡証書

一、金何円也

右ハ今般拙者所有ノ後記不動産ヲ貴殿ヘ売渡申前記代金本日全部受領仕候処実正也　然ル上ハ該不動産ニ付キ第三者ヨリ故障等無之万一彼レ是レ申ス者有之候節拙者ニ於テ一切ノ責ニ任シ聊カナリトモ貴殿ヘ御迷惑相懸ケ申間敷候事

為後日売渡証仍テ如件　〔傍点―川島〕

年　月　日

〔売主〕　何　某

〔買主〕　何某殿

右の売渡証文をつくったあとの手続には二通りあるようである。一つは、そこで右証文のほか登記手続に必要な一切の証書を作成し署名捺印して、その書類と引きかえに代金を支払う場合、他は、右の証文その他の登記書類を作成して登記をすませ、登記済証によって登記手続の完成を確認した上で代金を支払う場合、である。現在では、どちらかと言えば後者の方が多いらしい。――以上の手続はつぎのことを示している。すなわち、右の証文の文言によると、所有権の移転と売買と代金支払との三つが同一の証文中に記載され、同一の時期に行われる。（したがって、手附の交付は慣行上の意識においては、予約の証拠であることになる。）そうして本来は、この証文および登記申請書などと引きかえに代金を支払うのが、右の証文の趣旨に合致するであろう。ただ、登記手続が複雑で、しろうとは書類をみただけで有効に登記がなされ得るか否かを判断することが困難なので、登記手続が完了したことを確認した上で代金を支払うという取引慣行が成立したものと思われる。そのかわり、もし買主が敢えてしようと思えば、登記完了後代金の支払を拒むという危険もある訳であるが、そういうことは極めて稀だそうである。その稀であることの理由としては、代金の支払なきかぎり所有権は移転せず登記名義の移転手続の抹消を請求し得るという法律上の点もあろうが、多くの場合に手附が入っているということ、実際上代金支払の確実性を見とどけないかぎり売主は登記手続をしないということ、などもあろう。

なお右の取引慣行について注意に値する点を列記するとつぎのとおりである。(1)売渡証書には買主の署名捺印はなく、それが、売主から買主に「さし入れ」られた証文であるということ。それは契約証書ではなく、売主の意思表示の証文にすぎない（近代的な商事取引においては、契約当事者双方が署名している）。すなわち、この証文によって売主は買主に対し義務づけられる。売渡証文作成前には、ただ手附の金額についての義務があるだけで（手附損・倍戻）、民法に規定するような双務契約上の買主の義務は意識されていないのではあるまいか。少くとも右の証文形式に現われそれを支えている意識においては、この証文作成の時に売買が完成されるのであるように思われる。――なお、従来の慣行においては売買証書形式には二つあるようで、『民事慣例類集』によると、売主のみが署名捺印する「売渡証文」の形式と（陸前国宮城郡、羽前国置賜郡、羽後国秋田郡、若狭国遠敷郡、越後国頸城郡、出雲国神門郡、石見国那賀郡。なお売主のみが署名する旨を明示しないが「売渡証文」を作成すべしとするものは、伊勢国度会郡、志摩国答志郡、三河国額田郡、備後国御調郡、筑前国早良郡、同那珂郡、大隅国噌唹郡）、売主買主の双方が連署する契約証書の形式と（大和国添上郡、甲斐国山梨郡、武蔵国埼玉郡、岩代国会津郡、加賀国石川郡、同能美郡、備後国深津郡。この場合には売渡証書ということばが用いられないで、すべてただ「証書」ということばが用いられている）がある。なお、永代売買禁止をくぐるために質入の形式がとられるときには、質入主の署名のみの質入証文がつくられたことについては、『民事慣例類集』第二編第六章を見よ。

(2)所有権の移転は、売主の担保義務負担の意思表示によって確保されていること。これは、その起源においては、ゲルマン古法の同様の慣習（gewährsmann）と同じ性質のもので、まだ観念的な絶対権としての所有権が確立しない社会において、一般第三者に対し買主の事実支配を担保することによって、相対的関係の反射として所有権（ひろい意味での）移転が行われることを示している。勿論現代においてはこのような意識は消滅しているであろうと思われる。

(50)　滝川政次郎『日本法制史』（五五七頁）参照。『日本商事慣例類集』第一編第四章第四条、「売買契約をなしたるときは、何れの時より商品の所有権は買主に移転するや、又何れの時より其商品の損失を、買主に於て負担す可きものとするや」「（京都）……先づ庭離しと云は貨物代価引合済の上は、幾許の物品も海陸運搬に付、売方の庭を離し海陸運漕問屋へ渡したる上、相対済と注文とを論ぜずして、水火盗難其他何事にても総て買人の負担なり」「（大阪）……是に於て往昔の慣習を通観するに、売買物品は代価済未済に関はらず、之を授受するときは其買主へ所有権の移転するは論を俟たずと雖ども、其未だ物品を授受せず売買約定後何れの時より所有権の移転するやに就きて、概して之を言へば売買約定後代金払入れの時に於て、其所有権買主に移転せしものと云ふを以て、或は当を得たるに近しと謂ふべきか」「従来売主に於て甲買主に売買の約定をなし、未だ其物品売主の手に存在中、同品の乙買主あり、需用至急にて適意の物品の他より売主の手元に到着する時日を俟つ能はざるを以て、現に存在せる甲へ売買約定せし物品を操り替渡さん事を請ふとき、売主に在りては已に売却済の者たるを以て、之れを謝絶するは普通一般の習慣にて、又流用の余暇ありて情誼上より一時操り替へ其物品を乙買主へ渡す事あるも、其甲買主へ渡すの期を愆はん事を恐れ、深く注意して其手配をなし、而して差支なく甲商人に之を引渡すも、本為すべからざることを為せしに因り、常に甲買主へは其流用せしを秘するなり、之を以て見れば已に売買約定せしときに当りて、所有権は買主に移りたるものの如しと雖ども、是れ亦た全く売買の約束に違はん事を恐るるより出づるものにして、是に因りて所有の権は、其代金の済未済に関らず、売買約束の時より買主に移るものとは確認し難し」――「代金支払とともに目的物の所有権が移転する」という旨の記載は、横浜・兵庫・堺・福井・武生などの各地について存在する。

(51)　末川博士が、物権行為独立説を主張し、物権変動が原則として登記または引渡のときにおこなわれ、その時に物権行為があるのだ、と主張されるのは、このような取引界の実際に基いておられるのである(末川博『物権法』新法学全集六六頁以下)。末川博士のいわれるように、まさに問題は、概念構成そのものにあるのではなくして、わが国取引の社会の意識そのものにある。そうして代金支払のときに物権が移転すると説かれるのも私の意をつよくするところである。しかし、そのときに外部的徴表があるから独立の「物権行為」があると見ることには私は賛成し得ない。代金支払は、外部的徴表として意味をもつのではなく、債権契約の有償性のゆえに意味をもつのである。またわが国で古くから証文・奥書・割印・引渡などが物権変動の要件であったことも、単に外部的徴表という公示的のものではなくして、前にのべたような所有権の現実性から来るのであり、それが克服されていることに現代の問題の出発点があるのである。

(52)　隔地者間の取引においては、「引渡」が運送の過程において種々の段階を経過することにより、また代金支払の同時履行を確保するために種々の技術が用いられることにより、所有権の移転時期には諸種のニュアンスを生ずることを注意せねばならない。その詳論は本書の範囲外に属する。

(ロ)　民法の構成において、物権行為という独自的存在がなく、債権的 Causa と一体をなしている以上、わが民法においては、ドイツ民法におけるような「物権行為の無因性」もまた存在する余地がない。というのは、そもそも物権行為が債権契約と対立して独立的に存在するのではないから、有因無因を論ずることははじめから問題にならないからである。有因無因というものは、まず物権行為と債権契約とが独立して相対立する場合にはじめて、その両者の関係として問題となるのである。このことを具体的に説明しよう。

売買契約が取消されたり解除されたりした場合には、売買契約がはじめからなかったこととなる結果、その一部をなしたところの物権移転もはじめからなかったことになる。その売買契約が有効であるという前提の下に、売買目的物を売った者は、今や所有権に基いて返還を請求し得ることになる。これまさに、民法の構成から出てくる当然の結論である。このことは永く判例が認めてきたところであったが、末弘教授によって全面的に支持され、さらに我妻教授によってふたたび支持されているところである。[53] しかし、ほとんどすべての学者は、むしろ有因無因を一つの問題として提出する。しかも、多くの学者は、物権行為が原則として無因であってただ例外的に特に当事者が有因となるべき旨の意思表示をした場合にのみ有因となるとし(いわゆる「相対的無因説」)、ただ少数の学者のみが有因説を説いているにすぎない。[54] これらの解釈論はいずれも、物権行為がまず独自的に存在することをその出発点とするのであるが、民法典の構成の下においては、そのような出発点そのものが成り立たないことは、すでにのべたごとくである。のみならず、相対的無因説のほとんどすべては、物権行為が独自的に存在することから、論理必然性をもって、それが無因的行為なることを推論するのであるが、末川博士のいわれるように、問題は決して論理的推論にあるのではないのである。[55] ドイツの学者が無因性を当然視するのは、さきにのべたような沿革に由来するものであり、論理的推論に基くのではないのである。しからば、末川博士のいわれるように、わが国において物権行為を無因なものとする法的慣行や意識が存在するであろうか。さきにのべたように、わが取引生活の生ける法においては、一定の範囲で、独立な物権行為が存在しているのであるから、それがさらに法社会学的に事実として無因であるかいなか、ということは一つの問題として十分に成り立ち得るからである。そうしてもしそれが肯定されるならば、さらに、そのような現実を解釈の上へ反映させて物権行為の無因を承認すべきかいなかということも問題となり得るからである。

まず不動産売買について考えるのに、なるほど明治初年における取引慣行においては証書や名主戸長の奥書証印によって所有権が移転したのであり、その取引過程の法社会学的構造はかの Auflassung（またはそれと登記）と同様で、その方式的行為が独立の所有権移転行為であると同時に売買契約でもあった。したがって、もしそこから Causa が分裂してくれば、ドイツにおけるような物権行為無因性の生ずる段階が可能であったであろう。ところで民法および登記法の下において、このことはどのような変化をとげたか。物権取引は現在はおおくはつぎのごとく行われる。すなわち、――売買当事者が交渉をして契約条件がまとまると、手附を入れ（或いはさらに「覚書」を作り）、つぎに通常は、代書人の事務所で「売買契約証書」を作成し（それには、代金支払済みの旨と所有権移転の旨とが記載される）且つその場で代金の支払とともに、ひきかえに移転登記に必要な書類を渡す。この過程において注意すべき点はつぎの諸点である。第一に、売買契約は証書によって成立し、そこで同時に代金支払と所有権移転が行われることは徳川時代以来の旧来の慣行とことなるところがなく、物権行為と債権行為とは未分化の状態にあり、所有権は売買契約の効力として移転する。第二に、それ以前の、売買交渉成立の段階は、まだ「売買本契約」の成立としては意識されておらず、手附という現実的交付 Bargeschäft によって確保されるところの不確定な「予約」として意識されている（だから、そこでは契約証は作成されず、覚書が作られ或いはそれすらも作られない）。

以上のような取引の慣行的過程の社会学的構造は、その核心においては、明治初年のそれとことなるところがないことは、明らかである。制定法上は、契約と登記という二つの過程がそれぞれ法的にことなる意味をもって（一つは当事者間における権利移転、他は第三者に対する関係におけるその主張）行われ得ることになったにもかかわらず、「契約の効力として」物権取引をする旧来の意識はこれによって動揺せしめられるどころか、かえって制定法上のこの二つの過程を、依然として慣行的意識の上に成り立つ一つの取引過程（売買と所有権移転とを不可分に統一する）に集中したのである。そうしてさきにのべたように、手附交付の段階は、わが国取引の慣行的意識においては、まだCausaとして独立の存在をもつに至っていない。したがって、結論として、民法および登記法の下においても、支配的な取引型態においてはCausaの独立、したがってまた物権行為の独立は認め得られず、いわんやその有因・無因問題は存在の余地がない、と認めなければならないのである。[56]

動産取引においてはどうであろうか。さきにのべたように、大量的の不特定物売買などにおいては、物権移転の合意が売買契約とは別に独立になされるという社会的関係が可能である。しかし、そのような取引は高度に近代的のものであり、いうまでもなく、そこでは債権契約は取引の過程における重点をなしている。だからこれらの契約においては、物権移転行為の独立性・無因性の社会的基礎は存在しないものといわねばならない。ドイツ民法典が、不動産のAuflassungについては絶対的無因の原則を貫いているのに、動産取引については物権行為の無因性を貫き得ずしてこれに条件を附することを許しているのは、不動産取引における伝統的意識の支配、動産取引における近代的意識の貫徹、という社会的経済的事実の表現であると認められるのであり、決して偶然の所産ではないと考える。

要するに、日本民法の下においては、物権行為の無因性を承認すべき余地も必要も存在しない。不動産取引については、登記が伝統的物権取引の方式との歴史的連続を欠いているゆえに、また動産取引についてはその近代的性格のゆえに。わが国における物権行為無因論のほとんどすべては（末川博士の説をのぞき）、ドイツ民法の解釈論において物権行為の無因性が自明的のものとして説かれていることに、無条件的に、言うに足る理由なくして、従った結果というのほかないであろう。

（53）　末弘厳太郎『物権法』（九四頁以下）、我妻栄『物権法』（六二頁以下）。

(54) 岡松参太郎「物権契約論」(法協二六巻二号九八頁以下)、中島玉吉『民法釈義』(二ノ上三八頁以下)、石坂音四郎「物権の設定移転に関する我国法の主義」(『改纂民法研究』上三三九頁以下)、鳩山秀夫「不動産物権の得喪変更に関する公信主義及び公示主義を論ず」(『民法研究』二巻一頁以下)、川名兼四郎「物権の設定移転を論ず」(法協二一巻二号二一一頁以下)、富井政章『民法原論』(二巻五三頁)、暐道文芸「所有権移転行為に関する有因主義及び無因主義を論ず」(京法一二巻二号)。

(55) 末川博前掲六六頁以下。なお、物権行為の無因性なる原則が手形の無因性とおなじく取引安全のために存するという理由から、当事者の意思次第で有因にも無因にもなし得ると説くところの「相対的無因論」に対し、末弘博士は、物権行為の無因性ということの本質を知らないものであると批判しておられる(末弘厳太郎前掲九六頁)。しかし、おなじく無因行為であっても物権行為と手形行為とはその理由をことにしており、物権行為の無因は取引安全の考慮に出ずるものではないと思われるから(本書二〇五頁以下参照)、相対的無因説を右のように攻撃し得るか否かは、しばらく疑問としておきたいと思う。

(56) 末川博士が証書作成の慣行をその理論の中心とされるのは、たしかにさきにのべたような意味で(本書二二三頁)問題の一つの中心をついておられるのであり、他の多くの観念的理論とはことなり、高く評価されねばならないと考える。ただ博士が、このことから登記行為をも同様の性格のものとして論ぜられることには、私はここにのべたような理由から疑問をもつわけである。しかし私が博士の理論から多大の示唆をうけたものであることを特記し、感謝の意を表したいと思う。

(ハ)　いわゆる登記請求権がどのような性質を有するのか、その効力をどのようなものとして承認すべきか、ということもまた、Causa と物権行為とに関するわが民法の構成から出発して理解されねばならない。

従来、登記請求権の性質について、判例は三つのものを区別している[57]。第一は、売買等の債権契約の効果として生ずるもの(債権的請求権。甲乙丙と転売された場合に、乙は甲に対しこの権利に基いて登記を請求し得る)。第二は、登記をなすべき旨の当事者間の特別の契約(甲乙丙と所有権が移転した場合に、この特約があれば、丙は、なお登記名義を有する甲に対して中間省略登記を請求し得る)に基くもの。第三は、物権変動の結果として現在の物権者が物権に基いて請求し得るもの(物権的請求権に該当する。ゆえに、買主の登記請求権は時効にかからない、とされる)。学者は多く、登記請求権を第三のものとして統一的に説明しようとしている。しかし、私はここでも、わが民法の物権取引の構成たる・債権関係と物権関係との未分化的統一、に即して構成されねばならぬと考える。

ここでも売買を例として考察しよう。甲から乙へと土地が売られてまだ登記が甲の名義となっている場合に、乙の所有権を甲に対し主張することは、常に甲乙間の売買契約の債権関係と不可分でなければならない。乙がまだ代金を支払っていないかぎり、所有権は乙に移転していないと解せねばならぬことはさきにのべたとおりであり、したがって乙が債権契約の効力として有する登記請求権と、物権的請求権としての登記請求権とは二つではなくして一つのものである。判例や通説の解しているように、この代金支払と関係なしに乙が「所有権に基いて」登記を請求し得るものとすることは、双務契約の生命たる同時履行の原則を破ることになってしまうのであり、実際の取引慣行において当事者が代金支払と登記とを厳格に交換しているという実情に矛盾するものといわざるを得ない。中間省略登記における関係もこのような立場から構成されなければならない。すなわち、土地が甲乙丙と移転した場合に、丙が甲に対して直接に登記を請求し得ないということの理由は、甲が乙丙間の物権移転にとって「第三者」(第一七七条)であるということに求めらるべきではあるまい。[58]むしろ、甲乙間、乙丙間の債権関係において登記請求が是認されるべき条件が具わっているか否かが、丙の「登記請求権」の成立にとって本質的の意義を有するからである。したがって、丙が乙に代金を支払わないで、甲と交渉し、すでに乙より代金を受けとっている甲が丙への登記名義の移転に同意して丙とともに移転登記を申請し、登記がなされた、という場合においては、[59]丙は乙に対する関係において登記請求権を有しないのであり、また右の登記は無効と解しなければならないと考える。[60]すなわち、中間省略登記が甲乙丙の特約を要する、という判例の構成は、甲の異議権(第三者としての)のみならず、このような乙の異議権を考慮したことに由来するものと認められるのであり、実質的には是認され得るものと考えるのである。

(57)　我妻栄『物権法』〔一八〕三(2)を見よ。

(58)　「第三者」だとされるのは我妻栄『物権法』〔一八〕三(2)(ロ)(b)。しかし、第一七七条の解釈としては、むしろ甲は乙丙間の取引の「当事者」であると見られるべきではないか。舟橋諄一前掲七三頁参照。

(59)　中間省略がすでになされそれが実質的権利関係に符合する以上は、公示力あるものとして有効と認められるべきであるが、中間省略を裁判上請求することは許されないと解すべきである。このことは登記法の原理からも要請されるのみならず（舟橋諄一前掲一一九頁、四宮和夫判例民事法昭和一六年度二五事件評釈）、本文にのべたような登記請求権と債権契約関係との不可分関係からも当然要請されるのである。

(60)　ただし、我妻栄前掲は反対である。

5　物権取引の公示

近代経済においては物が交換価値の担い手として存在し、その取引流通が経済の本質をなし、したがって、一つの物事に対し同時的にまた継起的に数人がたえず新しい関係を結ぶ。そこでは物権取引は、もはやかつて物がもっぱら利用の客体として静的に存在していたときとはことなり、常に動的に取引当事者以外の第三者との交渉と結びつけれている。物権取引は常に第三者との接触を内在せしめているのであり、したがって近代法においては、第三者との関係の合理的調整、すなわち「取引の安全」保護ということが、物権法のもっとも重要な課題となっているのである。近代法において物権取引の安全のために設けられる技術的制度の主なものは、公示と公信という二つのものである。まず前者から研究しよう。

物権関係の公示というのは、物権関係を一般取引界に対し外観的に明瞭ならしめることによって、取引を安全ならしめようとする制度である。近代法においては、物権のうちでもっとも重要な所有権および抵当権は、現実的支配を要素としない観念的な権利となっており、この観念的な、目に見えない権利を取引界に対し現実化し目に見えるようにすることが公示にほかならない。この意味において、公示は観念的な権利の歴史的成立によって必然的となったものであり、また公示と観念的権利とは物の交換価値的存在性によって必然的となったものであり、したがって公示は近代的な制度だと認められねばならないのである。ところで、しばしばつぎのようにいわれる。すなわち、物権は第三者に対抗されるものであるから本質上公示を欠くことはできない、原始法このかた物権は常に公示と不可分に結びつけられてきたし、のみならずかつては物権と公示とは現代法よりも不可分に結びつけられてきたのだ、と。しかし、原始社会において或いは中世社会において所有権の変動が常に厳格な方式・現実の引渡・登記・裁判所の関与等々によって行われたということは、単純に「公示」のためであったと解されてはならないと考える。なるほどひろい意味での「公示」がそこにあったと言えないわけではない。しかし権利と公示という対立はそこには存在せず、権利そのものが社会にあるためにまず、あるしかたで——その社会で是認され要求されるしかたで——支配を現実化しなければならなかったのである。取引が頻繁に行われずしたがって取引安全を保護することよりもまず、権利者自身のために彼の支配そのものを確保することが、そこでの問題の中心であったのである。しかるに近代法における公示は、すでに確立された観念的権利を第三者のためにふたたび現実化することを目的としているのであり、したがって、この意味において、「公示」は近代法においてはじめて独自的な意義を獲得するに至ったところの、近代的な制度だといわれねばならないのである。

わが民法における「公示」の規定はつぎのごとくである。不動産物権の変動は登記、動産物権変動は引渡がなされなければ「第三者に対抗し得ない」。すなわち、前にのべたように、わが民法は物権取引をまず当事者間の権利移転の問題とし、これを当然に対第三者関係においても妥当せしめ、ただ取引安全のため一定の範囲においてのみこの当事者間の関係の主張を制限する、という原理に基いている。この基本原理から、わが登記制度および物権変動の対第三者的効力の特質が生じているのである。つぎに「公示」に直接に関係あるかぎりで、登記、引渡および判例法上の特別の公示方法をながめよう。

一　登　記

わが民法においては、物権変動は、当事者の意思表示をその決定的な要素とする。このことは登記制度において、つぎの二つのことにあらわれている。

第一に、登記という制度は、物権取引そのものの内在的要素ではなく、いわばそのそとのものである。すなわち、登記は、物権取引をなす者が前主の権利をたしかめるための研究資料である。登記簿には不動産の権利変動の過程をすべてそのまま反映しておき、人はこれを見て真正の権利者が誰であるかを容易に——面倒な困難な権利の探究や証明(ローマの“probatio diabolica”を想起せよ)を要しないで——確知し得るのである。このことは、買主にとってのみならず売主にとっても利益をもたらすのであり、このことによって物権取引は容易になされ得るようになる。したがって、実際に行われた物権変動の経路がなるべくそのまま登記簿に反映されて記載されていなければ、このような役割を十分にはたし得ない。「すべての物権変動は登記されるべきである」という解釈的原則はここから由来するのであり、このような目的を有するのである。かくして登記法の解釈として、少くとも訴訟上の登記請求は常に、実体関係そのままを登記することの請求でなければならぬことになる(すなわち中間省略登記の請求は不可である)。ところで、物権取引における当事者の意思の支配、登記のこのような従属的役割は、登記官吏の「形式的審査主義」にもっともよくあらわれる。すなわち登記官吏は、登記さるべき物権変動が有効に行われたかどうかという実質的法律関係を審査する職務も権限もなく、ただ登記の申請が一定の手続上の形式的要件をそなえているかどうかを審査する職務と権限を有するにすぎない(不動登第四九条参照)。その結果、実体法上の物権変動の経過とことなる登記上の表示や、実体法上存在しない物権変動についての虚偽の登記、などの発生は防ぎきれない。そして、すべての物権変動を反映して物権関係の研究資料としようとする登記制度の目的は、結局やぶれざるを得ないという矛盾を生じているのであり、ここにおいて民法の主義は破綻を暴露する。このような登記制度の下においては、登記に公信力を認めることははなはだ不適当であるし、また逆に登記に公信力を認めようとする要求は、形式的審査主義をもって満足しないで、実質的審査主義を実現させずにはおかない(61)。のちにのべるように、わが民法が登記に公信力を認めないことは、まさにこのことの表現なのである。また、登記はわが民法上物権関係探究の資料であることから、外国立法例にならって、訴訟において「権利推定」の効力あるものと解釈されて(明文の規定はないが)いるのであるが、登記の記載が右にのべたように不安なものである以上、その「推定」の性質たるやはなはだ弱いものとならざるを得ぬのであり、おそらく、ドイツ民法におけるような「権利推定」とは質的にことなるものというべきであろう(62)。

第二に、民法は、登記なくしても物権取引が有効になされ得るということを原則として承認し、登記は「第三者」に対する対抗要件にすぎない、すなわち、「第三者」に対しては、登記なき物権取引があると主張することをゆるさないものとするにすぎない(第一七七条)。このような物権「主張」の要件としての登記は、前段にのべた登記のそれとは一応その性質において区別される。ここにのべる意味においての登記は、単なる物権関係の探究資料ではなくして、物権の効力の法的要件なのである。このことを特にはっきりと指摘されたのは舟橋教授である(63)。この二つの機能は、「登記簿」という一つの帳簿を中心とする一つの制度の中に統一されている結果、しばしば混同され、そのために多くの解釈上の混乱をきたしているのである。

物権変動の対抗要件としての登記についての実際的法律問題の中心は、(1)どのような物権変動が登記なくして第三者に対抗され得ぬものであるか、⑵登記がなければ対抗し得ないところの「第三者」、ことばをかえていえば、登記がないことを理由としてある物権変動の効力を否認し得る「第三者」、の範囲はどうであるか、という二つの点にある。

⑴　どのような物権変動は、登記なくしては第三者に対抗し得ないのであるか。現在、判例は、すべての物権変動は登記なければ対抗力なしと解している。しかし、つぎにのべるところの「第三者」を生ずる余地がないような物権変動については、そもそも対抗の問題が生じないのであるから、対抗力の前提としての登記を要求する実益がない。したがって、判例が、「第三者」についてつぎにのべるようないわゆる制限説をとっていながら、すべての物権変動について登記なくして対抗し得ないというのは、無意味と言わざるを得ない。学説についても同じことが言い得らるるであろう。しかし、すべての物権変動について登記を要求することは、前段にのべたところの、物権関係の探究資料としての登記に関するかぎりは、きわめて当然である。対抗問題について、すべての物権変動を登記すべしと解する判例および通説は、登記におけるこの二つの側面を明確に区別しないことに由来するのではあるまいか。(64)

⑵　登記なくして対抗し得ぬ「第三者」の範囲については、制限説および無制限説の対立があることは、周知のごとくである。(65)当事者以外のすべての者に対し登記なくして対抗し得ぬと解する無制限説は、物権関係を常に公示と結びつけ、画一的に処理しようとするものであり、取引安全という近代法的理想にもっとも近きものであることは否定し得ないところである。しからば、現在の判例および通説の認めるところの制限説、すなわち「第三者」とは「登記欠缺ヲ主張スル正当ノ利益ヲ有スル者」（明治四一年一二月二五日、民聯判）であるとする構成は、どのような根拠を有すると認められるであろうか。制限説を説く者は、「登記の欠缺を主張すべき正当の利益」を有しない者が法の保護に値しないということを理由とするが、その「正当の利益」が何であるかがまさに問題であるのであり、またそうだとすると無制限説のもつ近代法的合理性が説明され得なくなってしまう。要するに、「正当の利益」という判例の構成は、

「第三者」を制限するための一つの技術的表現にすぎず、制限説の実質的理由づけ、民法の規定からの根拠づけ、のためには、「正当の利益」ということは答えにはならないと考える。思うに、制限説の実質的根拠、すなわち無制限説の近代的合理性に対抗して制限説を主張するに足る根拠は、物権取引についての民法典の根本的構成にある。民法典は、物権取引が意思表示のみによってなされ得ること、かくしてなされた物権変動が当然に対外的に反射されることを根本原則としており、第三者への対抗要件としての登記は、この意思主義への例外として構成されているのである。すなわち、民法は登記による対抗について「第三者」の制限説を当然予定しているのであり、もしそうでないとすれば(すなわち無制限説のいうとおりだとすれば)、物権取引が意思表示のみによって効力を生ずるとする民法の根本原則は実質的に無意味となってしまうであろう(物権変動の「意思主義」の歴史的性格につきさきにのべたところを参照されたい)。あらゆる第三者に対して登記を要するならば、法は登記を物権変動の成立要件として構成すべきことになるであろう。制限説は、その実際的結果において無制限説ほどには近代的理想に近くはないにもかかわらず、わが民法の解釈として是認される実質的根拠は、まさにこのような点にあるものと言うべきである。このような終局的根拠からさきの具体的な細目的な解釈へは、もはや歴史的実在のロゴスとしての理論の問題ではなく、政策的および技術的考慮の問題である。ここにはその一つ一つを説く必要はあるまい。(66)

(61)　ドイツ民法では、実質的審査主義と物権行為の独立とによって(前述3二(3)以下)、スイス民法では不動産売買契約の公正証書作成主義と登記官吏の実質的審査主義とによって(スイス民法第六五七条第一項・第九六五条・第九六六条)、登記の記載を確実ならしめつつ(なおいずれにおいても、登記は物権取引の成立要件である)、登記に公信力を認めている。

(62)　登記の「権利推定」なる制度は、系譜的にはゲルマン法のゲヴェーレの効力に由来し(Hedemann, *Die Vermutung nach dem Recht des deutschen Reiches*, 1904 参照)、ドイツ民法第八九一条は権利推定を規定している。しかし、登記判事が実質的審査をなし且つ物権変動と厳格に結合されるドイツ民法の登記と、わが国の登記とは、その「推定」の性質において異なるものがあると思う。

(63)　舟橋諄一前掲三三頁、三七頁。

(64)　したがって、死亡相続による物権移転は登記なくも対抗し得る。判例が、「共同遺産相続人中の一人が遺産の全部につき不法に自己名義の単独所有として登記をなし、これを第三者に譲渡して移転登記をなしたときは、他の共同遺産相続人は登記なきゆえ、その譲受人に対し自己の持分を対抗し得ない」と判示しているが、登記名義があっても実質上権利なき者がなした処分は無効であり、したがってそもそも対抗の問題を生じ得ないのである。また取得時効による物権取得の場合にも対抗の問題を生じないと解すべきである。時効制度の本質は、一定期間以前の事実を裁判上主張することを禁ずることにあるのであり、したがって取得時効は過去のある時点から起算されるのではなく、問題となれる現在から逆算されるべきものである。そうでなくて、判例や多くの学説の解するように、時効取得後の第三者を問題とすることは、現在より一定時効期間以上へだたるところの古い時点を探求し問題とすることになり、時効制度の本質に反する結果となるのである。取得時効が完成しているかぎり「第三者への対抗」が問題とならないということは、取引の安全を害することにはなるが、それは民法が、登記ある権利の取得時効を登記に関係なしにただ事実支配の継続のみを要件として承認するということから生ずるのであって、やむを得ない。右のように解しないで取引の安全を何らかのしかたで保護しようという試みは、すべて、時効制度の本質との矛盾におちいらざるを得ないと考える。建物新築による原始取得もまた「対抗」の問題を生じないから、「対抗」のための登記を必要としない。

(65)　舟橋諄一前掲六七頁以下。

(66)　具体的に「第三者」の範囲をいかに認めるか、またそれをどのような技術的フォーミュラで定式化すべきか、ということについては、解釈論はさまざまである。それらの学説・判例の詳細は舟橋諄一前掲七〇頁以下を参照されたい。

二　引　渡

わが民法においては、動産所有権もまた、現実的支配から解放された観念的な物権である。動産所有権の譲渡は意思表示のみによって効力を生ずる。「引渡」はその対抗要件にすぎない(第一七八条)。引渡が観念的物権の公示方法であることは、規定の上にも明らかである。ドイツ民法典では、動産所有権の移転は引渡をその成立要件としていることは前にものべたとおりであるが、これまた「現実的」物権のゆえではなくして、近代的な観念的所有権と公示という対立に基くものなのである。しかし、引渡は、登記とことなり、観念的所有権の公示方法としてはきわめて不完全なものである。一体、観念的所有権ということは、所有権が現実的な占有から解放されたこと、所有権が必ずしも現実的な占有において具体化されないこと、にほかならないのであり、したがって、占有関係の変動を観念的所有権の変動の公示方法としようとすることは、それ自体において矛盾といわれねばならないのである。

所有権の譲渡には引渡 traditio を要するとしたローマにおいても、すでにある程度の観念的引渡が認められていた。すなわち、簡易引渡(中世人のいわゆる brevi manu traditio)および占有改定(中世人のいわゆる constitutum possessorium)によって観念的に引渡が行われ得たのであったが、これらの観念的引渡を可能ならしめた媒介物たる代理占有関係は、多くは実質的な社会的関係として一つの現実性を有したものと認め得られるのであり(占有代理人は占有訴権を有しない社会的地位であったことに注意)、近代法におけるような平等者間の純観念的関係ではなかったものと認められるであろう。[67] しかるに、近代法においては代理占有関係は全く社会関係として無色な観念的関係であり、何らの外形的事実を伴わず、したがって民法が規定するところの引渡代用方法(簡易引渡・占有改定・指図による占有移転)は何らの公示力をもたぬといわねばならない。だからといって、すでに占有から分裂した観念的所有権についてこれらの引渡代用方法を立法上否認してみても何にもならない。当事者はただ、現実的な引渡をしてすぐにまたもとの占有状態へもどす、という無意味な行為をしさえすればよいことになるのであるからである。そうして、いわゆる売渡抵当がひろく行われるに至ると、公示方法としての引渡はますますその機能を失ってしまう。要するに、引渡は観念的所有権の下においては公示方法としてきわめて不完全なものといわれ得るのである。

はたして、動産取引の公示方法としての引渡を——このような観念化した引渡をも含めて——、制度として維持すべきであろうか。わが国とドイツでは、問題の解決は逆になっている。ドイツの判例は、引渡を厳格に解してこれを公示方法として維持しようとしている。すなわち、観念的引渡のうちでもっとも観念的な占有改定について、ドイツの判例は、単に「譲渡人が取得者のために所持する旨の意思表示」(いわゆる抽象的占有改定 abstraktes Konstitut) だけでは引渡にならぬとし、賃貸借・用益物権・寄託などのごとき、取得者の間接占有を生ずべき法律関係の設定を要すると解して、占有改定の認定を制限するにかたむいているのである。(68) しかるに、わが判例はこれと反対に、占有改定を全く寛やかに認めている。おそらく判例法原理によれば、売買契約が締結されしかも目的物たる動産が売主の手もとにある場合には、常に占有改定を認める、ということになるであろう。(69) すなわち、わが判例によれば、現実の引渡がない場合には常に占有改定による引渡が認められることになるのであり、引渡を対抗要件とする民法の規定はこのことによって実質的意義を失うに至っているのである。ドイツおよびわが国の判例におけるこの二つの対立する解決から、人は何をまなぶであろうか。思うに、ドイツにおける制限的解釈は、ドイツ民法典における物権取引の形式主義の所産であろう。引渡を物権取引の成立要件とするドイツ民法典の基礎には、さきにのべたように、観念的な物権変動の意識よりもむしろ現実的な物権変動の意識が支配しており、したがって質権設定の要件としての引渡が占有改定を含まない(ドイツ民法第一二〇五条・第一二五三条参照。民法第三四五条)という原理が行われるのに並行して、所有権譲渡についても「引渡」を厳格に解することになるのは自然的であるといわれ得るであろう。のみならず、制度的技術的にみても、ドイツ民法においては引渡の有無はあらゆる側面においての所有権の主張の要件であり、わが民法におけるように他の物権主張者との関係においてのみ必要とされるのではないのであるから、引渡の有無は法の世界において一つの独立の意義を有することになる。しかるに、わが民法においては物権変動は観念的のものとして構成されており、しかも引渡が実際上所有権関係を公示するに不適当なものである以上、わが判例のごとき解釈が出てくることはこれまた民法の法的意識においては自然のことといわねばならない。そうして判例のこのような解釈は制度的技術的につぎのような結果をきたすことになる。すなわち、わが民法においては、引渡は登記と同じく物権変動の「対抗要件」であり、「第三者」すなわち物権主張者に対してのみ必要とされるところの要件である。したがって、引渡なる要件が解釈上実質的意義を失うに至っても、問題は、公信力制度によって「第三者」(民法第一七八条にいわゆる)を保護することによって解決され得ると言い得るであろう。不完全な公示方法たる引渡は、対抗要件としてこれを維持することはおそらくあまり実質的意味をもたぬのみかいたずらに問題を複雑ならしめることになるのであり、むしろ占有の公信力によって物権関係を規整するをもって足るのではないかと考える。

　引渡のこのような公示方法としての不適格性のゆえに、動産物権の公示については新たな技術的制度が必然的となった。その第一のものは、物権を有価証券(貨物引換証・船荷証券・倉庫証券など)に化体せしめる、という方法である。有価証券は、動産そのものとはことなり、観念的権利としての支配以外に「利用」をゆるすことなきものであり、したがって、それについては「占有」を公示手段として貫くことが可能である。かくして、動産物権は有価証券に化体されることによりはじめて占有(および引渡)によって公示され得るものとなるのである。有価証券に化体された動産物権の取引は、その証券の引渡を効力発生要件としているが、このことも証券については権利主体と占有とを常に結合し得るという右の可能性に基くのである。第二は登録である。これはいうまでもなく不動産の公示方法の拡張である。しかし、動産のほとんどすべてのものが個性を欠き(或いははなはだ稀薄であり)、また無限に近いほど数が多いという事情は、動産登録の制度の実現を困難ならしめる。このことは、農業動産信用法におけるごとき一つ一つの動産の登録の場合に特にそうである。しかし財団抵当においては、動産は財団全体と有機的不可分の関連をもっており、そうして財団の中心となる不動産の公示を媒介として公示が比較的に容易なものとなる。したがって、動産登録の制度は、将来はおそらく、登記される不動産を中心として構成される財団についてのみその効用を発揮することになるのではあるまいか。このような制度の下においては、しかし、動産はむしろ財団の中心たる不動産に結合され、財団としての不動産的存在に転化しているのであることを注意すべきであると考える。動産登録が個々の独立の動産についてなされるか、財団としてなされるか、によって登記の効力もまたことなる。一つ一つの動産物権の登録においては、その公示方法としての不完全さのゆえに、登記の効力ははなはだ弱い。登録はただ善意の第三者に対してのみ要求される対抗要件である(農業動産信用法第一三条)。これに反し、財団抵当にあっては動産の登記の効力もその中心をなす不動産の登記に一致させられ、一般に「第三者」に対する対抗要件とされているのである(工場抵当法第一四条第一項、民法第一七七条)。

(67)　ただし longa manu traditio は純然たる観念的引渡であったようである。
(68)　Biermann, *Kommentar*, Anm. 1 c) u. d) z. § 930 BGB を見よ。
(69)　大判大正四年九月二九日(民録一五三四頁)、同明治四三年二月二五日(民録一五三頁)。我妻教授もこの判例理論を是認されている(『物権法』(二四)二(2)(イ))。

三　明認方法

民法典が規定する物権変動の公示方法は登記および引渡の二つだけであるが、判例は、学者によって「明認方法」とよばれる新たな公示方法を承認した。判例がこれを認めたのは、立木および未分離の蜜柑・桑葉・葉煙草などである。これらの「物」は民法の構成によれば不動産の一部分であり、独立の物権の客体となり得ないのであるが、取引界にはこれらを土地から独立の「物」として取引の客体とする慣行が存在した。そうして、これらの物の取引はそれぞれ現実的支配の移転によって行われていた。その手段としては、本来的な現実的の支配そのものの移転も行われたが(たとえば、買主が番人をおくというがごとき)、しかしこれらの物が土地とはなれて取引されるのである結果多くの場合には現実性の弱められた種々の占有の移転が行われた。これらの・多かれ少かれ現実的な支配の移転の方法は具体的にはつぎのごとくである。薪炭製造用として立木を買受けその山林中に小屋・炭竈その他の製炭設備をして製炭するとか、山林の数個所に立木の皮を削って現在の所有者を墨書する(「何某所有山林」というように)とか(もっともひろく行われる方法)、立札をもって買受人を表示するとか、の方法が行われる。法社会学的には、現実的の占有或いはこれらの明認方法を媒介としてこれらの物の独立の処分が可能となっているものと認められるのであり、また同時にこれらの物の独立の処分の必要が、これらの種々のニュアンスをもつところの占有移転方法を生みだしたのであった。判例は、このような慣行を無視し得ず、その「理論構成」に無理をしながら、この慣行を国家法の体系において「認知」した。その際、判例は、立木については、この慣行をつぎのように、民法的に構成した。すなわち、物権変動は純粋に観念的に意思表示のみによって行われるものとし、これらの現実的支配移転の方法は第三者に対する対抗要件となるものとすることによって、この慣行的取引の過程を二つの要素に分裂せしめた。おそらく、実定法の基礎を欠くこれらの慣行的取引にあっては物権の観念的移転の意識は稀薄であったのではないかと思われるのであり、この判例によって現実的支配の移転は新たに「対抗要件」に転化したものと認めらるべきであろう。ところで、判例は、未分離果実の取引の対抗要件は、引渡とともに明認方法をなすことである、としてつぎのように言う。「其権利ヲ第三者ニ対抗スルカ為メニハ、常ニ必ス、其果実ノ定著スル地盤又ハ草木ノ引渡ヲ受ケ若クハ売主ノ承諾ヲ得テ何時ニテモ其果実ヲ収去シ得ヘキ事実上ノ状態ヲ作為スルト同時ニ、其状態カ外部ヨリ明認セラレ得ヘキ手段方法ヲ講スルコトヲ要ス(70)」。対抗要件がこのように構成されていることのうちに、慣行的取引における現実的支配移転の右のごとき性格を、観念的な権利とその公示という観念的な関係ではなくして現実的な支配の移転として存在する公示的要素を、よみとることができるであろう。未分離の果実について特に明認方法のほかに引渡をも要求することが、立木の場合と論理的には矛盾することは学者の説くごとくである。(71) しかし、慣行としては立木についても、買主は、地盤への立入の許諾、「何時ニテモ〔立木を〕収去シ得ヘキ事実状態」を得ているはずであり、このような事実関係なしに立木の所有権移転があるわけはないのであり、したがって、右の判例の構成するような関係は立木についても存在すると認められねばならないのである。しかし、観念的な所有権と対抗要件という近代法的な構成の中にこの慣行的関係を再構成するということになると、右の判例のいわゆる「引渡」的要素は、一方では観念的所有権の権能に吸収され、他方では純事実的支配(その一方法として明認方法)に移行してしまわなければならない。この再構成の困難さが右の判例にたまたま暴露されたのである。このような意味においては右のような判例理論は社会的地盤の実質に即しているとも言えるであろう。しかし、一般の取引における所有権の観念的移転の意識、また未分離果実の取引の国家法上の承認、などの事実は次第に、観念的権利の移転と、非現実的な公示性とを社会的事実の上にも確立してゆくであろうし、したがってまた判例法理もこれを確認せざるを得ぬのであろうと思われる。

(70)　大判大正五年九月二〇日(民録一四四〇頁)。

(71)　我妻栄『物権法』(〔二七〕(2))参照。

6　物権取引における公信の原則

一　総　説

近代法においては、原則として物権変動は公示され、何びとが物権者であるかは外形的に明瞭な形で公示される。

したがって、公示制度は同時に、物権関係についての強力な証拠となり、高い信用力を具えるに至る。しかし、真実の権利がないのにかかわらず、それがあるかのごとき公示がなされ、権利者らしい外観が成立することがあり得る。すなわち、真実の権利と矛盾した公示が存在することがあり得る。この場合に、その公示を信頼して物権取引をした者を保護して物権を取得せしめ、真実の権利者をしてその権利を失わしめるに至るものとする制度、——これが、公信の原則 Grundsatz des öffentlichen Glaubens と称せられ、一般に近代法に採用されるところのものである。このように、「公信の原則」は、近代的な公示制度——その前提は、さきにのべたように、近代的な所有権の観念性であるが——と近代的な取引という歴史的基礎の上に成り立つところの近代的な制度である。このことを、より立ち入って考察すると、——

(1)　「何びとも自己の有するより以上の権利を他人に譲り渡すことを得ない。」Nemo plus iuris ad alium transferre potest quam ipse habet. これを裏から表現すれば、権利の譲渡が行われた場合に譲渡人が無権利者であったときには、譲受人はその権利を取得し得ない、と言うにひとしい。これは、近代法の一つの根本原則である。抽象的に考えれば、右の原則は近代法のみならず、およそ法の普遍的原理であると言い得られる。なぜかと言えば、右の原理は「法律上譲り渡すことを得ない者は譲り渡すことを得ない」という tautology なのであるから。しかし、右の原理が近代法の原理だと言う場合には、それ以上のことを意味している。すなわち、近代法においては、権利は、all or nothing の二つの alternative という関係において存在しており、権利関係は全取引社会に向ってただ一とおりのしかたにおいて存在しており、一つの権利[72]がAに対する関係においては存在するがBに対する関係においては存在していないというような、相対的な関係において存在するということはあり得ない、このことを所有権について言うと——右の法格言も、所有権について特に意味をもつのであるが——、近代法においては、所有の法体系はゲヴェーレの原理においてあるのではなく、近代的な絶対的権利としてある、ということが右の法格言によって表示されているのである。だから、右の法格言は近代法の所有権の本質を、その一つの具体的な側面を、言い表わしていることになる。

いわゆる公信の原則は、この原則に例外を設ける。すなわち、「本来移転していないはずの権利を、一定の条件のもとに、譲受人は有効に取得する」とされる。ところが、このような法原理もまた、このような抽象的表現＝「構成」においては、近代社会に限らずむしろ古い時代から存在したようにみえる。そうして、少からぬドイツの学者は、公信の原則は原始ゲルマンからつづいている伝統的な制度であると主張している。(73)しかし、これは、あたかも物権の「公示の原則」が原始ゲルマン時代から存在していると主張するのと同じ誤り、すなわち、制度の特殊＝近代的な意義を見おとし、一つの歴史的・現実的制度をその抽象的・観念的な表現・構成をとおして、そのようなものとして見るという誤り、におちいっている。

公信の原則は、つぎのような特殊＝近代的な意義をもつものである。すなわち、それは、抽象的に言えば、「信頼の保護」とか「取引の安全」とかいうような普遍的な要求に基いているように見えるが、各々の歴史的社会はそれぞれに固有な「信頼の保護」・「取引の安全」の要求をもっているのであり、近代社会は近代的な「取引安全」の要求をもっている。というのは、資本制社会においては、一つ一つの取引(商品交換)は、個別的に孤立して意味をもっているのでなく、取引当事者にとってのみならず、全取引社会にとっても、それを含む多くの取引の連続・連関において意味をもっている。一つ一つの取引は、個別資本の順調な再生産の循環の不可分の構成部分であり、このことは、貨幣資本の循環の面からながめると、「合理的な予測と採算」、マックス・ヴェーバーのいわゆる Berechenbarkeit の要求、ということになる)、しかも同時に、社会総資本の順調な再生産の循環の不可分の構成部分である。だから、信頼された所有権の取得そのものが保護されることが要求される。ただ「信頼が保護されねばならぬ」ということ一般が問題であるならば、公信の原則は必ずしも必要ではなく、損害賠償で十分だと言わねばならない。事実、中世ゲルマン法においては、近代法の公信原則におけるような即時取得の保護は承認されず、買主はただ動産の場合にのみゲヴェーレ的所有の薄弱性の反射として「保護」されたかのごとき結果となったにすぎず(詳しくは、第三章にのべたところ参照)、不動産の場合には真正所有者の追奪に対してはただ売主の担保責任によってのみ保護され得たのであった。[74] 近代法で、信頼の保護が、所有権そのものの即時取得という方法で保護されているのは、一つの特殊＝近代的な意味をもっているのである。この法律的な側面を今少し立ち入ってながめることとしよう。

(2)　公信の原則は、近代的所有権の観念性と不可分の連関をもつところの法原理であり、この意味において特殊＝近代的である。外形的に明白な現実的支配の事実と所有とが不可分に結合されているところのゲヴェーレ的体系の下においては、真実の権利と権利の外観との分裂という現象は起り得ない。権利の外観たる現実的支配があるところには、たとえそれが何びと(besseres Recht を有する)かとの関係において瑕疵あるものであったとしても、ともかく現実的支配を有するかぎり全くの無権利ではないのであり、したがって彼から承継取得した者は、その承継行為がそれ自体として有効な要件を具えているかぎり、無権利ではないのである。だから、このような承継取得者の権利が、一定の条件の下において、besseres Recht を有した者にも対抗し得る権利に転化した場合にも、弱き権利から完全な強き権利への生長があるのみであって、そこにはやはり承継取得が認められるだけである。がこれに反し、公信の原則の下においては、全き無権利者から完全権利者への転化(すなわち、原始取得)という権利関係の突然の転換(一方において無より有へ、他方において有より無へ)が生ずるのである。このことは、この二つの法体系の間のつぎのごとき対立においてもあらわれている。すなわち、ゲヴェーレ法においては、問題は旧所有者の回復請求権の制限という構成をとるが、近代法においては、新所有者による所有権の取得という構成が必然的となる。そうして歴史上この両者の

中間に立つのが、旧所有者の所有権の喪失という構成である。(75) またこれらのことと照応して、この二つの原則におけ
る権利取得の重点の差異が存在する。ゲヴェーレ的体系においては、承継取得者の権利取得の基礎は、彼が前主から
ゲヴェーレを得たということに存するが(承継取得)、公信の原則の下においては、承継取得者が前主の無権利に拘わ
らずその権利を信頼したという点(原始取得)に、権利取得の基礎が存する。これは、前者においては所有権の現実性
が権利の本体をなすに反し、後者においては所有権の観念性のゆえに、権利取得者の取得する事実的支配が法律上主
たる意味を失ったからであり、そこではむしろ前主の権利の外観の方が決定的意義を有するに至っているのである。(76)

そこで結論はこうである。われわれは、公信の原則なるものを、無権利者よりの承継取得の場合における善意取得
者の保護一般というふうに漠然と理解すべきでなく、所有権の観念性に媒介された特殊＝近代的な構成をもった制度
として理解すべきである。このことは、法律構成を正しく把握するという純理論的興味からのみでなく、特別な性格
と構成とをもつ日本民法の規定の解釈においても、重要な意味をもつことはのちにあきらかとなるであろう。

公信の原則を規定するにあたって、ドイツ民法とフランス民法とは、また著しくその内容を異にする。フランス民
法は、不動産については公信の原則を規定せず、ただ動産についてのみこれを規定し、しかもその「構成」はのちに
のべるように、明瞭な観念的所有権の上に立脚せず、むしろ動産について占有と所有とを区別しないところのゲヴェ
ーレ的「構成」の上に立脚している。これに対し、ドイツ民法は、動産・不動産のいずれについても観念的所有権の
基礎の上に立ち、取得者側の善意的信頼を保護するという近代的な公信の原則を規定している。日本民法は、フラン
ス民法の立法主義にならった。すなわち、(1)動産についてはゲヴェーレ的な構成の下に公信の原則を規定したが、し
かも民法典は、他方では動産について観念的な所有権を規定していることはさきにのべたごとくであり、ここに民法
典自身の中に構成上の矛盾をもっているのである。(2)つぎに不動産については全く公信の原則を規定しないこともフ

ランス民法と同様である。以下においては、これらの立法例と比較しつつ日本民法の規定の構成、意味、機能をあきらかにすることにつとめよう。

(72) 権利の現実的な発現型態、——裁判所における現象型態——としての訴権の関係においては、相対的な関係を生じ得る。しかし、裁判所による権利関係の確定の前提となっているところの実体法の関係においては、権利はすべての人に対する関係において同一だということが前提されている。

(73) O. Gierke, *Deutsches Privatrecht*, III, S. 561; Hübner, *Grundzüge des deutschen Privatrechts*, S. 447–8. 意識の上で連続があり、また存在の外形の上で連続があったことは承認されねばならぬが、制度の内容においては連続がないことが注意されねばならない。近代的な制度の成立が、旧来の制度の残存型態を利用し、その上に構成されたのにすぎない。

(74) ドイツ法では、——不動産が不法に侵奪された場合には、被侵奪者は侵奪者またはその承継人に対し、侵奪された不動産の返還を請求し得た。承継人は前主のもっていた瑕疵ある権利(地位)をゆずり受けたにすぎない。ただし、もし被侵奪者が一年一日 Jahr und Tag の間回復請求をしないと、現在の占有者の地位は、何びとによっても争われない強いものへと上昇した。川島「所有権の観念性」(法協六一巻一号)参照。

(75) フランス民法では、その法律構成の形式の上では今なお、旧所有者の回復請求の制限として規定されている("En fait de meubles, la possession vaut titre.")。旧所有者の所有権の喪失として構成した最初のものは、ドイツでは Cod. Ther., II, 8 であり、この構成の下においては、善意取得者の所有権取得はその反射となる。善意取得者による所有権取得として構成したのはドイツ旧商法(第三〇六条)にはじまる(vgl. O. Gierke, *Deutsches Privatrecht*, II, § 134, S. 566, Anm. 69)。過渡的型態は ALR, I-10, § 3; I-15, § 42 ff.

(76) すでに中世都市において、Hand wahre Hand の原則が制限され、第三取得者の善意がその要件とされる、という形式で、近代的即時取得への最初の萌芽が生じたことを注意しておこう(そのはじめのものは Hamburg, *Stadtrecht*, II, 2, Art. 7. vgl. O. Gierke, *Deutsches Privatrecht*, § 134, Anm. 63)。

二　動産取引における公信の原則

(1)　民法典における、動産取引の公信の原則は、「占有権」の章の中に、つぎのように構成されている。すなわち、「平穏且ツ公然ニ他人ノ動産ノ占有ヲ始メタル者カ其ノ占有ノ始メニ善意ニシテ且ツ過失無カリシトキハ、即時ニ其ノ動産ノ上ニ行使スル権利ヲ取得ス」る(第一九二条)。現代の所有権(或いは物権)の観念の基礎の上に立って右の規定をよむときには、右の規定はまことに不可解なものである。なぜかと言えば、右の規定は、いやしくも善意無過失で他人の所有物を占有しさえすれば即時に「其ノ動産ノ上ニ行使スル権利ヲ取得ス」るというのだからである。それにもかかわらず、この規定が、右のような文字上の意味とはちがって、公信の原則という近代的な内容を規定しているのであるということについては、学者間に異論を見ない。すなわち、右の規定は、取引(法律行為)による承継取得の場合にのみ適用されるべきであり(「平穏且ツ公然ニ」ということばは、時効についての規定におけるとはことなって、このこと以上の意味をもち得ないことになる)、善意無過失というのは譲渡人の処分権限についての善意無過失以外の何ものでもなく、「即時ニ其ノ動産ノ上ニ行使スル権利ヲ取得ス」というのは前主の無権利に関わらず所有権または質権を原始取得する(あたかも前主が権利者であったかのごとく)ということである、と解釈されている。したがって、これを即時取得とか即時時効とかのことば(これらは、のちにのべるように、第一九二条の母法であるところのフランス民法典の規定についての表現に由来している)で表現することは正当でないと認められる。[77] 条文の字句からは遠いこのような解釈は、右の規定の模範となったフランス民法の規定の解釈から由来しているのであり、したがって、何ゆえに公信の原則がこのような法律構成のうつわの中に入れられているのか、そのことによってどのような特殊的な結果を生じているか、についての解決の手がかりを、われわれはそのフランスの規定に見出すことができる。

(2)　民法第一九二条以下は旧民法証拠編第一四四条以下を修正したものである。[78] 後者は、「動産ノ取得時効」の章の中に規定され、旧民法においては時効は「時ノ効力ト法律ニ定メタル其他ノ条件トヲ以テスル取得又ハ免責ノ法律上ノ推定」としての証拠であると構成されている(証第八九条)。ところで、旧民法のこの規定は、フランス民法の第二二七九条の解釈の内容を綜合し要約したものであることについては、疑いの余地のないところである。[79] だから、つぎに、フランス民法の規定の構成と意味とを、ここで必要なかぎりで概観することとする。

フランス民法第二二七九条は、公信の原則を、「動産については、占有が権原に値する」En fait de meubles, la possession vaut titre. と規定する。この規定は、ゲルマン的な表現の中に近代的な取引保護を規定するものであることは、フランスにおけるその歴史から知られ得る。簡単に要約すると、一三世紀までは、フランスではゲルマン法のゲヴェーレの法則が支配し、Meubles n'ont pas de suite.(動産は追求力を有しない)とされ、所有権そのものに基く返還請求が否認され、ただ占有者の意思に基かない喪失と盗難の場合にのみすべての人に対し自分のもっていたゲヴェーレに基いて返還を請求し得た(ここでは、取得の善意は問題とならないのは当然である)。しかるに一四世紀から、大学で講義されていたローマ法が法廷において採用されて、所有権に基く返還請求が原則的に承認されるようになり、その結果、一五世紀には旧来の慣習法との間に対立を生じたが、一六世紀に至るとローマ法原則の支配は決定的となった。ただし、抵当権に基く追求のみは例外的に否認され、前記のゲヴェーレの法格言は Meubles n'ont pas de suite *par hypothèque.* と形をかえて伝えられるに至った。一七世紀以降、商品生産が飛躍的に発展しその結果として商品取引が頻繁となるに至り、無制限の追求権を制限する必要にせまられ、まず追求権の期間の制限が、少数の coutumes によって、或いは裁判官によって承認され、ついで意思に基いて占有を失った者の(フランス学者のいわゆる "abus de confiance" の場合)追求権そのものが否認されるに至った(一八世紀半)。この最後の到達点は、外形においてはゲルマン古法の復活であるが、その実質的内容においては近代的である。当時追求権の否認を主張した学者は、「善意取得者の保護」という近代的な理由をあきらかにのべているのである。[80] ところがこの結果は、外形においてはゲルマン古法の復活であり、しかも“Meubles n'ont pas de suite”という表現は、それに par hypothéque か付加された・ローマ的な追求権の原則とまぎらわしいので、ここに新しい表現「占有が権原に値する」La possession vaut titre. が成立するに至った。これがナポレオン法典にそのまま採用されたのである。

このような規定の現代における実質的意義・目的は、善意取得者を物権的追求に対し保護するにあるということは、学者の承認するところである(81)。すなわち、それは所有権が物権的な追求権を有するという近代的な原理の基礎の上に立っている(82)。だから、「占有が権原に値する」というゲヴェーレ的な表現は、広きに失し、この近代的な所有権の基本原則と矛盾する。しかし、この表現は、近代的な制度の技術的な「構成」として自らの固有のゲヴェーレ的な論理をもっている。ここから、法技術的な問題がはじまる。この構成の下においても、取得者の善意は解釈上当然視され、要求される。しかし、この「構成」は、問題の解決を、追求される者の所有権取得——旧所有者の所有権喪失——によっていないで、追求される者の一定の占有というゲヴェーレ的観念によっている。これに対応して、追求する権利は所有権に基くものであることが「構成」においては要求されていないのであり(「構成の中心は、追求される者の追求拒絶)、したがって、盗難・遺失の場合の返還請求権も所有権に基く必要はなく、占有者(たとえば受寄者)であればよいと解釈されている(83)。「占有が権原に値する」ゆえ、物権的な追求権から分離された独立の占有訴権は、動産については存在の余地がない(84)。ここに、この「構成」の固有のゲルマン的論理が存在する。

(77)　即時時効、即時取得という概念については、梅謙次郎『民法要義』巻一第一六二条・説明(増訂第三四版四一三頁)を見よ。なお、同じ概念にしたがって規定された旧民法について、起草者ボアソナードの説明は興味がある。Boissonade, *Exposé des motifs*, t. 4, 1891, p. 519 et seq.

(78)　民法修正案理由書第一九二条の項を参照せよ。

（79） 民法典起草者の一人富井政章『民法原論』第二巻上六八三頁「其規定〔旧民法証一四四条〕ハ有名ナル仏民法第二千二百七十九条ニ所謂「動産ニ関シテハ占有ハ権限ニ値ス」トノ法則ヲ敷衍シタルモノニ外ナラス」。

（80） Valin は、*Commentaire de la coutume de la Rochelle* (1756) の中でこう言っている。「後者〔所有者〕は、物が受寄者の占有からはなれた時以後は、その物に対する追求権をもたない。その理由は、彼が受寄者の誓約 foi に全く従ったということ、そうしてその信頼 confiance は善意の買主を害するを得ないということ、である。」また、同じく一八世紀の学者 Bourjon は、「取引の安全」"sureté de commerce" を理由としている (Planiol, *Traité élém.*, I, n° 2471, 2479 による)。

（81） Planiol, *op. cit.*, I, n° 2476.——中世においては、Meubles n'ont pas de suite. の原理は、取得者の善・悪意を問わなかったことに注意。"Meubles n'ont pas de suite, et mesmement quand il est tenu à juste titre et à bonne foi." (Brodeau, *Coutumes de Paris*, II, p. 531) (Planiol による)

（82） たとえば、受寄者の債権者に対しては、所有者は所有権を主張し得ることは、当然のことである (Planiol, *op. cit.*, n° 2476–77)。この場合には受寄者の「占有は権原に値」しない！

（83） Planiol-Ripert, *Traité pratique* (Picard), III, n° 391.

（84） Aubry et Rau, II, § 185, Note 2; Planiol, *op. cit.*, I, n° 2304; Picard, *op. cit.*, n° 184.

日本民法の規定は、右のような規定のもとにおける解釈の内容の再構成であることは、さきにのべたごとくであり、民法第一九二条の構成はただこのようなものとしてのみ理解され得るのである。すなわち、同条の「構成」は、善意取得の要件の重点を、占有（ゲヴェーレ）の取得という点におき、さらにその効果の重要性、取得した占有が正当視される（「動産ノ上ニ行使スル権利ヲ取得ス」）という点においている。[85]「占有権」の章の中に規定されたのは、このゆえである。また、第一九三条は盗品遺失物の回復請求権を規定するが、請求権者は「被害者又ハ遺失主」であって所有者である必要はないし、条文の字句の上では「被害者又ハ遺失主」でないところの所有者は第一九三条の制限とは関係なしに永遠に回復請求をなし得るかのごとくに見える（ただし解釈上は反対に解されているが）。民法はここで「構成」の上では、所有権に基く回復請求権としていないのであり、したがって、第一九二条ないし第一九四条においては、善意取得者の所有権の取得が規定されているのではなく、ただ回復請求権（ゲヴェーレ的性質を有する）の拒否および制限が規定されているにすぎない。従来学者は、第一九三条・第一九四条の場合に所有権が原所有者にあるのか取得者にあるのか、を問題としているが、[86]これらの規定自体は所有権の帰属については規定していないのであり、ただ回復請求が成立せず或いは消滅することの反射として善意取得者の所有権取得が成立する（近代法たる民法においては、所有権なき物が存在し得ぬという一般的原則が支配しているから）にすぎない。このような意味において、回復請求権の存続中は所有権が原所有者にあるということが承認され得るのである。しかし、構成の上におけるゲヴェーレ的性質はともあれ、その規定の現実にもつ意味と役割とは、あきらかに、近代的な公信原則である。したがって、解釈上は、従来多くの学者が建設してきた解釈論は正当であることは言うをまたない。[87]

（85）　民法修正案理由書第一九二条の説明は言う、「……動産ノ占有ニ因リテ即時ニ権利ヲ取得スルコトヲ得ル如キコトハ固ヨリ之ヲ占有権ノ効果トシテ規定スヘキモノニシテ時効ノ規定中ニ編入スル（旧民法の如く）ハ其当ヲ失スルモノト云ハサルヘカラス何トナレハ如斯事項ハ時ノ効果ニ関係ナキモノニシテ其性質ハ全ク占有保護ノ規定ニ属スレハナリ……」法典調査会民法議事速記録六ノ一六三以下には、「穂積陳重君……既成法典ノ例ニ倣ツテ之ヲ時効ノ所ニ入レルコトガ出来ヌ……能ク其性質ヲ考ヘテ見ルト云フト全ク此占有保護ト其性質ヲ同ジウシテ居ツテ動産ノ如キ即チ其所有主ヲ容易ニ替ヘラレルモノハ其替ヘテアル実際ノ有様ト云フモノニ或法律ノ保護ヲ与ヘルト云フコトハ其持ツテ居リマスル人ノ為メニ又第三者一般ノ人ノ為メニ必要ナルコトデアリマスルカラ所有権ノ取得ハ完全ナル占有ト共ニ移ルト云フコトニシタノデゴザイマス」（傍点—川島）右の議論に対し箕作麟祥博士は鋭くも反対してつぎのように言っている。「……何ウモ占有権ノ効力トシテ所有権ヲ取得スルト云フコトハ少シ往キ過ギテ居ルヤウニ思ヒマスルガ是ハ此占有権ノ効力ト云フ所ニ御入レニナラヌデ……所有権取得ノ方法ト云フモノガアルナラバ其方ヘ御入レニナツタ方ガ穏当ノヤウニ思ヒマスルガ何カ差支ガアルノデゴザイマセウカ」。

(86)　原所有者にあると解する立場は、富井政章『原論』(二巻七〇八頁)、三潴信三『物権法概要』(三〇〇頁)、石田文次郎『物権法論』(三六六頁)。取得者にあると解する立場は、末弘厳太郎『物権法』(二七二頁)、末川博『民法研究』(二巻一八六頁)、我妻栄『物権法』(一三〇頁)。――民法典起草者は、第一九三条の期間が経過するまでは占有者は第一九二条によって所有権を取得するのではないと考えていた。「穂積陳重君……一方デハ通常即時時効ト称スルモノニ依テ所有権ヲ得ルト云フ コトガアリマスルガ此場合丈ケハマダ所有権ハ取得シテ居ラナイゾト云フコトヲ明ラカニスルガ為メニ殊更ニ前条ノ例外トシテ本条ヲ掲ゲ然ウシテ又「其所有者ハ」ト云フ字(現行法では「被害者又ハ遺失主」となっている)ガ利クノデアツテ前ノ所有者ト云フモノデナシニ盗マレタ人落シタ人ト云フモノガ此処迄モ所有権ヲ持テ居ルモノデアル夫レガ取上ゲルコトガ出来ルノデアルト云フ意味デ本条ヲ書イタノデアリマス」。

(87)　善意取得――すなわち無権利者からの承継取得を解釈論的に構成するための Rechtsdogmatik としては、いろいろの煩瑣な「理論」がある(その詳細については、田島順『民法一九二条の研究』四八三頁以下を参照せよ)。しかしそれらの論理構成は、全く Dogmatik のために構成された論理で、既成のドグマと調子をあわせるために或いは既成のドグマからの論理的演繹ないしその一適用としての形をととのえるためにつくられた、論理法学の所産にすぎない。

ドイツ民法典(第九三二条以下)は、問題を近代的に把握し構成している。学者は、しばしば、その規定がゲルマン法の Hand wahre Hand の復活だと安易に説明するが[88]、それは構成の外形の上での復活にすぎず、その内容はきわめて明瞭に近代的である。そもそも起草者自身がはっきり問題を把握していた。すなわち起草者は、問題を物権の公示と関連せしめて、近代的な・信頼の保護、所有権の取得として把握していたのであり[89]、だから、現在見られるような・あきらかに近代的な「構成」が成立したのである[90]。すなわち、第九三二条で規定されているのは、無権利者からの承継取得であり(Übertragung durch den Nichteigentümer と題される)、前主に対する信頼が保護される(善意無過失が要件として明記される)。善意取得者による占有取得は、一般所有権承継取得の要件の一適用として規定されているのであり、特に占有改定による占有取得をこの場合にかぎり排除するのは、ただ、真正の所有者の「静的安全」の顧慮に由来するにすぎない[(91)]。その効果としては、所有権の取得(性質上、原始取得)が成立し[(92)]、盗品・遺失物の場合にも所有権取得を中心として規定されている(第九三五条)。さらに、ドイツ民法典は周到にも、貨幣および無記名証券について高度の取引保護の必要を認め、盗品遺失の場合にも、旧所有者の特別の回復請求を承認しないと規定している(第九三五条第二項)(貨幣に、第九三二条の規定の適用を認める点には問題の余地があるが[(93)])。

(88)　若干の例をあげると M. Wolff, *Komm.*, Anm. 1 z. § 932; O. Gierke, *DPR*, III, S. 561 f.

(89)　*Motive*, III, S. 344.

(90)　ドイツにおいて、ローマ法的なゲマイネス・レヒトが「取引安全の保護」という目的から次第に制限されていった過程、その各段階を表示する種々の立法、については、*Motive*, III, S. 341 ff.; O. Gierke, *DPR*, III, S. 552 f. を見よ。

(91)　善意取得の要件としての「占有移転」が、特に一般の動産の譲渡の場合におけることとなって、占有改定を排斥していることの理由は、*Motive*, III, S. 345 によればつぎのとおりである。「明文の規定はなかったが、旧商法第三〇六条は常に、所持を譲渡人の手もとに委ねるところの引渡のしかた(占有改定 constitutum possessorium)以外の・現実的な引渡を要するのだ、と解されてきた。草案は、この商法の見解に従っている。善意取得によっておびやかされている所有者を保護するためには、彼が遭遇しなければならぬところの所有権喪失が、占有改定のごとき・目に見えにくい〔外部から認識できにくい〕行為の背後にかくれることがないようにしなければならない」。(外部的に何ら取引の存在を表示しないような状態があるのに、当事者の通謀で、取引ありと主張することを許してはならぬ、という趣旨であろう。)

(92)　古代ゲルマン法からの歴史的発展を素描するとつぎのようになる。——まず古代ゲルマン法においては、ゲヴェーレ的返還請求の制限・拒否。つぎの段階は、所有権に基く返還請求権の制限・拒否(フランス)、或いは所有権そのものの喪失(オーストリア Cod. Ther., II, 8)。最後に、所有権の取得そのもの(オーストリア民法第三六七条、ドイツ旧商法第三〇六条、スイス旧債務法第二〇五—六、第二〇八条、ドイツ民法第九三二条、スイス民法第七一四条第二項)。

（93）　本書第四章一七八頁以下参照。

〔参考文献〕　Jobbé-Duval, *Etude historique sur la revendication des meubles en droit français*, 1881 ; Saleilles, *De la possession des meubles*, 1907 ; Mackay, *La revendication des meubles en droit anglais*, 1924 ; Joüon des Longrais, *La conception anglaise de la saisine du XIIe au XIVe siècle*, 1925（すぐれた比較法的研究）; L. Goldschmidt, *Über den Erwerb dinglicher Rechte von dem Nichteigentümer und die Beschränkung der dinglichen Rechtsverfolgung*, ZHR, Bd. 8, S. 227 f. 田島順『民法第一九二条の研究』（一九三三年）。

三　不動産についての公信の原則

不動産取引の公信原則については、ドイツ民法とフランス民法とはまさに対立的な内容をもっている。ドイツ民法は公信原則を承認し、フランス民法はこれを承認しない。その対立的な内容、そのような差異を生じた理由、日本民法典がフランス民法にならった理由、などが以下における問題である。

(1)　まずフランス民法の規定を概観しよう。[94] フランスにも中世に一種の不動産登記制度と見られるべきものがあったが、それと現在の登記制度たる transcription および inscription とのあいだには歴史的連続性はないと考えてよいであろう。[95] 現在の transcription は、革命第一一年ブリュメール一一日（一七九八年一一月一日）法にはじまるもので、同法は、抵当金融に安全な基礎をすえることを目的として、「抵当権の客体たり得べきすべての権利」を移転する証書が登記されないかぎりその移転を第三者に対して対抗し得ないと規定した。ところが、この制度は、フランス民法起草の際に論争の末、ついに民法典中に規定されないことになり、廃止されるに至った。[96] その結果、抵当金融は不安なものになり、ことに、一八四〇年代から五〇年代にかけて登記制度の改正が学界・裁判実務家から要望され、政府は再検討に着手するに至った。[97] そこで、ようやく一八五五年（三月二三日法）に至ってふたたび transcription の制度を復活した。これが現行法である。一八五五年の法律も根本原則においては革命法とことなるところはなく、公信原則を規定していない。所有権の移転を目的とした契約が取消され解除された場合には、[98] 弁護士はその旨を登記簿に附記すべき義務を負うが違反しても一〇〇フランの罰金が課せられるだけで(第四条・第一一条)、取消・解除の私法上の効力には何の関係もない。すなわち、取消・解除の裁判を登記するまでは、所有権の変動(登記簿上に表示された)がなかったということを、第三者に対抗し得ない、というような効力すらないのである。[99] 言うまでもなく、フランス法においては物権は「契約の効力として」移転するのであるから、causa たる契約が取消され解除された場合にはその契約ははじめからなかったとして取扱われ、したがってすでになされた登記は真実の権利関係と矛盾していることになる。だから、この場合にその登記が存続しているかぎり、第三者保護のために、公信原則が必要となる道理であるが、それが規定されていないのである。まことに、近代的な取引保護の要求にそわぬ不十分な立法であると認めざるを得ない(ことに、前掲の一八五五年法の第七条のごときは、「静的安全」保護に急であり、立法上の失敗とも言えるであろう)。一九世紀九〇年代からふたたび改正論が起り、二〇世紀に入ってからは、現行制度の批判、近代的登記制度確立のための理論が、相ついであらわれ、驚くべき多数に上っているのである。[100] 政府もまた九〇年代より改正事業に着手し、一八九一年にそのための特別の委員会(「土地台帳委員会」commission de cadastre)を組織し、同委員会は一九〇五年に土地台帳、抵当権の改革および登記に関する三つの法律案を完成しその事業を終った。[101] その草案では、ついに登記の公信力が確認されている。[102] しかし、一般の世論は、ナポレオン法典の原則に手をふれることに対し強い反感を示し、[103] この画期的な改革案もついに実現されないで今日に至っているのである。では、フランス民法典が、改正されないで、現代の取引事情のもとにおいてもその命脈を保っているのは、いかなる理由に基くのであろうか。われわれ外国人の容易に断定し得ない問題に属するが、その理由のもっとも主なものはつぎの点にあるであろう。すなわち、

Picard のいうところによると——[104]フランスでは、不動産取引に際しては事前に十分に調査をなした上、取引は公証人の介在による公正証書で行われる。だから、判例においても登記法上の欠陥が原因となって困難な問題が起るということは多くはないと言われる。だから、現行法の公示主義の不備、その改善、ということは、実際上よりもむしろ理論上の問題となっているにすぎないようである。[105]

(94) もっとも詳しい、資料の豊富な研究としては、Hedemann, *Fortschritte des Zivilrechts im XIX Jahrhundert* (*Das formelle Bodenrecht*), II-1, § 14.

(95) フランス古法においては、ローマ法の影響のもとに、不動産所有権の移転にも引渡主義が行われ、ただ引渡が現実的でなくてもよいとされたので(le système des traditions civiles et feintes)、取引は不安であったと言われる。ところが、北フランスの慣習法地方(pays de coutume)においては、一種の登記が行われた。それは、nantissement とよばれるもので、封建制の veste et déveste(ドイツの investitur にあたる)の厳格方式行為の変形で、一六世紀以来領主または王の裁判官の前でなされるところの・一種の不動産引渡行為である。nantissement は裁判所の書記課において帳簿に登録され、権利関係を容易に確知し得るようにされた。登録されるまでは物権変動は当事者間においても第三者に対する関係においても効力を生じなかった(Brissaud, *Manuel d'histoire du droit privé*, 9e éd., p. 326)。このような制度が行われた地方は“pays de nantissement”とよばれた。革命法以後の transcription は系譜的にはこれに連なっているらしい(cf. Brissaud, *op. cit.*, p. 327)。しかし、transcription は、封建的な vestiture やゲヴェーレの基礎から完全に解放された近代的な所有権の基礎の上にある制度である点で、歴史的連続性はないと認められねばならない。これとは別に、ブルターニュでは、appropriance par bannies という制度が行われた。一週または二週間おきに日曜日に三回にわたって公告(bannie)をなし、異議があれば申立てるべき旨を催告し、もし所定の期間内に有効な異議を申立てる者がないときには、一般第三者は当該不動産につき有していた権利を失い、公告された新取得者の所有権取得が争い得ぬ確定性を具えるものとなる。はじめは所有権取得の証拠として公告証明書が付与されたが、のちに一六二六年八月のルイ十三世のナントの勅令によって、契約の写しをとるところの一種の登記簿の制度を創設し、それがフランス革命のときまでつづいた。文献――Brissaud, *op. cit.*; Hedemann, *op. cit.*, S. 65(非常に詳しい)。

(96)　この論争の経過については、Planiol, *Traité élém.*, I, nº 2606; Hedemann, *op. cit.*, S. 54, 79 f. を見よ。都市の裁判官は、不動産取引に一般に登記を要するとする革命七年ブリュメールの法律の原則を支持したという。登記主義を支持した側の論点の主なものは、登記公示主義の貫徹によって不動産取引の安全を促進し、「所有者および資本家」に対する取引上の危険を減少し、購買者の競争が多くなる、という取引安全保護の見地である。これに対し、登記主義に対する反対論の論点は、(1)不動産取引関係を明確ならしめると国家は租税をかけるのに好都合になるから困るという点(革命七年ブリュメールの法律公布後まもなく、諸般の事情に通じていたGuichardは、登記制度の第一次の目的は租税収入のためで、取引安全保護は第二次の目的であったにすぎないと言っている)、(2)不動産取引の効力を登記にかからしめることは、取引の自由な発展を阻害する！　という点(その主唱者はBigot-Préameneau.――この議論には、封建時代の取引公示主義への想出がまつわっており、それへの対抗において問題が意識されている。いわく、「下臣の取引を公けにして、彼らの財産を封建的権力から逃れることをゆるさないようにするための、すべての措置が生れたのは、〔下臣の〕債務を知ることについて領主がもっていた大きな利害に基くのである」)。(3)取引の安全を保護すると、「所有権を動化」し、多くの農民から土地を奪う結果となるという点。これは、フランスの保守的な「過小農的土地所有」"Parzelleneigentum"に由来する点で、恐らくもっとも強力なものであったであろう。Cambacérès は、「〔革命七年の法律〕は、所有権を動化すること、取引を迅速且つ容易ならしめることをも重んずるが、それは、国家にとって何の益もない制度である。いな、国家は、所有権が同一の家族内に固定していることのうちにその保障を見出すのであるのに。」と言い、この趣旨の議論はその後くりかえしあらわれ、一八五〇年の草案(一八五五年の登記主義の大改正を規定した法律の)の際にも主張されている。(4)登記主義は不動産取引について官僚主義の弊害を生ずる危険がある("On gouverne mal quand on gouverne trop.")という点。登記主義から生ずるところの、手続の繁雑は、取引を害するという点("procédures ruineuses"; "formes inquiétantes et indiscrètes" etc.)。以上の主唱者はPortalis(以上Hedemann, *op. cit.*, S. 31, 36, 37, 38, 43 f. による)。

(97)　この間の事情の詳細は J. Grasset, *Les projets de réformes hypothécaires depuis le Code civil*, 1907; Hedemann, *op. cit.*,

S. 93 ff. を見よ。この時においてもまだ物権変動の意思主義に執着して登記主義を「ラディカルで危険な実験」だと考える保守主義が執拗にあったことはさきにのべたごとくである。しかし、当時においては(のちにのべるごとく)、土地信用制度の確定ということが否定できない大きな時代の要求になっており、資本が土地＝抵当への投資から逃避する傾向に対処し、安全な不動産貸付を法的に確保して金融上の要求を充そうという目的が、抵当制度・登記制度の改正の問題を大体において支配していたのである。このことは、一八五〇年のPougeardの提案においては、抵当権の順位確定の原則(所有者抵当)(我妻栄『担保物権法』一九八頁以下参照)とともに公信原則および物権行為無因性の原則が含まれていたこと、また一八五〇年四月四日の政府案の中には、裏書によって流通し得る抵当証券制度が含まれていたこと、にあらわれている。一八五二年には、抵当銀行たるCrédit Foncierが設立され、その圧力のもとに一八五五年の登記法がついに成立するにいたったのである(Hedemann, *op. cit.*, S. 55 参照)。

(98)　フランス民法においては、無能力者の意思表示の取消(art. 1125)、詐欺・強迫・錯誤・lésionによる意思表示の取消(art. 1109–1117, 783, 887 seq., 1079, 1305 seq., 1674 seq., 1854)、相手方の債務不履行に基く契約解除(art. 1184)、等は訴によってのみなされ得る(action en nullité, en résolution)。

(99)　Mourlon, *Examen critique et pratique du commentaire de M. Troplong*, II, 1855, n° 367; Planiol, *Traité élém.*, I, n° 2613.

(100)　参考のために掲げると、——Besson, *Les livres fonciers et la réforme hypothécaire*, 1891; Flour de Saint-Génis, *L'enregistrement et la réforme des lois fonciers*, 1891; *le même*, *Le Crédit territorial en France et la réforme hypothécaire*, 1892; Baudry-Lacantinerie et de Loynes, *Du nantissement, des privilèges et hypothèques*, 1906, 3 vol.; E. Worms, *La propriété consolidée ou tableau historique et critique de tous les systèmes les plus propres à la sauvegarde de la propriété foncière et de ses démembrements*, 1888; L. Guillonard, *La révision du Régime hypothécaire établi par le Code civil* (livre de centenaire); P. de Loynes, *Le Code civil et le crédit, régime hypothécaire, régime de la transmission de la propriété* (livre de centenaire); de Loynes, Le projet de loi sur la réforme du régime hypothécaire, *Rev. crit.*, t. 46 (1897); Magnin, *Etude sur la publicité des transmissions de droits immobiliers et les livres fonciers*, 1896; J. Grasset, *Les projets de réformes hypothécaires depuis le Code civil*, 1907; P. Sivan, *La réforme hypothécaire spécialement au point de vue de la publicité*, 1900; R. Bauchard, *Publicité et spécialité des hypothèques*, 1907; G. Morin, *La sécurité des acquéreurs de bonne-foi et les droits du véritable propriétaire dans les transactions immobiliers*, 1902; L. Saint Quentin, *La suppression de l'hypothèque judiciaire en Belgique*, 1902.

（101）この委員会のすべての研究・調査・意見・提案等は、Procès-verbaux として九巻にわたり収められているとのことである（一八九一—一九〇五年に出版）。

（102）art. 72 "L'inscription des privilèges immobiliers et des hypothèques conserve, au regard des tiers, le droit de suite et de préférence qui appartient au créancier. Elle exclut, dans l'intérêt des cessionnaires à titre onéreux et de bonne foi, toute contestation sur l'existence ou la validité du privilège ou de l'hypothèque, mais sans établir, sauf au profit des porteurs de bons hypothécaires exerçant leurs droits sur l'immeuble, l'existence ou la validité de la créance elle-même, ni, quant aux hypothèques légales et aux privilèges, la légitimité du titre d'où ils procèdent."

（103）しかし公信原則の価値はしだいに認識されつつある。H. Chaudé, *Le nouveau Code civil suisse dans l'oeuvre de la codification moderne*, 1909, p. 278; Lavergne, *Les livres fonciers*, 1900, p. 24 seq.; Magnin, *Etude sur la publicité des transmissions de droits immobiliers et les livres fonciers*, 1896 (Hedemann, *op. cit.*, S. 106-7 による)。

（104）Planiol-Ripert, *Traité pratique* (Picard), III, n° 632.——私は、まだフランスの学者で公信原則の採用を要望している者があるのを知らない。このことは、ほとんど同じ登記制度をとるわが国と比べて奇異の感なしとしないのであるが、それは決してわが国の法律学におけるドイツ法の影響にのみ帰せられるべきではないのである。日本とフランスとの間における・このような差異は、不動産取引の慣習（「生ける法」）、その意識、に由来していることは後にのべるごとくであり、ここに一つの法の根本問題——もっとも興味ある——が潜んでいるのである。

（105）ここにのべたようなことは、登記法の不備を現実に暴露させない理由の主なものであるにすぎないことは、本文にのべたごとくである。このほかに、その理由としてもう一つ、それほど重要でないまでも、ここにのべておかねばならぬことがある。それは、意思表示によらないで——意思表示によるときには公正証書という方式が問題の発生を予防するが——表見所有者の生ずる場合(その典型は表見相続人)である。表見所有者(フランスの学者はこれを propriétaire apparent とよんでいる)がなした不動産処分行為は、登記に公信力なき以上絶対に無効であり、善意の第三者に不測の損害を及ぼし、取引の安全を害すること甚だしきものがある。そこでこの問題はフランスにおいて解釈上重要な問題となったらしく、二〇世紀になってから多くの研究がこれについてなされている(Milliet, *La propriété apparente*, 1901; Morin, *La sécurité des acquéreurs de bonne-foi et les drois du véritable propriétaire dans les transactions immobiliers*, 1902; Loniewski, *Rôle actuel de la maxime《error communis facit ius》*, 1905; Morin, La sécurité des tiers dans les transactions immobilières et la maxime《error communis facit ius》, *Annales des Facultés de droit et des lettres d'Aix*, 1906; E. Fontaine, *La propriété apparente et le crédit réel*, 1910; Algin, *Etude sur la règle《error communis facit ius》*, 1912; H. Mazeaud, La maxime《error communis facit ius》, *Rev. trim. dr. civ.*, 1924, p. 929 et seq.; Ravault, *Des actes accomplis par un titulaire apparent*, 1925; Demogue, *Traité des obligations en général*, I, n° 276 et seq.; Picard, *op. cit.*, n° 243 et seq.)。この不当な結果の解決のために、《error communis facit ius》という法格言(そのローマ起源の真否は疑問とされるが、ともかくフランス古法でしばしば利用された)が採用される。すなわち表見所有者と取引をした相手方の錯誤が普通で且つ打ちかち難い性質のもの erreur commune et invincible である場合には、真正の所有者の利益は取引の安全のために犠牲にされることを要する、と言うふうに。表見相続人についての判例法上の要件は、錯誤が普通で且つ打ちかち難いものであること、および相手方の善意(われわれのいわゆる善意無過失ということば——「過失」の内容が相当に限定され且つ厳格となっているが——にほぼ近いであろう)、である。このような解釈的内容ないし結論を、現行法の解釈として「論理構成」するために、種々の試みがなされているが、われわれにとっては興味がないからここには説明を省く。

(2)　日本民法やフランス民法とことなってドイツ民法典は、公示方法たる登記の記載に公信力を付与している。すなわち、法律行為による不動産物権の取得者が、真正の権利者を知らず且つ登記の真正に対する異議が登記されていないかぎり、登記の記載は真正なものとみなされる(第八九二―第八九三条)。それは、観念的な権利と表示との不一致、権利の即時の原始的取得、善意取得者の保護、という近代法的な諸要素によって構成されており、近代的な公信力原則の典型的なものである。

ドイツにおける不動産取引の公信原則の歴史的系譜は、つぎのごとくである。元来、登記――不動産取引を帳簿に記載し、これをその証明の手段、或いはその効力発生の要件、とすること[106]――という制度は、中世にさかのぼる。[107]だが、近代の登記制度とこれとの間の歴史的連続は、その技術や意識においてこそ存在していても、その実質的な社会的経済的内容においては存在しないと認められねばならない。[108]近代の登記制度は一七八三年一二月二〇日のプロイセンの抵当権条令 Hypothekenordnung にはじまるものであるが、不動産取引の公信力の制度は、登記制度に関するかぎりこの法律の発展であるところの[109] ALR(1794)においてはじめて成立したものである。[110]そこではじめて、登記を信頼した善意者が無権利者から取引によって権利を取得し得るという原則が成立した。ただし、ALRでは、抵当権者のみが公信原則による保護をうけ、一般の所有権譲渡はその保護をうけなかった。公信原則がその他のすべての物権的取引にまで拡張されたのは、一八七二年五月五日のプロイセン所有権取得法(Das Gesetz über den Eigentumserwerb v. 5, Mai 1872)においてである。この原則はドイツの多くの地方に普及したが(Oldenburg, Coburg-Gotha, Braunschweig, Waldeck u. Pyrmont, Sondershausen, Lippe)、ドイツ民法はこれを採用し[111]たのである。[112]

公信原則の立法とならんで、ドイツには、登記の「形式的確定力」の原則 Prinzip der formaler Rechtskraft を立法する地方があった。これは、公信原則の近代的構造を、いわば裏面から証明するものであるから、これを紹介することにしよう。[113]リューベックおよびハンブルクの両自由都市の土地法、メクレンブルクの抵当権法および登記法、ザクセン国法 Sächsiches Gesetzbuch、バイエルンの民法草案によると、登記は所有権その他の物権の取得の形式的要件であるにとどまらず、原因たる行為や物権行為から独立したところの・それ自身独立に権利を創設・移転するところの過程である。[114] その内容と由来とはつぎのごとくである。この原則は、ハンブルクとリューベックとでは、Auflassung の特別の性質と Verschweigung というゲヴェーレ的制度に由来している。元来、そこでは Auflassung は裁判手続によって行われたので、譲受人の権利は、一定の Verschweigung の期間 (Jahr u. Tag) が経過すると rechte gewere に昇格し、何びとからも争われることのない確定的の権利となった。やがて登記制度が Auflassung と結びつけられた。ついで登記に先行した訴訟手続および Verschweigung の制度が廃止された。その結果、登記が「形式的確定力」の効力を保持することになったのである。その結果、登記簿上権利者でなくなった権利者は、あるべき権利関係を登記簿上回復すべきことを目的とする債権的請求権のみをもつことになり、したがって、もし登記簿上の権利者が第三者に権利を譲渡した場合には完全に有効となってしまい(債権関係と物権関係との分離がここで意味をもつ)、第三者の善意・悪意は問題とならず、特に第三者に不法行為がある場合にのみその賠償責任を生ずるにすぎない。これに反し、リューベックおよびハンブルク以外の他の諸地方では、「形式確定力」の原則は、ゲヴェーレからの歴史的発展の所産ではなく、「不動産取引と物的信用とに能うかぎり安全な法的基礎を与えるという努力」――特殊＝近代的な取引保護への意識的努力――の所産であった。[115] すなわち、「公信原則」と同じ目的をもつところの取引保護、真実の権利関係と公示との矛盾の解決、という近代的課題のために、人はこのゲヴェーレ的制度原理を利用した。ただし、メクレンブルクにおいては、右にのべたハンブルクにおけると同一のゲヴェーレ的解決――登記という形式が無条件的に支配する――がとられた。これに反し、ザクセン国法典およびバイエルン国法典草案においては、ゲヴェーレ的形式(「形式的確定力」)の下において「公信原則」的実質が実現されている！　すなわち、登記が無効もしくは取消し得べき法律原因 Causa に基いてなされた場合において第三者がその権利取得に際し無効もしくは取消し得べきことを知っていたときには、その無効または取消し得べき原因に基く登記により物権を失った者は第三者に対しても返還を請求し得る。[116]

以上のような「公信原則」と「形式的確定力」との二つの制度――しかも、後者における近代的なものへの分化――を比較するときには、公信原則の近代的特質がはっきりと浮び上ってくるのであろう。第一に、公信原則は、観念的な所有権とその現実的な公示という、所有の・二つの対立物への分裂したがって矛盾――さきにのべたように、特殊＝近代的な現象――を出発点・前提としている。このことは、形式的確定力の原則の場合と比較すれば、明らかとなる。けだし、後者では観念的な所有権とその現実的な公示という近代的な分裂はなく、したがって、公信原則を必要としたところの権利と公示との矛盾から出ずるところの取引上の不安も生じ得ないからである。後者において、第三者が取引上保護される結果となるのは、取引安全を保護する意図に由来するのでなく、登記という形式が権利の実質を規定することの反射にほかならないのであり、ゲルマン古法における・動産の Hand wahre Hand の原則に比せらるべきものである。第二に、形式的確定力の原則の下においては、第三者の権利取得は承継取得であり、したがってまた当然無条件であるが、公信原則の下においては、第三者は無権利者との取引で権利を取得しようとしたのであり、したがって第三者の権利取得は原始取得であり、且つ当然無条件ではあり得ず善意の場合にかぎられる。無権利者からの承継にもかかわらず、権利の有効な取得を承認すべき必要な範囲を画するために、善意という条件があらわれるのである。第三に、公信原則の適用の下にあっては、真正の権利者の権利喪失、登記信頼者の権利取得は、同時に生ずる。しかし、ゲヴェーレ的な形式的確定力の原則の下にあっては、権利者たるべき者は登記信頼者の権利取得より以前にすでに権利を喪失している。前者においては、近代的な Sein＝Nichts の所有権カテゴリーが支配し、後者においては、封建的な Werden の所有権カテゴリーが支配している。

登記という公示方法に公信力を付与するところのドイツ民法の主義は、取引の安全を高めるところの近代的な制度であることは、右のごとくである。それだけではない。公信原則は、ドイツ民法の不動産取引法および登記法の基礎・出発点をなしているもののごとくである。[117]だが、それには、一つの重要な前提がある。それは、真実の権利関係と合致しない登記の記載ができないようにする法的保障手段の必要ということである。というのは、公信原則によって真正の権利者は権利を喪失するのであるから、そのような危険を含むところの虚偽の登記が容易に成り立つとすれば、公信原則はいたずらに私的所有権に対する脅威となるにすぎないからである。この点は、すでに学者によって注意され指摘されているところであるが、[118]わが不動産登記法にも関連する問題であるから簡単に要点を記しておきたいと思う。——登記の記載を真正の権利関係にできるだけ合致せしめるためには、登記官吏は登記をなすに際して、登記される権利がはたして真正の権利関係に合致しているか否かを職権をもって審査し、その上ではじめて登記をなすべきものとする必要がある。ところが、登記官吏が実体関係の審査義務を負うものとすると、登記手続がおくれ不動産取引の頻繁な社会においては取引の円滑を害するし、また登記官吏が登記という非訟事件的手続を行う場合に実質的には裁判的行為をなすという結果となる。一七八三年のプロイセンの Hypothekenordnung は、このような実体的審査主義をとって[119]右のような点から非難をうけた。[120]そこで一八七二年のプロイセンの Grundbuchordnung は、一八四八年のメクレンブルクの Hypothekenordnung にならって、つぎのごとき形式的審査主義を採用した。すなわち登記判事は、causa たる法律関係については審査の権限も義務もなく、ただ物権法上の関係のみ——彼の面前でなされる Auflassung がその有効条件を具備しているかどうか、および純粋に手続上の要件——を審査する義務を負う。この手続によって物権行為と債権行為(原因行為) causa との分裂・分離が決定され、またこのようにして成立した登記の有効性を確保するため物権行為の無因性が必然的となった。[121]ドイツ民法起草者が、「公示主義」Publizitätsprinzip(公信主義)を近代的登記制度の基礎・出発点だと考えたこと(注(117)参照)、言いかえれば、物権行為「無因性」の原則は公信主義の技術的前提として成立するに至ったこと(注(96)参照)、がここにあきらかとなる。ドイツ民法および登記法はこれらの諸点をプロイセン法からうけついだのである。(122) 取引保護を目的とする公信原則が、取引の円滑を顧慮したところの特殊の実質的審査主義による登記と結ばれていることは以上のごとくである。日本の登記法の主義はこれとはことなることについては、のちに問題とする。

(106) はじめは、不動産取引の単なる証明手段、のちに至って、一五世紀から取引そのものの成立要件となるに至ったという。このことによって、登記がゲヴェーレの役割をもつに至ったのである(Schröder-Künssberg, *Lehrbuch der deutschen Rechtsgeschichte*, 7. Aufl., S. 769; Hübner, *op. cit.* (5. Aufl.), S. 238)。

(107) もっとも古くは、教会や僧院が、そのうけとった証文を綴じておいた Kopierbücher とか、土地についてなされた取引について作成した調書原本たる Traditionsbücher とかに、さかのぼることについては、学者は疑っている(Hübner, *op. cit.*, S. 235-6)。多くの学者は、中世都市(はじめはケルン、一二世紀)の不動産取引の記録帳簿(Stadtbücher)まで近代登記制度の系譜をさかのぼらせる(Hübner, *op. cit.*, S. 236; Schröder, *op. cit.*, S. 767 f. etc.)。

(108) 「それ〔一七八三年の抵当権条令〕が中世の先駆者〔Stadtbücher〕と、はたして、またどの範囲で、接触点をもっているか、ということは、ただ法史学的にのみ興味のある問題である。ここで強調しておきたいのは、つぎの点である。すなわち、この法律によって法律関係に課せられた公示の原則は、土地所有のもつ政治的意義のゆえにではなくして、むしろ不動産取引と不動産信用との需要を顧慮して、物権法の体系の中に編入された、ということである。抵当権条令の明確な目的は、『不動産に対してなされた貸付について、不動産所有者の所有権と信用との確定および、一般公衆の安全である。』(Eing. der Hypoth. O. v. 20, Dez. 1783)……」

(109) vgl. Dernburg, *Preussisches Privatrecht*, I, 5. A., S. 439.

(110) ALR, I-20, § 423 ff. "In so fern jedoch ein Dritter auf eine solche Forderung, nach deren Eintragung ein Recht durch einen lästigen Vertrag erworben hat, kann der Schuldner gegen diesen Dritten von solchen Einwendungen, die er demsel-

ben vorher nicht kund gethan hat, keinen Gebrauch machen." (§ 423)

(111)　*Motive*, III, S. 208-9.

(112)　なおプロイセン ALR においても、ドイツ民法においても(前述3二(2)以下参照)、不動産登記の無因性という原則がある。すなわち、登記は、判事が、物権法上の行為たる Auflassung の有数無効を審査し(Legalitätsprinzip)、その上でなされるのであり、登記の効力したがって物権関係は、causa とは無関係に、右の Auflassung と登記とだけで決定される。したがって、causa たる法律行為の効力が後日に至って無効であると判明したり取消されたりしても、すでに登記された物権関係は影響されないから、その場合には公信原則ははたらく余地はない。公信原則がはたらくのは、Auflassung そのものに瑕疵があって登記が無効となった場合である。

(113)　以下の叙述は、*Motive*, III, S. 137 ff.; Hübner, *op. cit.*, S. 239; O. Gierke, *op. cit.*, S. 313 ff.; Stobbe-Lehmann, *Handbuch des deutschen Privatrechts*, 3. Aufl., S. 395 による。

(114)　ザクセンはローマ法的な土地所有権移転の原則(引渡主義)に対抗してゲルマン法的な Auflassung と登記とをその成立要件とする改正をした最初の国であった。法律家 Carpzov の主張に基くと言われる。Dernburg, *Das preussische Hypothekenrecht*, S. 5.

(115)　*Motive*, III, S. 138.

(116)　Hamburg の Gesetz v. 4, Dez. 1868, § 3 につき Stobbe-Lehmann, *op. cit.*, S. 395, Anm. 35.——ザクセン民法第二七八条 "Ist die Eintragung in Folge eines nichtigen oder anfechtbaren Rechtsgrundes geschehen, so ist der eine Betheiligte gegen den anderen berechtigt, die Löschung der Eintragung zu verlangen. Sind Dritte später als Eigentümer eingetragen worden, so kann eine Löschung ihrer Eintragung nur verlangt werden, wenn sie zur Zeit derselben von der Nichtigkeit oder Anfechtbarkeit des Rechtsgrundes der früheren Eintragung Kenntniss hatten."

(117)　ドイツ民法典の起草者のロジックはつぎのごとくである。——不動産登記簿の目的は、登記に公信力が付与される場合(「公示主義」Publizitätsprinzip)にのみ達成される！　ところが、登記に公信力を付与すると、登記を信じた者にとっての法律関係と、それ以外の不動産関係者にとっての法律関係とが矛盾することになって困るが、それは、実際上もっとも重要な権利取得(すなわち所有権譲渡と抵当権設定)の成立には登記を要することにすれば解決され得る(「登記主義」Eintragungsprinzip)。公示主義の結果として既存の権利がおびやかされるということに対しては、真正の権利関係と登記との矛盾の発生を防ぐためにつぎのごとき予防措置をとればよい、すなわち、登記官庁は法定の条件が具備されている場合にのみ登記をなすべきものとする(「実質的審査主義」Legalitätsprinzip)。——公示主義(公信原則)がまず基礎におかれ、それからつぎに他の諸原則がそれに奉仕し、それを補充すべきものとして考えられていることに注意。

(118)　特に藤本秀麿「独逸法系不動産登記簿の公信力に就いて」(法協五三巻四号七〇九頁、七一六頁以下)。

(119)　一七八三年のプロイセンの抵当権法の制定直後(一八七七年)に出版されたDernburg, *Das preussische Hypothekenrecht,* I, S. 19 f. は、つぎのように説明している。「これに反し〔公信の原則とはことなり〕、実質的審査主義 Prinzip der Legalität は、Allgemeine Hypothekenordnung〔一七八三年の〕の諸規定の中にはじめて、明瞭な法律的表現を見出した。当事者がやりそこないをしたり・誤った考えをもったり・またその結果として生じ得る無益な訴訟をしたりしないですむように、裁判官が独自の職権的干渉をすることを、フリートリヒ大王は絶対的に要求した。彼には、司法事件はきわめて単純な性質のものであるかのように見え、また、司法実務が悩んでいる困難な問題も大部分は自分で作りだしたものであるか、然らずんば、本来時代に適した〔新〕立法によってとって代られねばならぬはずの外国法に由来するものであるか、のように見えた。登記さるべきすべての箇々の行為につきその形式的および実体的合法性を裁判官が審査すべき旨を規定することは、このような見地においてはあまりにも自明的であった。」フリートリヒ大王自身がそう考えたかどうか、またそうだとしても、それが立法にどれだけ決定的な影響があったか、についてはプライマリーな資料がないから断定はできない。絶対王制においては官僚が王の persönliche Diener たる性格をもっていることを考えると、右の記述は真相の少くとも一端をつたえているかもしれない。この事はともかくとして、右の記述の中から、取引社会がまだ自分の足で立つに至っていないこと、国家の「後見的役割」が大きな意味をもっていたこと、そのことが登記における実体法的審査主義の成立を決定した重要な原因の少くとも一つであったこと、をうかがうことができるであろう。

(120) Dernburg, *Das preuss. Hypothekenrecht*, I, S. 53 f. には、実体法的な Legalitätsprinzip についてつぎのごとく書かれている。第一。一七八三年の抵当権法のすぐ後(一七九四年)に制定された ALR によれば、所有権は占有の移転によって譲渡されることとなっており、その結果所有権移転の法的方法としては登記は第二次的意味しかもたないことになったという法律的事情、および登記の費用が高くつくという経済的事情、のゆえに、所有権の譲渡が行われても登記をしないことがむしろ通常となるに至った。不動産は登記なくして何人もの間を流通することは稀ではなくなり、ただ現在の所有者が抵当権を設定しようとする時にはじめて名義移転登記が申請されるのを常とした。ところが、その場合にはその中間の所有者の権利関係の審査が手間どり、そのために抵当権設定手続がおくれるというので、実体的審査主義が非難された。第二。Legalität の原則は、取引行程の渋滞の原因だとされ、学者の攻撃の的となったが、その理論的根拠はかならずしもはっきりしていないと言われる。

(121) プロイセン法については、Dernburg, *op. cit.*, S. 70, 121-2.

登記法四六条「登記判事は、すでになされた Auflassung や登記の同意や抹消の同意を、形式および内容について審査する義務を負う。審査の結果、申請された登記もしくは抹消に対し障害あることが明らかとなった場合には、登記判事は申請者にその旨を知らせねばならない。

すでになされた Auflassung や登記の同意や抹消の同意の基礎となっているところの法律行為の瑕疵は、申請された登記や抹消を拒否する理由とはならない。」

(122) *Motive*, III, S. 17.

フランスとドイツとの間に何故に以上のような対立的な差異が生じたのであろうか。現在の私にはこれに答える用意がないのを遺憾とする。近代的抵当制度が成立した当時における不動産取引の現実社会的な構造は、この点に相当決定的な影響を与えたことであろうと推測されるが、アンシアン・レジームから一九世紀半ごろに至るフランスの経済事情、その中でも不動産金融・取引の実情、および三十年戦争後の当時からフリートリヒ絶対王制に至るプロイセンの経済事情、その中でも不動産金融・取引の実情、これらのことをあきらかにしなければ、右の問題には答えられないからである。[123] ただしかし、今のところ、つぎのことを一応推測することが許されるであろうか。すなわち、ドイツにおけるAuflassungの慣行は、不動産取引を裁判所という国家機関の関与のもとに行わしめ、また登記のrechte gewere的な効力の意識が、一たび成立した登記の効力を一応確定的のものとする方向にみちびいたということは、登記公信力制度とそれに結びついたLegalitätsprinzipとの成立の地盤・媒介者となったであろう。[124] これに反し、ローマ的な引渡主義から意思主義にまで発展したところのフランスの不動産取引の沿革、および、一切の封建的制限に妥協の余地なく徹底的に反対して所有者の意思を絶対的終局的な権威とすることに努力したところのフランス革命の精神的雰囲気は、不動産の権利関係を常に権利者の意思によって終局的絶対的に決定するところのフランス民法のようなシステムでなければ支持し得ないということも是認し得られるであろう。——しかし、ドイツ民法とフランス民法との差異が法律の条文の上においてはどのように対立的であれ、法律生活の現実においてはおそらく決定的な差異はないのではないかと思われる。というのは、さきにのべたように、フランスにおいては登記の基礎となるところの不動産取引はほとんど常に公正証書によってなされるのであり、したがって、法律専門家たる公証人の助力によって、そこでは不動産取引の効力は(そのcausaについても)大体において安定したものとなるからである。

(123)　一応の臆測をのべるならば、つぎのごとくである。

一般的に言って、近代的な抵当権、その構成要素としての登記による公示制度、の成立・発達は、近代的な債権関係の成立・発展に照応するであろう。というのは、債権者と債務者との間の人的な結合が存在するかぎり、そこでの債権の実現は、その人的な関係そのものからくるところの諸々の人的強制によって保障されており、純粋に物的な抵当権のみに頼るということは少いからである。すなわち、近代的債権は、近代的な独立生産者がその独立な地位を保持しつつ生産信用をうける場合に、典型的に、歴史的な大量現象として、成立するであろう。(小農民がその独立性を失って破滅に瀕して高利貸から借りる場合には、近代的な独立主体者間の債権関係が存在し得ず、近代的抵当権の成立の余地はない。)だから、生産の資本制的組織そのものが出発点をなすことになるであろう。

ドイツでは、——登記公信力の規定は、一七九四年のALRにはじまっている。このことはつぎのことと関係があろう。すなわち、プロイセンにおける近代的債権および抵当権の発展の基礎は、Gutsherrschaftの資本制的生産であろうと思われる。フリートリヒ・ヴィルヘルムおよびフリートリヒ大王は、抵当権法の合理化により、土地所有から最大の資本をひきだすことを企図したのであり、それによってGutsherrschaftへの資本投下を促進しようとした。すなわち、土地を買受けた者は、土地代金の全額を一時に売主に支払う必要なく、代金の一部を抵当権の形にしておいて支払延期をなし得て農業への資本投下の余地を拡大し、このことによって貨幣不足の下において最大の地価による売買が可能になり売主をも益することができる。さらに七年戦争後の信用逼迫の時には、フリートリヒ大王が設立したところのLandschaftという特殊土地金融機関によって抵当および登記制度は一そう促進された。すなわち、Landschaftは、まずシュレージェンに一七七〇年、つぎにマルクに一七七七年、ポンメルンに一七八一年、西プロイセンに一七八七年、東プロイセンに一七八八年に設立されたが、それは、騎士によって構成され、彼らの所有地の上の抵当権(および彼らの連帯債務)によって担保される債務証券Pfandbriefeを発行し、Pfandbriefeまたはそれで得た資金でメンバーに土地信用を与えた(H. Sieveking, *Wirtschaftsgeschichte*, S. 129 ; Hedemann, *Das formelle Bodenrecht*, S. 20 ; Derselbe, *Das materielle Bodenrecht*, S. 199)。一七九四年のALRにおける公信原則の承認が、人的関係から分離された・このような近代的な債権と抵当権の成立を背景にもっていると認めて誤りないであろう。

フランスでは、——大革命以前は、一般に農民の生産手段は貧弱で(その原因として国内市場の狭小、耕作強制Flurzwangの残存、封建的拘束・貢租の強圧、農民の無知、があげられる)、資本を蓄積した者はこれを農業に投下しないで、商業や工業に投下した。領主は自ら農業を経営する意思は全くなく、小さく区切った農地を借地人に耕作させることのみに専念した。主としてイタリア人とオランダ人とに掌握されていた銀行は、国家への金融に従事し、農業への金融とは縁がなかった(Sée, *Französische Wirtschaftsgeschichte*, I, S. 181-185, 201, 373 f.)。革命は、封建的拘束や貢租を廃止したが、過小農的土地所有"Parzelleneigentum"を支配的なものとしてしまった。革命進行中には、抵当制度により土地取引を促進させまた資本を農業生産に吸引させる意図の下に、抵当権制度・登記制度の近代化合理化がはかられ、一七九五年六月二七日(革命暦三年メシドル九日)の命令は、抵当権を流通証券化することさえ規定した(手形のように裏書によって流通する“cédules hypothéquaire”)。(Sagnac, *La Législation civile de la Révolution Française*, p. 204-7; Hedemann, *Das materielle Bodenrecht*, S. 95. ヘーデマンは、流通証券化のこころみが当時の実情からみて時期尚早であったとのべ、五百人会 Conseille des Cinq-Cents でこれに反対した報告者 Jacqueminot の興味あることばをのせている。)一八〇四年のナポレオン法典の起草に際しては、所有権譲渡についての登記制度は廃止され(第一五八三条。ただし、同条は、登記制度による対抗関係を予想しているとする Picard, *op. cit.*, n° 627 参照)、公信原則などは勿論問題とならない(第一五九九条「他人の物の売買は無効である。その物が他人に属するということを知らなかった買主は、損害賠償を請求し得る」)。その結果、「フランスでは、買っても必ず所有者になれるという安心はないし、抵当権に対し貸付けても、必ず償還をうけ得るという安心はない」(一八四〇年に procureur général Dupin が破毀院で語ったということば。しばしば引用される)。

Restauration のもとにおいても、Parzelleneigentum が支配するところの農業の発展はきわめてわずかであった。しかるに、一八四〇年ごろからフランス全土において農業生産力は急激に発展した。休耕地 jachère の消滅、石灰投入による土地改良 chaulage、家畜飼養、野菜栽培、生産物の分化、等々の現象が見られはじめる。その条件としては、鉄道および道路等の交通輸送手段の発達による国内市場の拡大、工業の発展による・農民家内工業(紡績・機織)の没落、が数えられる。このようにして、農民における資本の不足、信用制度の欠缺、が感ぜられるようになり、しばしば破滅的な抵当債務を負うにいたる(Sée, *Esquisse d'une histoire économique et sociale de la France*, 1929, p. 415 et seq., 424, 432-3)。工業についても同じことが言える。Restauration の下における工業の発展は遅々たるものであったが、七月革命以後は工業は急速に発展しはじめる(特に北フランス)。機械の採用、企業の集中、大工場の出現、がその指標である。機械による紡績および機織は、都市の大工場においてだけでなく、亜麻・大麻については農村家内工業が圧倒的に多かった(Sée, *op. cit.*, p. 428)。すなわち、フランスはこの時代に産業革命の段階に入る。そうして、紡績・機織の農村家内工業はますます没落し(前者は早くから衰滅し、後者も一八三九年の恐慌で、決定的に没落した)。工場制工業が支配的となる。この現象に照応して、金融の必要に応じて商業銀行が多く設立される(Sée, *op. cit.*, p. 422 et seq.)。

一八四八年の革命以後、工業および農業の発展は決定的となり、資本の需要はますます高まり、金融業は経済生活においてももっとも重要な役割をしめるようになる。一八四八年の革命は、それまでの主要な商業銀行を没落させ、少数の・限られた富有階級のみを顧客とする・主として emprunts d'Etat に従事するもの("Haute-Banque")のみが残った。フランス銀行の活動は飛躍的に増大するとともに、長期間の貸付を目的とする金融機関が続出する。Crédit Mobilier(一八五二年)(Compagnie Transatlantique の創立者 Pereire 兄弟により設立される。預金者から借りた貨幣を他方に貸付けることにより、かぎられた資金で多くの取引をしたが、"Haute-Banque" の攻撃によって一八六七年に没落)。Caisse des Chemins de fer(一八五四年)。Crédit Foncier(一八五二年)。農民は、土地の買入れおよび経営のために、長期低利の資金を必要としたのに、それまでは資本を短期で且つ高い利息で借入れねばならなかった。Crédit Foncier は、長期の年賦償還貸付を与え、この要求にこたえた。同種類の銀行がほかに三つ設立され、一八五四年には Crédit Foncier と合同して Crédit Foncier de France となった。(Sée, *op. cit.*, p. 462; Viallate, *L'activité économique en France de la fin du XVIIIe siècle à nos jours*, 1937, p. 147)。一八五五年の登記法は右のような経済的背景の上に成立したものである。すなわち、資本制的な工業および農業の資本の需要、独立的生産者と金融業者との間の物的な経済関係(等価交換関係としての資本貸付)の成立、これが、近代的な契約と債権および抵当権との法的規整を要求したのである。

(124)　こういうことの一つの根拠、――さきにのべたように、登記公信力という近代的な原則は ALR においてはじめて現われたのであるが、中世的ゲヴェーレ的な rechte gewere と公信原則との架橋をなす歴史的過渡の型態として、一七五〇年八月四日のプロイセン抵当法(Hypothekenordnung)の、公示催告による除権手続(?)(Edictalcitation und Präklusion der Real-interessenten)の場合、および競売の場合における取得権利者の権利の確定(S. Dernburg, *Das preuss. Hypothekenr.*, S. 13-4)。

(3)　日本の民法がフランスの立法主義にならって、登記の公信力を規定しなかったのは、いかなる理由によるのであろうか。また今日における、登記公信力制度の必要性はどのようなものであろうか。日本の民法が制定されたのは明治二九年(一八九六年)、その編纂は二八年である。この当時における不動産取引が、どのような経済的基礎の上においてどのような社会的構造をもっていたであろうかということは、民法の規定の内容を決定する重要な事実である。現在の私には、資料不足で断定を下し得ないのを遺憾とするが、ここには問題を提出する意味で、一応の臆測をのべておきたいと考える。

わが国でもっとも大量的に抵当貸付が行われる主な場合について考えてみると、——

第一に、農地所有に関連してもっとも重要なことは、日本の農村においては農地の所有と非所有とは、富の差という単に経済的な差異にとどまらず、村落協同体内部における封建的な階層関係における「一人前」の資格の要件であり、また土地を売り或いは抵当に入れて得た代金を投資すべき資本的生産がきわめて少い。だから、農民や地主が土地を売り或いは抵当に入れるのは、普通には、ただ破滅に瀕した窮境においてとる最後の手段である。その場合の取引の諸型態は、主としてつぎのごときものであろう。本家或いは特に親しい者に買ってもらう。肥料屋等の債権者に担保に入れる。或いは借金が払えない場合に弁済の代りに譲渡する。これらの場合には、売買や抵当権設定の相手方は、売主或いは抵当権設定者と特殊な親近関係にある者であるか、或いはそうでなければ非対等的な——経済外的強制を伴うところの——人的支配関係がある場合であり、多くの場合には所有権移転の後にも譲渡人・抵当権設定者は新所有者の小作人となって彼と人的関係を継続する(直小作)のが常であろう。これらの場合には、登記という外形的公示と観念的な所有権との分裂はなく、所有権関係は現実的な人的関係そのものである。登記は、国家が法律で規定するから第三者に対する関係でなされるだけで、登記への信頼を保護しなければならぬ関係、登記への信頼を中心として動く非＝人的な・純＝物的な物権取引、は存在しない。明治以降、自作者の没落、地主への土地の集中は全国的に大量に行われたが、[125]それは同一経営の・小作への転落を意味したのみであり、そのことが、登記の公信力の要求となってあらわれなかったのは、むしろ当然であった。

第一営業年度

借入主体	口数	金額
農業者	11	円 342,708.47
工業者	4	146,600.00
工業会社	7	670,000.00
郡	1	10,000.00
水利組合	5	206,703.22
	28	1,376,011.69

第二営業年度

農業者	40	925,346.11
農業会社	2	26,900.00
工業者	4	141,948.51
工業会社	28	2,330,083.16
県	1	153,592.77
郡	1	10,000.00
町村	2	52,000.00
水利組合	11	336,527.65
	89	3,976,398.20

明治三〇年（一八九七年）に近代的不動産銀行の型態をとる日本勧業銀行が設立されたが、同銀行の不動産担保貸付は、登記公信力の制度を要求するような性質をもつものではなかったと推測されることは、つぎのごとくである。同銀行開業の年はあたかも民法施行の約一年前にあたるのであるが（開業は明治三〇年八月二日、民法施行は明治三一年七月一六日）、開業当初においては大口の貸付が多く、おそらくその借主の資産状態については疑問の余地のないようなものであったと推測される。

すなわち上表にあきらかなように、農業者および農業会社（勧銀の当時の株主名簿から推測するに、地主の同族会社――合名または合資組織――であろう）の借入金が一口につきはなはだ高額であることに注意。借入金の使途が（勧銀第一回株主総会の営業報告書によれば）農業については開墾、排水、灌漑、植林、土質改良と記載されていること、郡や水利組合の一口の借入金額と「農業者」の一口の借入金額との間に大差のないことを考えるならば、農業者・農業会社が社会的声望・地位をもつ超巨大地主であることには疑いがない。このような貸付においては、資産の調査は必要がない位であり、登記公信力の制度は問題となる余地がない。この場合の信用関係は、かのプロイセンのLandschaftにおける・流通証券所持者と債務者との関係のごとき、純粋に物的な基礎・内容のものではないことを注意すべきである（なお、いうまでもなく、勧業債券は純然たる債務証券で

第三営業年度

農業者	63	1,391,356.77
農業会社	2	34,900.00
工業者	6	167,773.30
工業会社	63	4,310,166.26
県	1	153,592.77
郡	2	30,000.00
町村	6	130,000.00
水利組合	21	488,945.09
	164	6,706,734.19

第四営業年度

農業者	88	1,966,759.67
農業会社	2	34,648.70
工業者	6	162,872.46
工業会社	66	4,618,917.66
県	1	153,592.77
郡	2	39,793.52
町村	8	179,322.59
水利組合	29	752,192.97
	202	7,908,100.34

第五営業年度

農業者	113	2,294,364.99
農業会社	2	34,397.40
工業者	9	306,013.16
工業会社	68	4,680,669.01
県	2	231,192.77
郡	2	39,587.03
町村	12	268,645.17
水利組合	36	1,019,972.82
	244	8,774,842.35

ある)。農工銀行の抵当金融についても、おそらく事情は右と大差ないものと推測してよいのではないか。

第二に、土地の投機取引への金融。都市および都市近郊の土地は、相当に投機取引の対象となっている。もっとも、日本の地方小都市(町)においては、農地のみならず町地の所有がそこでの社会的(顔役的)地位(地主的 Patricier)を決定する重要な要素であり、そういう意識が支配するところでは、町地もまた投機取引の客体とはならぬであろう。したがって、近代的な人的色彩から自由であるところの抵当貸付もまた少いであろう。しかし大都市においては、伝来的な地主借地人間の関係は、特に第一次大戦以後決定的に分解し、土地は投機取引の対象となり、また資本獲得のための抵当金融の基礎となっている。その場合には、土地取引は、当事者の人的関係から分離された・抽象的な・純粋に物的な関係である。そこでは、取引の「安全」に保障するものは人的色彩のつよい信頼関係ではなく、客体の交換価値のみを期待するところの「物的」な抵当権である。

第三に、産業資本への金融。わが国における産業資本への生産金融は、多かれ少かれ高利貸的な個人、個々の財閥銀行、勧業銀行、興業銀行、さらに太平洋戦争中には戦時金融金庫、というふうに主体がことなるにしたがってその内容をことにしており、私にとっては、現在は全く不明である。これらの点については将来の研究をまつこととし、ここでは一応の臆測、概観をすることで満足するほかはない。

まず日清戦争後の産業界の急激な資金要求にこたえて、勧業銀行が設立され、長期の不動産担保貸付が、相当な額において行われたことは、前にかかげた表からもあきらかである。さらに、日露戦後の飛躍的な経済発展に応じて、明治三五年には興業銀行が設立され、はじめは証券担保を中心とするところの Crédit Mobilier 的のものとして出発したが、ほどなく財団抵当制度が法律の上で規定されるに至り（明治三八年）、金融の中心はこれにうつるに至った。いうまでもなく、このような資本制的な産業資本への金融は、近代的な純粋に物的なものであるが、ここでは信用の基礎は、受信者の財産の交換価値そのものではなくして、一つの活動する統一体としての資本的企業の収益見込であり、財団抵当という制度はこのことの制度的表現にほかならない。このことは、主として財団抵当に対し金融するところの興業銀行だけでなく、一般の財閥銀行にとってもあてはまるであろうと思われる。この場合には、財団を組成する個々の財産の価値は——勿論、財団抵当にとって重要問題であるとは言え——、企業の見込という問題にくらべれば第二次的の重要性をもつものであり、登記の公信力の有無は、金融業者にとってそれほど緊要の問題としては意識されていないのである。[126] このことは、勧業銀行の貸付が個々の不動産の交換価値に対してなされており、[127] 債務不履行の場合にも抵当不動産以外の・債務者の一般財産へ執行することがほとんど全く期待されていないことと対比されるべきである。

第四に、高利貸金融。高利貸金融が、単に個人（農民・小市民・小商人・手工業者など）の生計の破局に際してのみならず、産業資本に対しても少からず行われていることは、周知のごとくである。一般に、それは短期貸付もしくは短期貸付のくり延べという型態をとり、担保についても、無担保もしくは人的担保を中心とする純粋に人的なものや物的担保をとるものなど種々の型態をとるようであるが、不動産を担保とする場合には一般には売渡抵当の形式をとるのが普通である。ところで、高利貸金融は、一般に人的色彩がつよく、多くの場合には仲介者や保証人の保証によって、或いは債務者の目前の破滅を「天びんにかける」ことによる威嚇によって、或いはより直接的な violence による脅迫によって[128]、等々の現実的な人的な強制によって担保されている。高利貸にとっては、登記の公信力の欠如は、はじめから大した問題ではないであろう。

粗雑ではあるが以上のような観察から、つぎのことを認めてよいであろう。すなわち、民法制定当時におけるわが国の不動産取引、わけても不動産金融においては、人的色彩のない・純粋に物的な・対等主体者間の近代的取引が数多く頻繁に行われるという事情が存在しなかったという事実。民法が、登記の公信力を規定しなかったことのもっとも大きな理由はこの点にあったと認めるべきであろう。しかし、物的な近代的土地取引はその後非常な発展をとげたという事実は無視され得ない。勧銀による不動産金融、興銀による財団抵当金融は莫大な口数および額にのぼっているし[129]、また投機的ないし投資的性質を有する土地取引も第一次大戦以後大都市においては頻繁である。しかるに、そのような近代的取引を行う人々、わけても有力金融機関の側から登記の公信力への要求が出ていないのはどうしたことであろうか。いな、それのみか、不動産取引の実際にたずさわっている弁護士や金融機関の実務家によれば——少くとも私の接触した範囲では——、「登記公信力の規定は取引の実際においてはほとんど必要なく、あればそれに越したことはないという程度だ」と考えられており、また「取引の実際においては、登記に公信力があるのと同様に、人々は登記を信頼しており、また登記ということをそれほど重視している」と言われる。このような意識を生じさせるところの・登記の現実の機能役割、それが問題である。

思うに、それは、つぎのような点にあるようである。第一。登記所は威厳高き「おかみ」の役所であり、そこでは今日もなお人民は叱りとばされ、剣もほろろに取扱われるのが普通であり、人民もまたはじめから恐れかしこみつつ出入りしているのだと、私の接触したかぎりのほとんどすべての実務家（登記所側の人々をのぞく）が語っている。登記所は今もなお、明治初年の旧登記法制定当時と同じく、「閻羅の庁」であるらしい。[130] したがって、一般の意識においては、登記というのは、単なる帳簿の上の記載というような事務的なものとか、或いは公示方法という手段的なものとかでなく、すこぶる重大な行為である。第二に、一般に、日本の民衆にとっては、登記簿の記載は、戸籍簿の記載と同様に、単なる事実の表示ではない。逆に、帳簿上の記載という形式そのものが、彼らにとっては動かしがたい権威である。[131] 彼らにとっては、その形式が単なる形式でなく、形式が同時に事実を規定する。[132] 形式から独立した（すなわち観念的な）法律関係の存在についての現実的な意識は、意識の外の自然的世界から一応独立した主体的意思のみがこれをもち得るのであるが、このような「自由」の意識は、民衆のうちに支配的なものとしては存在していない。――以上のような二つの事情の結果、登記についてのつぎのような法意識が生じていると認められる、すなわち、人は、一たび自分の意思に基いて登記がなされた以上、それはもはや争うことのできないものであり、ただ権利者の意思に基かないで――彼の知らないうちに第三者によって――登記簿上の変動が生じた場合には、それを争い得る、という法意識。このような法意識の存在は、登記のゲヴェーレ的な効力にほかならぬのであり、厳密にはその歴史的性格はことなるが結果的には de facto の「抽象性」（無因性）が成立していることになる。実際の取引においてすでに成立した登記がほとんど常に信頼し得られるということ、不動産取引にあたっては印鑑証明によって印鑑の真正を確知しまた本人の意思を確かめさえすれば、取引の効力に信頼がおけるという実情は、[133] 右のことに基くと考える。問題となるのは、右の de facto の登記の無因性によってカヴァーされない部分、すなわち権利者の意思に基かないで登記が行われた場合、においてである。Auflassung と登記の無因性を規定するドイツ民法において登記の公信力が意味をもつのも、そのような場合である。この場合には、勿論わが国では事実上も取引の安全は存在しないし、また民衆の意識においても公信力を要求しない。むしろ、いわゆる所有権の「静的安全」の保護が要求される。この静的安全への要求・執着が否定されるためには、銀行資本による取引、ことに流通抵当制度が成長することが必要なのではないであろうか。プロイセンにおいてきわめて早期に登記公信力の制度が確立したということには、Landschaft の・流通抵当を伴う債務証券の制度に関連しているのではないかと推測される。もっとも、わが国においても担保附社債信託法(明治三八年公布。ただし、この制度がひろく活用されるようになったのは大正四年以降である)は流通抵当を含む担保附社債を規定するが、担保附社債の担保は常に財団抵当であり、財団抵当にあってはさきにのべたように企業の見込が担保価値の本体をなしているのであり、それを組成する個々の不動産の交換価値はそれほど重要視されていない。この点で、ただ土地の価値のみを流通担保とするところの Landschaft の場合とことなるのである。

以上のことから、われわれはつぎのように結論してもよいのではあるまいか。すなわち、民法中に登記公信力の規定がないことは、立法当時の不動産取引の実情からみてむしろ当然であったのみならず、現在においても、登記公信力の立法化は、実際界においてはそれほど必要と感ぜられていない。したがって、ここには、わが民法中に登記公信力の制度を導入するにあたって生ずるところの立法上の問題については、立ち入らぬこととする。(134)

(125) 平野義太郎『日本資本主義社会の機構』(五三頁以下)。
(126) 興銀の実務家諸氏の言である。
(127) だから、貸付は全く不動産の交換価値のみを最後の頼みとしてなされるし、また一般財産への執行を期待しないゆえに公正証書の作成もほとんど行われない。

(128) 高利貸金融においては、しばしばPrivatpfändung(ゲルマン古代において行われたと言われるところのものと同じ性質をもつ)が行われる。その一典型は、明治維新直後の落ちぶれた武士と高利貸とを写実的に取りあつかった黙阿弥作「水天宮利生深川」筆屋幸兵衛内の場に明らかである。

(129) 勧銀の貸付においては、その創立のはじめから、産業資本への金融が圧倒的に多いということは、さきにかかげた表からも明らかである(紡績会社への金融が相当に多かったとのことである)。また、昭和一六年下期においては同銀行の貸付の中で、田畑抵当に対する貸付は、口数一六、〇八〇(総口数の五五・六五%)、金額二三、六八三、〇〇〇円(総金額の一八・四七%)という無数の小額貸付(一口平均約一、四七〇円、創立当時の一口平均約三万円、と比較せよ)であるが、同期における工場抵当・工場財団抵当に対する貸付も、口数五九、金額二五、六九五に上る(勧銀調査部編「当行新規貸付高の用途に関する調査」昭和一七年一二月四頁)。興銀の金融は財団抵当が多いので、口数は勧銀のそれほど多くはないが、金額は莫大である。こころみに、第一次大戦後の大正一〇年と、満洲事変後の経済体制に入る直前たる昭和七年とを例とすると下表のごとくである。

(130) 注(41)参照。

(131) 戸籍簿については、私は別の機会にのべたことがある。川島

興銀定期貸付金担保別表

	昭和7年12月現在		大正10年12月現在	
工場財団	330	118,284,413円	92	50,474,428
鉄道〃	86	39,312,171	11	4,730,000
軌道〃	22	25,597,739	5	2,477,500
鉱業〃	8	3,452,276	1	300,000
漁業〃	1	1,000,000	—	—
工場敷地建物	1,756	24,475,215	72	7,262,642
市街宅地建物	889	6,941,116	5	242,500
船舶	30	55,038,762	15	36,716,533
有価証券	16	20,985,114	4	10,195,000
元朝鮮関税収入	1	12,963,920	1	12,963,920
支那関係	—	—	5	23,007,551
信用	7	465,536	202	148,370,074
	3,136	308,516,262	413	296,743,148

「家族生活における国家法と民衆法」(川島『日本社会の家族的構成』所収、『川島武宜著作集』第一巻収録)

(132)　不動産の所有権移転と登記についての意識が、幕府時代以来の・売渡証文への名主の奥書証印の意識と連なっていること、についてはさきにのべたとおりであるが(前述4二(1))、抵当権についてもその点はかわらない。幕府時代においては、質入については同様だが書入には名主・庄屋の奥書証印という方式は必要でなかったとのことであるが(中田薫「徳川時代の不動産担保法」「徳川時代の不動産担保法続考」『法制史論集』第二巻所収)、明治初年においては、(『全国民事慣例類集』によれば)不動産の担保の方法としては書入すなわち抵当が圧倒的であるらしく、且つその方式として、名主・庄屋の加判を要するとするのが、むしろ支配的であったように思われる(名主・庄屋の加判を要するとするものは、山城国久世郡をはじめとして二三、これに反し、これを要せずとするものは六)。抵当権設定登記についての民衆の意識は、――近代的金融機関や、財団抵当の債務者などは別として――多かれ少かれ右の意識に連なり、登記と抵当権設定とを不可分のものとし登記によって権利関係が確定的のものとなる、とする意識が支配しているように思われる。

(133)　勧銀では、特に権原調査をするのが通例であるが、ほとんどすべての場合には、印鑑の真偽をたしかめることのほかには、本人(抵当権設定者)の意思確認のため本人に直接面会することで、まず十分であるという。

(134)　それらの諸点についてはすでに多くの学者によって論ぜられている。特に、藤本秀麿前掲法協五三巻六号一一五〇頁以下、舟橋諄一『不動産登記法』(新法学全集四頁以下)を見よ。一言つけ加えれば、――公信力制度の結果、真正の権利者の静的安全は犠牲にされるのであるから、予防的および事後救済的措置が必要となる。後者は、言うまでもなく、特別の賠償制度で、国家による無過失損害賠償(ドイツ不動産登記法第一二条、スイス民法第九五五条)、或いは特別基金による一種の損害保険制度(トレンス・システム。藤本秀麿前掲五三巻四号七二二頁、舟橋諄一前掲一二頁、一五頁にかかげる文献参照)があるが、後者が好ましい。予防的措置としては、真実の権利関係に一致しない登記が成立するのを防ぐことが必要となるのであるが、不動産取引の頻繁を前提とする以上実質的審査主義は問題とならず、結局 Auflassung を独立させこれを無因のものとする技術が、考慮に値するのではあるまいか。

第五章　資本としての所有権

1　資本としての所有権――その抽象的端初的型態

一　資本が「法的な」存在であることと、および資本の法的構造とは、資本制経済そのものの歴史的社会的構造によって規定されている。

資本制経済は、生産力の一つの歴史的発展型態としての・工場および機械を用いる多数人の協業的の労働ということに基礎づけられる。このような発達した巨大な生産力は、「社会のための生産」を必然ならしめ、社会的分業を必然ならしめる。すなわち生産は二重の意味において社会的である。第一に、生産過程そのものにおける社会性、第二に、再生産が、社会的分業の結果として、生産物の相互交流によって媒介される過程における社会性。このような社会的な生産ならびに再生産を行うところの社会関係は、資本制経済のよって立つ一定の歴史的諸条件の結果、「商品生産関係」である。すなわち、社会的生産は、生産手段の私的支配者の支配の下において行われ、社会的生産の結果たる生産物はこの生産手段の私的支配者の私的所有に帰し、この私的所有となった生産物が相互に交換されることによって再生産が媒介される。言いかえれば、社会的生産物は商品として生産され、商品の生産は商品の流通を必然的につくりだし且つそれに媒介されることによって可能となる。ところで資本制生産関係が、商品交換関係および商品生産関係の相互媒介ならびに結合であるということは、資本制生産関係をして特殊＝法的な関係たらしめる。けだし商品交換は、商品所有者が相互に相手方の商品所有、したがってその所有主体性を承認しあうことによって成り立つところの社会関係であり、このような独立な主体者の社会においてはじめて権力＝権威的関係から分離した独立の範疇としての法的（権利義務）関係・法的規範が歴史的に与えられるのであるが、資本制社会においてはその再生産は全社会的な規模で商品交換関係によって必然的に媒介されているからである。(1)このゆえに、資本制生産関係、したがって資本は、同時に特殊＝法的な関係として現象する。

つぎに資本の法的構造の内容はつぎのごとくである。まず、特殊＝資本制的な意味での資本とは、いうまでもなく、賃労働をもってする生産により増殖運動をとげる富であり、それは生産手段・労働・商品・貨幣等々の現象型態においてメタモルフォーゼを遂行するところの運動において在る。このようなメタモルフォーゼの諸運動の一つは、資本の生産行程すなわち賃労働者による生産であり、資本の運動の本体的なものである。運動の他のものは資本の再生産すなわちその流通行程、すなわち「契約」による商品交換である。前者は賃労働の購買という商品交換を媒介として遂行され、また後者は、そのようにして生産された商品の交換によって遂行されるのであり、したがって資本の運動は終局的には商品交換によって常に媒介されている。すなわち商品交換こそは、資本の運動の抽象的基礎的モメントである。ところで商品交換は、法的には、商品の「私的所有」と「契約」によるその交換という二つの要素から成り立つ。「契約」は資本の運動の法的現象型態であり、したがって資本の法的構造は、「契約を媒介として運動するところの私的所有権」として把握され得る。(2)すなわち、資本としての所有権の特質は、第一に、その私的性質と、第二に、所有権が、契約を媒介とする運動と結びついているということ、との二つにある。この二つの特質の特殊＝資本制的な内容が、資本としての所有権に特殊＝資本制的な刻印を付与するのである。この二つの特性の内容、その相互の内的関連の分析がつぎの課題である。

（1）　本書第二章1、二五頁以下参照。

（2）資本の法的構造につき、わが国ではじめて問題を提起され且つこれを探究されたのは我妻教授であった。教授は、資本が所有権と契約との結合だとする理論を立てられたわが国における最初の人である。岩波法律学辞典中の我妻栄「資本主義」および「所有権」の項ならびに同所引用の教授の著作を見よ。

二　まず、商品交換が、商品交換そのものとして単純に——その抽象的型態において——現われる世界、すなわち資本の流通行程、における資本の法的構造から出発しよう。資本の流通行程においては、資本の真の本来的な姿は、商品交換の過程の中における恒常的な姿としての商品、したがって貨幣である。だから、資本としての私的所有は、物的存在としては仮の姿をとるのであって、その真の姿は貨幣所有、交換価値の所有である。貨幣所有権において、資本制的所有権がもっとも純粋にその本質をあらわにする。

商品交換そのものにおいて現われるところの資本としての私的所有は、商品としての私的性質を有する。商品は交換をとおしてのみ現実的に社会的存在となるのであり、それは私的な所有をその起点とする。だから資本制社会における所有権の私的性質は、交換を予定しないところの封鎖的経済における所有権の私的性質に対立する。所有権のこのような商品としての私的性質に基き、資本制社会においては、私的所有権は一般に法的関係の個人法的性質を必然ならしめ、したがってまた所有権をも個人法的に形成せしめる。しかし、商品所有権の私的性質は、商品が交換という社会的過程に入りこむための基礎である。そうして、この商品交換という社会的過程は、社会的分業の結果生じたところの、資本の再生産の経過すべき必然的過程である。だから所有権の私的性質は、商品としての社会的性質を同時に含んでいる。この社会的性質たるや、社会総資本の循環をも意味するものであり、資本制経済における所有権の本来的な・特殊＝資本制的な属性である。私的所有権の社会的性質は、契約をとおして現実化される。

商品としての所有権の私的性質は、同時に所有者が利潤追求という全く私的な欲求に基いてのみ商品の交換をなし得る可能性、すなわち、いわゆる所有権の自由として現われる。しかし、所有権の自由なるものは、同時に、商品所有者相互の間の「競争」において現われるところの・社会総資本の運動の観念的型態であり、したがってそれは、厳然たる経済法則の必然性そのものである。すなわち、商品所有権の私的性質は、その運動における現象型態においては、自由として現われるのであり、契約はこのような自由と必然性との現実化した現象である。

資本としての所有権のこれらの諸属性は、所有権が契約において契約をとおして運動する側面、商品交換の側面、においてもつところのものであり、これらの属性において成り立つところの所有はすなわち商品所有権・交換価値所有権である。この面においては所有権はその本質において貨幣とことならず、きわめて抽象的＝普遍的であり、したがって契約もまた抽象的＝普遍的である。このような関係において登場する人間は、商品交換主体一般としての抽象的＝普遍的な「市民」Bürger であり、近代法の技術的概念としての「法的人格」Rechtspersönlichkeit である。「民法」(市民の法 bürgerliches Recht) は、このような抽象的な側面における資本制経済の端初的基礎的諸関係を規定するのであり、私的所有権がまたその端初＝基礎をなすのである。だから、民法においては、近代社会におけるもっとも基礎的な関係たる階級関係は捨象され、また前期的資本ないし単純商品交換の法との区別もまたその抽象性普遍性の中に解消埋没してしまう。(3) したがってまた民法学においても、所有権・契約・人格の諸属性はしばしば絶対化され、階級関係も捨象され無視される。

(3)　民法が、単純商品交換の法であると主張されるのは、菊池教授である。この問題については私はかつてきわめて簡単に論及したことがあった。菊池勇夫「経済法と民法との関係」(『牧野教授還暦祝賀記念法理論集』六三三頁以下)、川島「経済法と民法」(国家学会五七巻一号一三五頁以下) 参照。

三　しかし、右の諸点をもってしては、資本としての所有権のより本質的な基礎的な属性、すなわちその特殊＝資本制的な内容は尽されていない。のみならず、それはむしろ右の諸点の背後に潜んでいる。資本制経済は、資本が生産そのものを征服した歴史的型態であり、資本制「生産」がその基礎的モメントである。しかるにこの資本制的な「生産」は、右にのべたような商品「交換」そのものの中には勿論存在せず、それを媒介としてはじめて成り立つところの、しかも実は資本制経済においては商品交換の全世界を必然的に産出するところのものである。商品交換的＝民法的観点ないし平面からは、この資本制的生産は、商品交換のかなたにあり且つ契約(商品交換)の「効果」としてその中に含まれており、独自的存在意義をもって立ち現われてこない。しかし、現実の社会構造においては、この資本制生産こそ特殊＝資本制的な資本の本体的部分であり、したがって法的にも、資本制的「生産」の諸関係こそ私的所有権に特殊＝資本制的な具体的な諸属性を刻印づけるのである。

資本制的生産は、生産力の一定の歴史的段階としての、工場と機械とを媒介とするところの・多数者の共同的労働による生産——「社会的」生産 gesellschaftliche Produktion——である。しかるに、そこで特に重要な意味をもつところの(そしてますます巨大となりゆくところの)生産手段は、いうまでもなく「資本」として「私的」所有の客体となっており、したがって「社会的」生産はこの「私的」所有からは直接には開始され得ず、契約によって媒介されねばならない。ところで、その契約による媒介は、つぎのごとき生産手段所有権の私的性質によって必然化される。すなわち、資本制社会においては、生産の観点からは、所有権の私的性質そのものは、社会が生産手段の所有者とその非所有者との二つの対立的群に分裂しているという事実にほかならぬのであり、したがってそこでの所有権の私的性質は、このような社会的な規模での私的占有(階級関係)の表現である。そうして、生産手段の非所有者(賃労働者)は生きるために労働を生産手段所有者に「契約」をとおして売らざるを得ない。このようにして、社会的生産は、生産手段所有者の所有(支配)に帰した労働によって私的に行われ、したがってその結果たる生産物もまた彼によって私的に領有され、このようにして資本所有の私的性質が再生産される。要するに、生産手段としての所有権の私的性質というのは、社会的な規模での生産手段の私的所有（資本制生産の起点）と、それの必然的発展としての・社会的生産およびその私的管理領有（資本制生産の過程そのもの、およびその結果）と、の観念型態であり、したがってそれは、一定の歴史的な・高度に「社会的」な関係を含んでいる。すなわち、生産の社会的性質に矛盾するところの所有権の私的性質は、この矛盾を解決するために一つの社会的過程としての労働「契約」を必然的に産出し、これを媒介として社会的な生産を現実化する、しかも、なおそれは私的に行われることによってふたたびその矛盾を再生産する。だから、資本制的生産は、制度的法的には、所有権がその私的性質を起点として行う運動であり、契約は私的所有権が内的な必然性をもってつくりだすところの所産である。だから、商品交換の世界において現われるところの・所有権の私的性質の抽象的普遍的無階級的性質は、このような商品生産の世界における所有権の私的性質の具体的特殊的性質によって規定されており、且つその現象型態である。私的所有権こそは資本制経済の全運動の起点、その最終の基礎たるのである。

このような「生産手段としての所有権の私的性質」は、また資本制生産の面において、いわゆる所有権の自由として現われる。資本制生産は、工場と機械とを媒介とする社会的生産であり、この生産の社会的組織と秩序との維持・管理という「社会的な」機能を必要とする。しかるに、生産手段所有権の「私的性質」の結果、この社会的な職能は生産手段所有者の私的な職能に帰する。このことの観念型態が、生産の過程における所有権の自由として現われる。しかし、生産手段所有者は、賃労働者から労働を買取りこれを自己の私的な処分の下におくことによって全生産の過程を支配する。しかも、賃労働者は、右にのべたごとき所有権の私的性質の結果、自己の労働を資本所有者の処分と支配とに委ねることを経済的に強制される。したがって、生産手段としての所有権の自由は、強制と支配とを含んでいる。要するに、生産の過程においては、所有権の私的性質は自由として現われ、且つそれは、社会的生産労働に対するKommandoの社会的構成、すなわち社会的な生産の私的な遂行を維持するために必然的に成立するところの矛盾＝権力機構の別名である。

かくしてわれわれはつぎのことを知る。すなわち、私的性質と自由性とをもつところの所有権が資本・資本制経済の終局の基礎であるということ、および所有権の私的性質と自由性とは、互いに矛盾するところの二重の意義をもつということ。一方では、それらの性質は、抽象的普遍的な平等者の自由な世界を指示すると同時に、他方では、具体的特殊的な不平等な関係とそこにおける支配と強制の世界を指示する。後者は前者によって必然的に産出され、後者は前者を媒介として自己を実現する。前者は後者の単なる現象型態でしかない。しかるに、民法の世界においては前者が前面に現われ、そこでは後者は捨象され背後に隠蔽される。したがって、所有権についてのそこでの法技術的解釈論的「法律構成」juristische Konstruktionは、このような所有権の現象型態についての仮象＝観念的型態にほかならないのである。「資本としての所有権」は、このような「法律構成」においてではなくして、右にのべたような矛盾的諸側面の統一においてのみ、見出され得る。

四　以上のごとき、資本の法的構造の分析の結果を総合すればつぎのごとくである。すなわち、生産力の一定の歴史的型態としての資本制生産様式は、生産の高度な社会的な様式であるが、他方、資本制生産関係の基礎をなす生産手段の所有権の私的性質は、この生産の社会的性質とつぎの二つの点において矛盾する。第一に、個別資本の生産の側面においては、協業的生産の社会性と。第二に、流通の側面においては、社会総資本の再生産の社会性と。私的所有に内在するところのこの矛盾は、一つの社会的過程たる契約を媒介として解決され、所有権の私的性質は「資本制的に」止揚され、資本制生産の社会的な諸関係が現実化する。要するに、資本というのは、生産力の歴史的発展段階としての一定の社会的生産に矛盾するところの所有権の私的性質が、内面的必然性をもって、契約をとおして展開するところの運動であった。だから資本の発展した諸型態は、諸々の契約をとおして実現されるところの、所有権の私的性質に内在する矛盾の解決の、すなわち所有の社会的性質の現実化の、諸型態である。と同時に、資本の諸々の発展型態のすべては、それが資本の型態である限り、資本制経済の中にある限り、生産手段の私的所有と生産物の私的領有とを、すなわち所有権の私的性質を廃棄しない。だから、「契約をとおして運動する私的所有権」という資本の法的構造の中には、資本と資本制経済の内在的矛盾、その全発展とその全型態とが含まれている。その意味において、右の法的構造は資本の抽象的端初的型態と称せられ得るのであり、民法は資本しかして資本制経済の抽象的端初的諸関係の規定を主たる内容とするものと言い得られるのである。

かくして、つぎの課題は、このように内的必然性をもって発展したところの資本の・より具体的な発展型態の分析である。

2　資本としての所有権の具体的な発展型態――その一
(「信用」によって媒介された諸型態)

一　くりかえし言うとおり、資本は、契約を媒介として運動するところの私的所有権であり、したがって、資本型態の発展は、私的所有権が契約をとおして、すなわち資本の流通行程を媒介として、行うところの発展であり、またそれをとおして発展してゆくところの私的所有権の社会性の実現(特殊＝資本制的な)の過程である。

資本の流通行程の抽象的型態は、言うまでもなく、商品交換すなわち商品と貨幣との交換である。抽象的に言って、商品交換の過程は、まず第一には、商品と商品(特に貨幣)との現実的同時的交換であるが、商品流通の発展につれて商品と貨幣との交換を時間的に引きはなし、商品の譲渡と貨幣の譲渡とを二つの独立の行為に分裂させる。このことによって、たとえば売主は、受けとるべき貨幣を支払日までの間買主に預託する(これを別のことばで表現するならば、一定の貨幣価値において表象＝評価されるところの商品を買主に信任する)ことになるのであり、その基礎は売主の買主に対する信頼である。商品交換のこの発展型態が「信用」Kredit の抽象的基礎をなす。それは商品交換の一定の発達した段階において必然的となり、また遂にそれは商品交換を容易にし促進することによってさらにこれを発展させる。資本制経済における商品交換・社会的分業の発展の結果、このような販売と購買との分離は必然的に拡大したが、産業資本の循環行程中における資本の貨幣型態化の必然と、しかも貨幣型態における資本は生産しないということとの矛盾は、一定の支払時期における貨幣所有の必要を媒介として「社会的に」解決され、特殊＝資本制的な「信用」の諸型態をつくりだした。「信用」は個別資本間の「競争」を、すなわち個別資本の社会的側面の発展を、完全に実現する基礎をなすのであり、このことによって信用は、諸々の「制度」に固定することによって、私的所有と契約との内的関連を具体的に固定せしめ、所有権の私的性質に、資本の構造に、一定の「社会的な」発展型態を刻印づける。そうして、この歴史的発展は、まず資本の流通行程にはじまり、これを媒介として資本の生産行程に移行し、資本としての所有権に確実な変形を付与したのである。

二　信用の第一の型態は商業信用、すなわち、「再生産に従事する資本家達が相互に与える信用」である。(イ)資本制生産物の商品交換において、製造業者(売主)は商品を、貨幣と交換にではなくして、何時何日に支払をなすという文書上の約束——特にその典型的な型態としての為替手形——と交換に、他の製造業者(買主)に譲渡する。この状態においては、資本はまず「債権」(一定金額の代金支払請求権)ないし債権的有価証券(手形)という現象型態をとる。後者は、その生産物をさらに他の生産者に前貸し、かくして信用の連鎖は最終消費者に及ぶ。何びとも一方で借りうけて他方で貸付ける。かくして、あらゆる方向に結合し交錯した前貸の間断なき交換が、産業の内部に行われる。(ロ)だが、巨大な取引においては、さらにこの関係は複雑化し、特に多くの場合銀行が介在する。すなわち、売主は商品につき船荷証券・貨物引換証・倉庫証券のごとき物品有価証券を作成し、これと為替手形とをもって銀行から信用をうけるという形で売渡し、買主は、その手形を支払って或いはさらに別の手形によって銀行から信用をうけることによってその商品を買取る(銀行信用についてはのちにのべる)。ここでは、明確に販売と購買とが分離する。(ハ)代金債権特に為替手形は、その満期日に至る間は、さらにそれみずから支払手段として流通する(手形の譲渡)。

いうまでもなく、これらにおいては、資本はもはや、契約によって媒介された所有権という単純な型態をとらない。第一に、いうまでもなく、資本は債権(ないし債権的有価証券)という現象型態をとる。しかもこの債権たるや、法律技術的には一応その売主・買主間の関係であるが、社会学的にはそれはもはやその個人間の枠を超えている。というのは、その手形が支払われるか否かは、結局その買主がその商品をさらに価値どおりに販売し貨幣に転化し得るか否か、すなわち、社会総資本の順当な循環が行われるか否か、ということにかかっており、その債権=手形関係は社会的総資本の総循環行程の一環として、社会的な関係に転化しているのである。そうしてこのことは、手形関係の決済の形式の上においてつぎのごとく現われる。すなわち、これらの多くの相互的前貸は、銀行・手形取引所の媒介によって、相殺という一つの社会的なしかたで一挙に解決され、また手形の流通(譲渡)によって前貸の連鎖が形成されている場合には、その手形流通の関与者の間ではその手形に対し支払があるという一つの事実によって、すべての債権関係の連鎖は一挙に解決される。かくして資本は、資本制的商品流通の高度の社会的性質を反映して、社会的な債権関係——ロマニスト的=単純商品交換的な個人的債権関係に対立するところの——としての型態をとる。

第二に、代金債権は、このように特に手形型態において流通することによって、もはや単なる人的相対関係たることをやめ、一つの有価物に転化する。このような債権関係は、ロマニスト的債権関係と私的所有との統一たるところの「財産としての債権」「所有権としての債権」であり、「有価証券」という形式はその具体的な現象型態である。

第三に、売渡された商品が物品的有価証券に代表され、代金債権とともに流通におかれるところの型態においては、資本の型態はさらに複雑となる。この場合においては、まず、商品所有権は同時に証券的債権によって媒介されている。為替手形とともに流通する状態においては(買主によって終局的に買いとられるまでの間においては)、資本の存在型態はつぎのごとく重複的のものとなる。すなわち、売主が銀行から信用をうけることによって一応資本は貨幣所有の型態をとるが、手形関係が終局的に決済されるまでは商品所有＝債権関係と代金債権とは浮動の状態にあり、それは法律技術的にはそのときそのときの段階に応じてそれぞれの人に帰属するが、実質的には売主に属しないと同時に属しており、結局資本は、私的所有権と債権とを基礎にしながら一つの社会的な型態において現われている。だが、これら一切の資本の発展型態は、資本そのものの性質中に本来内在している。資本は、くりかえしのべたごとく、その本質において貨幣所有であるが、貨幣所有はその高度の社会的性質のゆえに所有権と債権との端初的な差別を止揚しており、その高度の「観念性」に表現されているところの高度に社会的な所有型態である。信用を媒介として発展するところの資本の右のごとき諸型態は、資本の貨幣性の発展的現象型態にほかならない。またさらに、為替手形の集団的相殺によって債権関係が決済される限りにおいては、すでに貨幣は全く流通手段としても支払手段としても存在しなくなり、そこにはただ商品所有者間の社会関係そのもののみが存するにとどまり、その相互的関係の貨幣的表象はただ商品の価値関係の名称にすぎぬものとなっている。しかし、それにもかかわらず、資本制経済においては依然として貨幣が基礎にあり、したがって相殺による決済という均衡が存しない限りでは貨幣そのものが唯一の決済者であり、所有の私的性質を前面に押し出すことになる(恐慌)。

三 資本型態の発展を媒介するところの信用の第二の型態は、銀行信用である。ここでは、これを、資本の本来的な循環行程の「外から」銀行によって与えられる信用、として理解しておくこととする。いうまでもなく、信用授与者としての銀行の存在は、資本制経済の歴史的所産であった。元来、貨幣取引業者であったところの銀行は、資本制経済においては同時に利子附貨幣資本の管理者となり、貨幣資本の現実的貸主と借主との間の媒介者となる。すなわち銀行は、一方では、銀行に集積された貨幣の貸付者の代理人として借主に対立し、また他方では、全産業界を代表して貸付人に対立して借受者を集積する。銀行によって与えられる信用の特殊型態は、他の銀行に対する為替手形・小切手・信用開始契約・銀行券(発券銀行にあっては)などである。

銀行信用の制度の普遍化によって、資本としての私的所有権はつぎのごとき諸々の発展型態をとる。

第一、利子附資本関係の発展。利子附資本は銀行信用に特有なものではないが、銀行信用の制度の普遍化によって、資本の発展型態を確立する。利子附資本は、資本制経済においては、二重の資本として存在する。すなわち、貸付者にあっては、それは、純粋の貨幣債権としての資本である。しかし、この債権は、単純な・債権者債務者間の人的相対関係(民法の「論理構成」におけるごとき)ではない。というのはつぎの事情によってである。その利子附資本は、信用を受けた産業資本家にあってはふたたび独立の存在としての資本(産業資本)であり、そこでは貨幣所有を起点とするところの・他の諸々の資本の諸型態へのメタモルフォーゼの循環が始まる。そうして、そこから生ずる利潤がこの二つの資本家に分配され、一つは利子となり、一つは企業者利得となるのであり、したがって、資本制的利子は貨幣の単なる貸主借主間の債権関係から独立にでてくるのではなくして、借主たる産業資本家が経営する産業資本に対する上級的所有権の・法的外被としての債権関係から生ずるのである。利子附資本の貸主にとっては、資本は勿論貨幣債権ではあるが、さきに(第三章)のべたとおり貨幣にあっては、債権はその所有の一型態にすぎないのであり、したがって資本として貸されている貨幣の一所有型態としてのこの債権は、潜在的には、産業資本の所有を内在せしめているのであり、したがってまたそれは産業資本の社会的性質とその発展とを内在せしめているのである。このことは、株式会社および「金融資本」において現実的な現象として現われる。

第二、貨幣の観念化の発展。資本の所有はその本質において貨幣の所有に帰することは、くりかえしのべるごとくであるが、銀行とその信用諸制度とによって、貨幣の観念性はさらに発展して、貨幣は非物質的な社会関係そのものに転化する。第一に、銀行信用の型態たる小切手・為替手形および為替手形の一亜種としての銀行券は流通の世界におかれて貨幣の機能をもつに至り、また銀行券は国家の信用をもって支持され多かれ少かれ支払手段としての法定の通用力を付与される。このことによって資本を構成する貨幣の物質性は、実際上信用関係によって代置される。第二に、銀行に貨幣取引業務が集中し、銀行が商品取引業者の一般的な出納業者となる程度が高度化するにしたがい、貨幣の流通は、銀行の帳簿上の・諸資本家の口座における、記帳上の移動に転化する。かくして貨幣型態における産業資本家の資本は、原則としてその大部分が銀行における簿記上の記載に転化する。この限りでは、貨幣の物質性は背後に退き、単に、社会的生産物に対する観念的抽象的分前の数字的記載にすぎぬものとなる。銀行は社会的総資本の「一般的簿記」を行う制度となり、資本はその限りでは単なる社会的な関係そのものとして現われる。このことはいうまでもなく、貨幣における社会的性質の・発展した現象型態である。

第三に、資本は、銀行およびその信用を媒介として、さらに高度の社会化への発展をとげる。第一に、さきにのべたように、銀行は多数貨幣所有者＝利子附資本家と産業上商業上の資本家とを媒介しつつしかも同時にみずから独立の資格において貸付資本家となる。ことばをかえるならば、銀行は貨幣資本の一般的「管理者」＝貨幣取引業者であると同時に(銀行に預託した貨幣資本所有者に対する関係では)、またみずから貨幣資本「所有者」＝利子附資本家(銀行から信用をうけた産業商業資本家に対する関係では)である。だから、利子附資本としての個々の銀行の資本が「社会的な資本」であると同時に、また個々の産業商業資本家の資本も「社会的な資本」であり、この三段階の資本家はそれぞれ「社会的な資本」をその社会的機能に応じてまたその相互の間にも社会的に所有する。銀行と信用とを媒介として資本＝貨幣所有の私的性質は、高められた段階において、ふたたび止揚される。「社会的資本の配分」は、個々の私的資本家の貨幣所有権から分離して、銀行の社会的機能としての管理に服することになる。そうして、この機能は、「金融資本」において、より発展した型態をとることは、のちにのべるごとくである。第二に、銀行と信用とを媒介として、さらに別の面において資本は社会性を得る。すなわち、銀行と信用とによって、「競争」をとおしての社会総資本の運動が完全にされ、平均利潤率が必然且つ可能となり、その結果個々の資本に属する利潤は、その個別資本が直接に占有するところの余剰労働によって決定されるのではなくして、社会総資本が占有する余剰労働に対し、個別資本が総資本に対する比例分にしたがってうける配当分にすぎぬものとなる。かくして、利潤に関する限り、個々の資本家は、あたかも一株式会社(それが社会的総資本に該当する)の株主たるにすぎぬものとなり、個々の資本は同時に社会総資本の有機的部分となり、その私的性質を止揚する。しかし、以上のような諸々の段階の型態における、資本＝私的所有・社会的性質の発展にもかかわらず、銀行信用の基礎にあるところの私的所有は、資本の社会的性質に限界を画し自己を貫徹する。銀行信用は、銀行が占有管理する社会的資本の一定割合を私的資本家に移譲することを意味し、これによって、信用をうけた私的資本家にとって、社会的労働・社会的生産物に対する一定の割合の私的支配＝領有が、直接的生産者ないし中小の資本家からの Expropriation が、そうしてそれをとおしてさらにより大なる Expropriation の再生産が、可能ならしめられる。加うるに、資本としての貨幣がこのように観念化しその物質的存在から遊離することは、同時に銀行に、自分の現実に占有する貨幣以上の信用を与える可能性を与えた。すなわち、或いは種々の信用貨幣の創出により或いは資本の流通を帳簿上の記載によって処理することによって、貨幣の使用を節約し信用を与うべき資本を新たに創り出し、その結果、銀行は、現存の社会的生産物に対する割り込み的な私的分前の権利を創り出し、かくして、銀行は全産業に対する支配的な力を獲得する。このように銀行と信用とが一方で資本としての貨幣所有の社会性を高度に発展せしめながら、しかもそれはますますより高き規模での資本＝貨幣所有の私的性質の発展を規定しているということは、まさに信用の基礎に横たわる貨幣に内在するところの、所有の私的性質と社会的性質との矛盾と統一の発展にほかならぬのである。

3　資本としての所有権の具体的な発展型態——その二
（会社により媒介された諸型態）

一　資本制経済における生産力の発展は、生産手段の規模をますます巨大化し、このことは、一方では、資本額の絶対的量を巨大ならしめるとともに、また他方では、固定資本部分の相対的量を増大させる。「競争」の世界においては、より高い生産力をもつ資本＝企業が、すなわち、より大きな額の資本をもつ企業が勝利をしめ、より小さな額の資本をもつ企業は没落する。かくしてここに、一企業における多額の資本の集積 Akkumulation および、数個企業の一企業への集中 Konzentration という現象が必然的に発生する。資本の集積およびそれに基く企業の集中は、いうまでもなく貨幣資本の存在によって条件づけられ、それはまた資本制的利潤の増大につれて信用（および特にその機関としての銀行）によって媒介され促進される。

集積および集中によって、資本の法的構造はそれにふさわしい新たな発展型態において現われる。

二　その第一の型態は、合名会社および合資会社である。いずれの型態も、個人的資本所有者の単なる外的結合であり、この外的結合は契約をとおして一つの合手的共同関係(「組合」) gemeinschaft zur gesamten Hand を形成する。資本としての所有はもはやその直接的型態においてではなくして、この合手的共同関係を媒介とするところの一つの発展型態において存在する。各組合員の所有は、「持分」、すなわち合手的に共有する全資本所有(具体的な且つ現実的な資本所有)に対するところの・合手的共同関係の人的関係に照応する観念的抽象的支配である。ここでは、持分は、まだ独立の存在としての貨幣資本にはなっていないが、現実的資本から一応分離した特殊な型態をとっている。

三　その第二の型態は、株式会社である。それはもはや個々の資本所有者の外的な結合ではなく、独立の存在としての団体 corporation である。いうまでもなく、この独立の団体の資本は、均等な貨幣量によって表示される株式に分割され、また外部に対しては株式会社のみがその資産の限度においてのみ責任をおう(株主の有限責任)。すなわち、株式会社においては、資本は、独立の存在たる団体を媒介して完全に二重の存在に分裂する。資本はまず第一には、独立の団体としての会社の現実的な資本として、一つの直接的な私的所有であり且つ「擬制された個人」としての法人の個人的所有である。が第二に、この会社の資本は、会社の人的団体関係をとおして「株式」として観念的に株主によって所有される。株主は直接には会社の現実的資本に対し持分をもたず、団体の構成員としての人的関係として間接的にのみこれを所有する。この間接的な資本所有(株式)は、株式会社が株主に与えるところの利益配当をとおして、経済的には平均利子率によって貨幣資本化され(capitalization)、額面額とは別に一つの独立の貨幣的価値をもつに至る(いわゆる擬制的資本 fiktives Kapital)。このことによって、株式は、一つの非個性的な貨幣資本・利子附資本の性格、すなわち「債務」的性格をもつことになり、貨幣資本の動員“Mobilisierung”を容易ならしめ(銀行保険会社等の金融機関に集められた資本の投資、証券市場への売出しによる資本の吸収)、また企業の集中を容易ならしめる。また株式会社においては、資産状態の厳格なる公開の原則のゆえに、社債または個別的借入による金融は他のあらゆる企業型態に比し有利であり、このことは会社の資本構成をさらに社会化する。かくして株式会社は、個人の私的所有のせまい限界から解放され、巨大な高度な生産力を支配するに至る。株式会社は、高度に「社会的な」資本である。

要するに、株式会社においては、資本が、団体性を媒介として、会社の個人所有と株主の社会的所有との二重関係に分裂していることが特色的である。この点については二つのことを注意しなければならない。

第一に、このことによって、株式は貨幣資本＝債権的性質をもつに至るが、それは決して単純な直接的型態における貨幣資本＝債権ではなく、同時に会社資本の観念的間接的所有でもある。このことは、貨幣資本に内在するところの・現実的資本に対する観念的所有(さきにのべた)の現実化にほかならない。ここに現われているのは、もはや単純な所有権や債権ではなく、団体関係を媒介とするところの、団体関係において現実化しているところの、所有権および債権の発展型態である。株式債権説[4]は、株式を単純に直接的型態における債権と同視している誤りを犯しているのであり、その根拠とするところの擬制的資本の「現象」は、このような特殊の資本が平均利子率の支配する世界の中を流通することから受けるところの「擬制的」型態にすぎない。のみならず、株式が、このような「媒介された」資本所有であることは、つぎのごとき事実において現象化する。すなわち、第一に、マニュファクチュアの時代には、株主総会の民主主義、株主総会をとおしての資本の管理＝支配(債権としての株式でなく、資本所有としての株式)が、支配的要求として現われ且つ実現されたこと(「前期的資本」の社会的型態たるオランダ東インド会社・オランダ西インド会社では貴族的資本の独占が支配したこと、マニュファクチュア資本家の社会的結合たるイギリス東インド会社では資本家の民主主義的要求が実現されたこと[5])、第二には、金融資本の独占は、この株主総会の「民主主義的性質」を利用して実現されたこと。――株式会社は一つの社会的資本でありながら、株式そのものは「私的」所有の一発展型態であり、したがって、株主相互間の「社会的」関係は、私的資本の競争しあう世界たる社会総資本の「社会性」

と本質的にはことなるところはない。私的所有の「自由性」は、株式においては「株主総会の民主主義」として現われる。だから、資本の独占は、株式会社の内部においては、株式の私的所有性をとおしての、且つ株式の私的性質の発展としての・独占として現われ、また株主総会の民主主義は、自由の反対物たる「支配」の手段に転化するのである。

要するに、株式会社においては、産業資本と貨幣所有とが、債権と所有権とが、直接的所有と間接的所有とが、私的所有と社会的所有とが、会社の団体性――「擬制された個人」persona ficta としての団体性――を媒介として、二重に分裂しつつ統一されている、と同時にそれらすべては、資本制的な私的所有の発展型態にほかならないのである。

(4)　松田二郎『株式会社の基礎理論』(一九四二年、一五三頁以下、特に一七八頁以下)。なお、これに対する批評としては、鈴木竹雄「共益権の本質」(法協六二巻三号二九一頁以下)。

(5)　大塚久雄『株式会社発生史論』(四二五頁以下、四三四頁以下、四六九頁以下、五四九頁以下)に詳細である。

四　株式会社型態の発展は、資本としての所有権に、もう一つの重要な転化をもたらした。元来は出資者全員の・経営に対する発言の機構であったところの株主総会の民主主義は、そこで支配する資本力の「競争」の必然的結果として、大株主の専制支配の媒介者となり、その反面株主総会を支配しない株主は企業の経営から事実上分離された。他方、株主有限責任の原則とそれに基礎をおく株式の流通証券としての流通は、株主の多くを分散的な大衆的小株主に転化し、株式会社の支配にはますますより少き株式で足りるようになり、その反面ますます多くの株主が企業の経営から分離され、その結果株式はますます利廻りを目標とする投資の目的物になる。最後にもっとも極端な場合においては、信用の発達の結果として、無数の貨幣資本は金融機関(銀行・保険会社・信託会社)をとおして株式に投資され、その結果、株式会社の経営は全く経営者に一任され株主はただ配当をうけるだけの、いわゆる経営者支配 management control の型態が現われる。

このような株式会社の構造転化により、株式会社の内部には資本家の二つの類型が現われる。すなわち、現実に企業の経営管理を行うところの機能的資本家と、単に配当のみをうけるにすぎない投資的資本家と。このことによって資本としての所有権には重大な一つの変化があらわれる。というのは、さきにのべたような、資本としての所有権の「自由性」の、生産の面における現象たる、労働に対する管理支配 Kommando は、もはや株式型態における資本の所有の内在的モメントではなくしてこれから分離され、機能資本家が別に特になすところの生産的労働として独立する。その結果、企業の総利潤は、機能資本家の労働の報酬としての「企業者利潤」と、所有権としての株式に与えられる配当とに外形的にも分けられる。そうして、この経営者の受ける報酬は、次第に他の労働と同様に、労働市場で価格を調節される一定種類の熟練労働の対価であり且つそのようなものとして見なされるに至り、企業の総利潤は、株主に、単に資本の所有者そのものとしての資格において、収納されるに至る。このことは、株主が経営から生産行程から全く退場したところの「経営者支配」の型態においては、外形的にもあきらかな現象として現われる。株式が単なる債権、すなわち利子附債権に見えるという現象の原因の一つは、この点にある。すなわち、配当は資本の所有に基くものでありながら、その所有が資本としての生産的機能から分離されあたかも単純なる貸金債権者のうけとる利子のごとき外観をもつからである。この段階においては、資本の所有は全く寄生的性格をもつに至っている。ここでは、従来資本の所有との結合から分離されていなかった生産的機能が、結合された直接的生産者の「社会的な」機能に転化されている。したがって、ここには、資本制生産の基礎としての私的所有のみずからの「否定」が含まれている。だから、この場合に、株式を単なる債権とみなすことは、その「所有権」としてのこのような側面、すなわちその寄生的性格を無視し、配当の受領を単なる債権の効果として、本来的に歴史を超越した自然的存在なるかのごとき外観を付与する――結果となる(少くとも)――のである。

4 資本としての所有権の具体的な発展型態――その三(独占資本および金融資本における諸型態)

一 「競争」によって必然的に現われたところの企業の集中は、生産力の高度の発展をもたらし、その結果さらに一そう競争を激化せしめてさらにより高度の企業の集中をつくりだし、ついに競争が競争を次第に止揚するところの資本型態たる「独占」をつくりだした。ここでの問題に関係あるかぎりでまず独占の諸型態をながめよう。

独占の最初の最低の型態は、独占がまだ決定的でない型態である。すなわち、カルテル。そこでは、競争する諸資本は、カルテル協定(契約)において一時的休戦ないし不戦条約を締結するが、まだ相互の競争主体性そのものはカルテル関係のうちに眠っているにすぎない。カルテル的結合はその中に種々の段階・型態を含む。第一には、相互的な拘束を約束する単純な契約債権関係としてのカルテル(ただ価格や販路や生産量を協定するだけのカルテル)。この場合には、資本としての所有権の資本制的メタモルフォーゼの諸段階(それは諸々の契約をとおして行われる)が「社会的に」、社会的総資本に普遍的な(多かれ少かれ)規模で、規定されている。所有権の運動を媒介する契約は、カルテルの「債権関係」をとおして社会的に規定されている。第二には、共同計算の協定を含むカルテル(共同販売、利潤のプール計算 Interessengemeinschaft)。ここでは諸資本の関係は、カルテル「契約」を媒介として、かの個人資本の第一の集中型態たる合名会社のごとき、一つの合手的共同関係として展開する。ここでも、資本は、そのカルテル共同関係に含まれる範囲では、単純な私的所有の直接的型態であることをやめ、共有的支配における全体者の現実的具体的所有と、人的共同関係の反射としての各個別資本の観念的抽象的所有との二重関係に分裂する。この所有型態がさらに外形的に明瞭になったものが、独立の法主体（通常株式会社）としてのカルテル機関（共販会社）を有するカルテルである。これがカルテル関係における資本の第三の型態である。ここでは、右の資本としての所有権の分裂は決定的となり、カルテル機関の現実的資本と、これに対する・株主としての観念的所有と、カルテル契約に基きこの機関に対して有する具体的な債権（売上代金或いは利潤の分配引渡を目的とする）、という複雑な構造を現出する。個別の資本の私的所有は外形の上にも社会的な（商品流通の世界において独占的意義をもつほどの規模での）構成をとる。

二　カルテル関係に媒介され且つそこに現実化するところの・生産したがって資本の高度の社会性にもかかわらず、それが資本であるかぎり、その基礎にある所有権の私的性質は廃絶されないのみか、かえって独占をとおしてますます強められ（「競争」の激化）、さらに私的性質のより高い資本の型態、より強い独占を必然的につくりだす。すなわち、トラスト。そこでは、諸資本の休戦ないし不戦条約ではなくして一資本による他資本の征服＝降服の関係が成立し、いくつかの資本の競争主体性は支配的な一資本の競争主体性に対し自己を委譲する。

トラストにおける資本の社会的結合は種々の型態を含むが、ほとんどすべての場合には、「支配」は、株式会社における株主の民主主義すなわち株式会社内での資本の競争の「自由」をとおして行われる。

第一、そのもっとも単純な型態は「合併」である。数個の資本は合併「契約」を媒介として一つの株式会社に合併されてひとしく株主となり、その中で多数の株式を所有する資本が株主総会の民主主義をとおして「支配」する。ここでは、株式は、さきにのべたような意味での資本所有の重畳的性質に付加して、さらに、他の株主を支配することをとおしての独占的な資本所有という、さらに重畳的な所有型態となっている。いわば「株式会社の二乗」、所有権の三乗の型態。

第二、会社（合名会社・株式会社）が持株をとおして他の株式会社を支配する場合（株式の交換、子会社）。ここでも、株主総会の民主主義をとおしての、株主の競争の「自由」をとおしての、それの否定であることにはかわりはない。株式の利子附資本的性質が強化すればするほど、比較的に少い株式で株式会社を支配し得る可能性は高まり、したがってまた、それだけ経済的に独占を実現し得ることになる。ここでの資本の構造は、右にのべた「株式会社の二乗」型態の上に、もう一つ株式会社または合名会社の観念的所有が重畳した型態である。いわば「株式会社の三乗」、所有権の四乗の型態。

第三、独占のもっとも完成された型態。独占資本体のピラミッドの頂点に、傘下会社の株式のみを所有することによって支配するところの持株会社 holding company が位置し、全体を統一する型態。ここでは、資本は、株式会社の四乗五乗等々n乗、所有権の五乗六乗等々n乗の型態、として存在する。

独占の段階においては、社会の全生産を支配するだけの巨大な生産手段・生産力が一つの独占資本の管理と支配に服している。いうまでもなくそれは、生産力が発展し生産の社会的性質が高度化したことの・資本の側面における現象型態である。独占における・生産の社会的性質の高度化は、生産手段の私的所有をますます生産の面から遊離する。すなわち、巨大な社会的生産はもはや私的所有者による全生産の管理を不可能ならしめ、資本の所有と生産の経営とは決定的に分離し、資本の私的所有はただ、この全社会的生産物の私的領有としたがってその結果としての利潤の私的領有との手段にすぎぬものとなり、その寄生的性格は一そう顕著となる。だから資本の私的所有は、生産から遊離した抽象的存在に、単なる利子収得の債権的タイトルに、すなわち観念的な支配に転化する。さきにのべた第二類型の独占資本の高度の抽象的観念的性質、幾重にも媒介された重畳的支配は、このような社会関係に由来する。だからまた、「合併」の型態における独占資本の一見単純且つ直接的な型態も、ただその外観・形式にすぎないのであり(したがって、あまりに巨大な企業はしばしば分裂して、持株によって連繫するいくつかの会社の複合体に転移する)、持株支配による複合的型態との対立は、多くの場合においては生産過程からの遊離の程度の差を表現するだけのことである。かくして独占資本においては、直接的型態における所有権・債権・株式等々の差異や対立は止揚され、これらの諸権利は高度に社会的な生産を支えつつしかもそれを私的に領有する社会関係として統一されている。と同時に、その基礎には、私的所有権と契約とがすべてを貫く抽象的モメントとして横たわっているのである。

三　資本制的独占の最後の発展型態たる金融資本の法的構造の分析がつぎの課題である。さきにのべたように独占を媒介しおし進めたものは銀行信用であった。資本制生産の発展は、巨大な量の貨幣型態における資本をつくりだし、これを銀行(信託会社・保険会社等の金融機関)に集中し、加うるに銀行の間の競争を媒介とする銀行企業の集中はついに銀行の独占の諸型態をつくりだし、銀行は巨大な資本を管理するに至る。信用なるものは、信用をうける者に、社会的生産物に対する私的支配を付与するものであり、したがって独占的銀行の管理支配するところのかくも巨大な貨幣資本は、産業資本に対し圧倒的の支配力をもつ。かくして、独占的銀行資本は、さらにその信用を通じて産業資本の独占をつくりだすのみならず、資本構成における固定資本部分の相対的且つ絶対的増大の結果、産業資本に対し支配的意義を有するに至り、これを支配しつつこれと離れ難く結びつき合生し、資本制的独占の最後の最高の型態、金融資本、として現われる。金融資本は、構造的には信用と産業資本とのより高き結合であり、つぎのごとき現象型態をとる。第一は、株式への投資の型態。その第二の型態は、直接的型態における貨幣の貸付。

金融資本の法的構造についてはつぎの諸点が注意されねばならない。

第一に、右にのべた金融資本の二つの対立的型態のもつ意味である。右の第一の型態においては、金融資本は、さきに独占資本についてのべたような株式会社のn乗のより高度なものという構造をもつが、右の第二の型態においては、金融資本は、第一次に債権、その下に独占資本としての株式会社のn乗という、構造をもつ。しかしこのような対立は、金融資本の単なる現象型態上のものにすぎない。さきにのべたように、資本制的貸付資本の「債権」型態は、産業資本の間接的観念的な所有をそのうちに含んでおり、また株式としての資本は、逆に、産業資本の間接的観念的所有の型態でありながら同時に資本制的生産関係の中にあっては貸付資本化・債権化するモメントをその中に含んでいるのであった。だからこの両者の対立は決定的のものでなく、互いに他者を含み他者へ移行するモメントを含んでいる。金融資本は、まさにこの移行の現実化であり、このような対立の止揚・統一にほかならぬのである。この段階にあっては、所有権と債権と株式とがいずれもその直接的型態における対立的意義を失い、資本としての所有権は高度に媒介された型態をとっている。

第二に、金融資本においては、その社会的性質と私的性質とは極端にまで高められている。高度の独占たる金融資本は、一方では社会の全生産を蔽い、巨大な生産手段、巨大な社会的労働を支配するとともに、他方では資本制社会の貨幣資本の大部分を管理支配しており、金融資本の担い手たる銀行等の背後には無数の貨幣資本所有者がひかえている。しかし金融資本のこの高度の社会的性質は、金融資本の私的性質を減殺するどころか、かえってますます激化する。すなわち、金融資本はかくも巨大な社会的生産物を一手に掌握し、社会的生産の大部分の余剰は集中的にこの金融資本に領有される。金融資本の社会的性質の強化は、一方では同時にその私的支配の強化として現われる。「集中」とともに減少しゆく資本所有者の数は、金融資本においては極限に達する。したがって、この資本の王国におけるdynastyの資本所有は、しばしば、さらに産業資本と銀行資本との上に君臨するところのきわめて私的な個人的な型態(同族会社)をとる。ここでは、現実の生産過程からの資本＝私的所有の遊離は一そう徹底的となり、単なる利子収得の名義としての資本の観念的性質はますます高められる。資本としての所有の私的性質と社会的性質との対抗は、ここでは極点に達する。

しかし第三に、金融資本においては、生産の機能は完全に金融資本から分離したが、そのかわりに新たな資本の社会的機能が発生することになった。金融資本が成立するに至るまでは、社会に与えられた総資本をいかに諸々の生産に分配・配置すべきかは、「競争」を通じて実現してゆく経済の自然法則によって、資本の外から決定されたが、今や金融資本の下に社会におけるほとんどすべての貨幣資本が集中され占有されるに至ると、金融資本に統率される諸企業の間における貨幣資本の配分は、金融資本によって、すなわち金融資本の内から決定されるに至る。こうして、社会的生産物に対する、資本に対する、人の支配が極度に広範囲となることにより、経済の自然法則が具体的に目に見えるようになり、資本の配分ということが人の意識的な行為の目的に転化し、資本に付属する一つの社会的機能として現われることになったのである。しかし、このことについて、つぎの二つのことが注意されねばならない。第一に、金融資本の支配する諸資本の種類・範囲が巨大である結果、資本の配分は、特別の高度に専門的な知識と経験とを要する技術家の職能となり、それは、きわめて少数の固定した資本的 dynasty の構成員から分離する必然性(稀有の例外を除いて)を含むであろう。こうして、資本のこの最後の社会的機能もまた資本の所有から分離するのであり、したがって、資本の所有の寄生的性質は、この新たな社会的機能の出現によって何ら減殺されることにはならないのである。第二に、この資本の配分という仕事が人の意識的な行為になったということは、金融資本が真の意味で資本の配分をなし得ることを意味しない。生産手段の、したがって生産物の、私的所有があるかぎり、「競争」が絶対的に廃止されるということはあり得ない。だから、金融資本は、その支配する諸企業に対し意識的に資本を配分するが、それは決して経済の自然法則から独立してはいない。いなその巨大な「信用」は、「競争」を激化せしめ経済法則の自然的性質を一そう強大化するにすぎない。だから資本の配分が、真の人の自由なる行為としての配分であり得るためには、それが資本の配分でなくなることが必要な前提条件となるであろう。

5　総　　括

一　われわれはまずはじめ、資本のもっとも単純な端初的な型態たる私的所有権から出発した。そうして、所有権の私的性質と、生産ならびに再生産の特殊＝資本制的な社会性との矛盾に基く内的必然性をもって、私的所有権がその私的性質を止揚しゆくところの発展の過程を具体的にたどって、資本の最高の最後の型態にまで到達した。われわれは、木を見て森を見ぬ誤りにおちいらぬため、ここでこの発展の全過程を望遠鏡的に総観し、この発展の歴史的意味を把握しておく必要があるであろう。

二　まず資本の法的構造の全歴史的発展の起動力たるところの・且つ資本を資本たらしめるところの・所有権の私的性質、の発展を総括する。

まず、所有権の私的性質とは、資本の流通行程においては所有権の商品性、資本の生産行程においては所有権の階級性であった。この二つの私的性質は、契約を媒介として資本制的生産を遂行し、社会性へと転化し生産の社会性を現実化する。と同時に、このような社会性の現実化を媒介として自らの私的性質を再生産する。この私的性質と社会的性質との対立と統一とは資本としての所有権の全発展を貫く。すなわち、一方では、所有権の社会性はたえず発展する。資本制経済においては、資本の私的性質、すなわち経済的にいえばその利潤追求の原則は、一切の富を資本化するが、このことは商業信用と銀行信用とを媒介として現実化される。特に後者にあっては、銀行（その他の金融機関）によって媒介されて、全社会の貨幣資本が生産資本に転化する。他方では、競争によって資本の集中すなわち資本の社会的な結合がつくりだされたが、同時に集中は資本の社会的結合の否定を含み、ついに独占に到達して、私的性質を完成する。信用の媒介者たる銀行自身も同様に集中を経て独占に到達し、ついに独占的金融資本を現出する。そこでは、銀行に媒介される貨幣資本の高度の社会性と独占金融資本の高度の私的性質とが内的に結合し重なりあっている。ここでは、一方では金融資本の私的性質は全経済を支配するが、それにもかかわらず、他方では、金融資本は、その高度の生産の集中の結果、生産の現実の指導という資本＝所有権の本来的機能から分離され、単なる利子収得の名義となり、また金融資本の実質的所有者たる全社会の貨幣資本所有者の単なる媒介者にすぎないものとなっている。生産の社会性に対応するところの生産手段所有の社会性がここでは前面に現われ、私的所有はもはや出発点におけるような基礎的端初的意義を有しない、と同時に、そのゆえにまた私的所有は一そう強く自己を主張する。

三　所有権の私的性質は、同時に、端初においてはその「自由」として意識された。すなわち、所有権の自由は、資本の流通行程における「競争」および生産行程における生産物の私的領有の観念的型態であり、同時に、前者は競争をとおして貫徹する経済法則の必然性、後者は賃労働者に対する資本の支配・強制である。企業集中の過程においては、資本としての所有権は競争すなわち「自由」をもっていたが、独占の成立によって、競争すなわち自由が止揚された。今や自由は、競争の反対物、すなわち独占的支配の自由(可能性)として現われる。このことは資本の生産行程にも反対して、そこでの資本の支配と強制とを強化する。

しかし、資本＝所有権の「自由」は、同時にその対立物をつくりだした。商品交換の主体者であるところの近代的賃労働者は、資本所有者と同じく自主的主体者であり、彼は、資本＝所有権の「自由」として現われるところの支配と強制とをそのようなものとして、一つの矛盾として意識する。このことは、彼らにとっての自由の獲得を目的とする自主的労働運動を必然化する。資本としての所有権の「自由」は、必然的にこのような対立物的自由との闘争の中におかれている「自由」である。金融資本においては、その「自由」はさきにのべたような私的所有によって与えられ、民衆にとっての自由がこれに対立する。

四　資本＝所有権の諸型態の特殊＝法的な発展はつぎのごとくであった。すなわち、その端初において所有権から出発したところの資本は、所有権と対立するところの債権に媒介されつつその対立を止揚して債権そのものとして現われ、ついで債権と融合して新たな統一としての株式となり、さらに株式のn乗となり、最後にその最高の支配としての個人的支配権（株式または債権）に至った。この発展の過程が、資本＝所有権の私的性質と自由との右のごとき発展を表現し反射していることは、さきに詳しくのべたごとくである。と同時に、この特殊＝法的な諸型態においては、またそのような私的性質と自由との担い手であるところの所有権がその全発展を貫いて横たわっており、したがって所有権の私的性質と自由との発展的諸矛盾が捨象されてしまい、所有権は常にただ抽象的に所有権として、債権もまた同様に抽象的に債権として現われる。そこでは、資本制生産関係における所有権の全歴史的発展が、直接的には見えないものとなってしまう。しかし、これがあきらかにされない以上、法解釈学、特に民法解釈学は一つの反動的ドグマティクに堕する危険があるであろう。本書の目的は、まさに、所有権の抽象的な特殊＝法的な諸型態のこの不透明性によってさえぎられているところの、その内在的諸モメント、諸矛盾、諸発展の蔽いをとり去ることへの一つの試みであったのである。

〔参考文献〕

Berle & Means, *The Modern Corporation and Private Property*, 1933.
John R. Commons, *Legal foundations of capitalism*, 1924.
Karl Renner, *Die Rechtsinstitute des Privatrechts und ihre soziale Funktion*, 1929.
Derselbe, *Die Wirtschaft als Gesamtprozess und die Sozialisierung*, 1924.
Werner Sombart, *Hochkapitalismus*, 2 Bde., 1928.
Karl Diehl, *Die rechtlichen Grundlagen des Kapitalismus*, 1929.

Karl Marx, *Das Kapital*, 3 Bde.
Derselbe, *Deutsche Ideologie.*
Hilferding, *Das Finanzkapital*, 1923.
我妻栄「資本主義的生産組織に於ける所有権の作用」(法協四五巻三―五号、一九二七年)。
同「カール・ディール『資本主義の法律的基礎』」(法協五〇巻三号、一九三二年)。
同「近代法に於ける債権の優越的地位」(志林二九―三一巻)。

解題

一

『所有権法の理論』(一九四九年)は、言わば私の最初の著書である(それ以前には、我妻栄先生との共著で『中華民国民法注釈』があったが)。その成立の経過と、その執筆にあたって私がもっていた意図については、同書の発刊に際して「はしがき」に書いたのであるが、同書は今日に至るまで私の法律学ないし法社会学の出発点となったものであるから、同書以後の私の種々の著作との関係をも視野に入れ、且つ今日の私の立っている場所からの再吟味をも交えつつ、より立ち入って説明し、この旧著を読まれる方々の理解に資したいと考える。

本書は、東大法学部における一九四二年度および一九四三年度の私の「民法第一部特別講義」に由来する。当時、東大法学部では、いわゆる「持ちあがり」システムで一人の教官が民法第一部・第二部・第三部をそれぞれ一年生・二年生・三年生に順次講義してゆくのが習わしになっていたが、一九四二年度に民法第一部(民法総則と物権編、ただし担保物権を除く)の講義を担当された末弘厳太郎先生の発議で、まだ講座を担当していない若い助教授に「特別講義」を担当させるという新しい講義システムが試みられることになり、私が民法第一部(末弘先生担当)の「特別講義」を仰せつかった。それは、私にとっては光栄ある御命令であったが、同時に、「どういう講義をするか、見てやろう」という目が光っていたにちがいない。ともかくも、一九三四年に助教授に任命されて以来七年間、法学部の民法の講義をする義務を負うことなく、研究に専念することを許されていた私にとっては、まさに「青天の霹靂」であった。どんな内容でもよい、自分の好きな内容の講義をしてよろしい、というありがたい仰せであったので、私はいろいろ考えた末、「物権法の基礎理論講義要綱」という題の講義案を大急ぎで書きはじめたのであった。

二

私がこの特別講義で論じたいと考えたのは、次のような現実的な問題関心に基くものであった。

西洋――特にフランスとドイツ――の法典の直訳的輸入によって制定されたわが「民法」の財産法は、明治初年の「近代化」政策――特にその一環としての私的所有権制度の導入――に基礎をおくものであるが、そのような民法典と日本の経済的・社会的・政治的・思想的現実との間には大きなずれがあった。そうして、そのずれは、特に物権法の領域においていちじるしかった。このずれは、明治以来の政治体制および資本主義経済のきわめて独自な日本的性格ないし特質にかかわるのであるが、それが何であるのかという問題が、ようやく一九三〇年代になってわが国の社会科学における最大の関心事になっていた。

もっとも、西洋からの直訳的法典とも言える「民法」がそのような問題とどのようにかかわるのかという問題は、つとに末弘厳太郎先生によって鋭い形で提起されていたし、(1)またそれにつづいて平野義太郎先生(私は一九二八年に海外留学から帰朝された先生の第一回の講義を聴講した)のいくつかの論文によって論ぜられていた。(2)しかし、それにもかかわらず、この問題は、当時は法学界においてほとんどとり上げられていなかった。そうして特に、所有権およびそれから派生するものとして構成されている他物権に関する「民法」の規定は、法律学においては言わば当然自明のこととされてきており、それらの「物権」の歴史的な――すなわち、西洋の近代に或いは資本主義経済に特有の――性格とわが国の現実とのずれは、ほとんど見過されてきていた。しかし、そのようなずれは、単に歴史・経済・

社会・政治の次元で問題となるだけでなく、法律学の次元でも、民法の規定の理解や解釈にとって、見逃して通ることが許されない問題であり、また民法——特に物権法——を学ぶ学生にとっては、この問題についての理解をもつことは、きわめて有益であるはずだ、と私は考えていた。

ちょうどそのころ、法学部卒業以来私の指導教授であった我妻栄先生は、「近代法に於ける債権の優越的地位」と題する野心的な大論文を長期間にわたって『法学志林』に発表しておられ、[3] 私はそれに深い感銘を受け、言わばそれに触発されて、「近代法における所有権」の性質、その基礎等を明らかにすることを、特別講義の主題の一つにしてみたい、と考えるに至ったのである。

そのような問題に興味を抱くようになり、前述の問題に答えるために、近代法の基礎としての私所有権制度に立脚して近代法の基礎構造を明らかにするしごとを、何時の日か試みたい、と私は念願していた。しかし、特別講義を仰せつかった時点では、そのような研究を文字にしたり、いわんやそれについて講義をしたりするほどの準備はなかったのであるが、全く「若気の至り」で、そのようなテーマで研究しながら講義をしてみようと思いたち、講義案を書きはじめたのであった。それは私にとっては大それた冒険であった。私は毎日すべての時間を投じて参考文献を読み、考えをまとめようと四苦八苦し、いつも締切り日に追われつつ二、三回分の講義のアウトラインを原稿用紙に書く日々が、それからつづいたのであった。

(1) 末弘厳太郎『物権法』(上巻一九二一年有斐閣)の「自序」。なお、この本については、私は「日本民法学史の巨大な転回点——末弘厳太郎『物権法・上』に寄せて——」『法学セミナー』五八号(一九六一年一月)で紹介と評価とを述べた(『川島武宜著作集』第一巻三六八頁以下に収録)。

(2) 特に平野義太郎『日本資本主義社会の機構』(一九三四年岩波書店)。

（3）　我妻栄「近代法に於ける債権の優越的地位」『法学志林』二九巻六―一〇号、三〇巻三―六号・一〇―一一号（一九二七―一九二八年）。

そのとき私がもっていた問題を具体的に述べると、次のとおりである。

「近代法」――私はこのことばを、「近代の市民社会の法」、言いかえれば「資本主義社会の法」という意味において用いた――において債権が機能的に重要性を増してきていることはまさに我妻先生が言われたとおりであるが、近代法の構造に焦点をおくなら、「近代的」私所有権制度がその最も基礎的な要素であり、資本主義経済における「債権の優越的地位」も、「私所有権を原型とするところの私的財産」としての債権の重要性から切りはなして考えることはできないであろう。――そういう私の問題意識にとっては、近代法（すなわち、近代市民法）は、近代市民社会の一側面であり、近代市民社会の他の諸側面であるところの経済・政治・社会等とのかかわりを考察することは不可避の課題として私の前に立ち現われた。しかし、そのような課題にどのようにアプローチしたらよいのか、私には明確な方法論的見とおしはなかった。私がこの巨大な問題について講義しようと考えたのは、まことに「若気の至り」であった。

太平洋戦争によって、われわれはやがて講義の義務と機会から解放された。戦争は何時果てるとも知れなかったし、また私自身が何時まで生存し得るか分らなかったが、ともかくもひきつづきこの仕事を或る程度進めたいと思い、アプローチそのものを模索しつつ、法史学のみならず西洋史・西洋経済史・社会学・人類学・哲学ないし法哲学等の文献を読みあさった(4)。その中の多くは私の問題関心ないし焦点には合わないものであったし、そういうものを読んだときには、限りある研究時間を空費したという悔いをのこした。しかし、そのような苦闘のうちに、私の考えが少しずつ具体的に結晶していった。と同時に、その過程で私は常に、そもそも「基礎理論」とは何であるか、あるべきであるか、という問題に当面し、あれこれと迷いながら、或る一つの考え——当時は明確な形で定式化(formulate)できなかったが、しかも何時も追い求めていた或る考え——に回帰してゆくのであった。後になって私はそれを明確な形で定式化することを試みるに至ったのであるが、それは、物理学(特に力学)において明確に確立され、また近くは理論経済学や一部の社会学の理論において確立されてきた「一般理論」(general theory)を近代市民法について構築することができるのではないか、という問題なのであった。しかし、当時の私は理論経済学を知っておらず(私の少年時代以来の友人安井琢磨君は、当時、「敵米英」の経済学を研究する者として非難攻撃されていたが、不勉強の私はその内容を理解していなかった)、また Talcott Parsons の社会学一般理論はまだ現われておらず、私はマックス・ヴェーバーの『経済と社会』の難解さに悩まされつつ一般理論の魅力にとりつかれていたのであった。

(4) このように種々の領域の文献を続みあさったと言うと、大へんにペダンティックないし「大風呂敷」のような印象を与えるであろう。しかし、私がそういうことをする気になったのは、私が助手になって間もない一九三二年の夏に我妻先生の軽井沢の別荘にお邪魔したとき、先生が留学中それらの種々の領域の文献を読みあさって法律学の進むべき途を模索された苦心談をうかがい、またその後、先生が読まれた跡のあるそれらの書物を拝見し、また私が法解釈学に努力を集中しすぎるとの警告を頂いたことに、帰因するのであって、私は先生の御指導にこたえるべく苦労してそれらの種々の文献を読んだのであった。このことについては、別の機会に述べたことがあるので参照されたい(川島『ある法学者の軌跡』一九七八年有斐閣四〇頁以下)。

そのような模索の中で、マルクスの『資本論』の第一巻および『ドイチェ・イデオロギー』の第一部を読んで彼の「政治経済学」("politische Oekonomie")の基礎理論に遭遇したとき、私は次のように考えた。すなわち、それらの著書は、力学において構築されてきたのと同じ性格をもつ「理論」——その後の私の考えによれば、「一般理論」(general theory)——を目指しているのであって、それを構成するためにマルクスが行なったのは、諸々の現象からの抽象という作業によって、「有意義な」——研究者がもっている「問題」を解くことに役立ち得る——最単純の（simplest possible という意味で）理論モデルを探りあてるという手法であり、しかも彼において特徴的であるのは——そうして、おそらく、今日の社会科学においても有用であろうと思われるのは——、資本主義社会そのものからの抽象だけでなく、それ以前の種々の社会や、そうして特に、高度に単純な未開社会（人類学者のいわゆる *simpler* societies）についての、比較史的視点からの抽象によって、最単純理論モデルを探りあてる、という手法であった。私はそれに深くおどろき且つ興味をひかれると同時に、同様の手法で、そうしておそらくはマルクスの最単純理論モデルを手がかりにして、近代市民法（すなわち「民法」、*bürgerliches* Recht, droit *civil*）——条文化された「民法典」ではなく、権利のシステムとしての市民法——、そうして特に近代的私所有権ないしその「制度」についての同様の性格をもつ「理論」（すなわち、一般理論）を構成することができるのではないか、と考えるに至ったのである（マルクスの「理論」についての以上のような考えについては、後になって私はいくつかの機会に述べたので、ここにはこれ以上述べない[5]）。

私がこのような考えに立脚して、「講義案」として印刷されていたものを根本から書き換える作業に着手したのは、太平洋戦争が破局的になって学生の総動員が行なわれ、東大における講義が不可能になってからのことであった。そうして、このようにして書かれた『所有権法の理論』の基礎に在る「理論」への関心および方向は、その後の私の多くの著作、——特に一九七二年以降に発表してきた法社会学および法律学の一般理論に連なっているのである[6][7]。

しかし、『所有権法の理論』においては、そのような方法論そのものについては直接に触れていない。「〔この著書で私が〕意図したところは、『所有権』として法律的に現象してくるところの近代的所有権について、その規範論理的意味〔それは「法律学」の作業対象であるが〕をではなくして、その現実的な社会現象としての構造を分析することである。そうして、そのことは、法律の世界において『所有権』として現象してくるところのものの現実的な諸関係、――終局的には、社会的個人相互の間の諸関係――をあきらかにし、〔そのことをとおして〕法的現象を現実的な社会的個人の間の諸関係に還元することを意味する」(8)(以上の引用文中の傍点は今回私が付けたものであり、また〔　〕の部分は、今回私が補充したものである)。そうして、それは結局、近代の私的所有権が近代市民社会の政治・社会・経済、そうして法にとってもっとも基礎的な意義を有するものであることを、示すことになるのである。

(5)　このことに最初に言及したのは、『思想』五一五号(一九六七年五月号)二一六頁以下所載の「(座談会)『資本論』を語る」であったが(特に二二五頁以下)、後に方法論の問題としてこのことを論じた(「『法』の社会学理論の基礎づけ」川島編『法社会学講座』第四巻一九七二年岩波書店三二七―三二八頁)。

(6)　川島編『法社会学講座』第四巻(前掲)および第五巻(一九七二年岩波書店)に掲載した諸論文、およびそれ以後に発表したいくつかの論文。それらについては、『川島武宜著作集』第一巻および第二巻(一九八二年)に収録したので、それぞれの巻の解題を参照されたい。

(7)　それらの論文は、右『著作集』第三巻(一九八二年)に収録したので、同巻の解題を参照されたい。

(8)　『所有権法の理論』はしがき(初版)四頁、本書二―三頁。

三

言うまでもなく、そのような研究は、所有権を個人と個人との間の社会関係として「理論」を構成する作業であり、一種の法社会学的一般理論の構成にほかならない。そうして、その基礎となっているのは、マックス・ヴェーバーの“Appropriation”の理論であり、(9)私はそのような理論的基礎に立脚して、近代市民法の基礎構造を私的所有権・契約・法的人格の三つの要素＝側面(ここで私が「要素＝側面」ということばを用いていることの意味については、本文を参照されたい)によって成り立つものとして理論構成したのである。

私が近代市民社会の基礎法である民法の構造を右の「三つの要素＝側面」として理論化したことについては、ここにコメントしておきたい若干の点がある。

第一に、私は、右の三つの法的型態が、且つそれのみが、近代法の構造の究極的な要素であり、且つその側面にすぎないものとして理論構成したのであって、従来の民法学がそれら三つの民法上の「原則」――その意味は、「基本的な法ドグマ」と言うにあるであろう――、或いはそれら以外の他の「原則」――たとえば、「過失責任主義」の「原則」等――と言われるものとともに、相互並列的のものとして列挙してきたのとは、論理的に――そうして、その基礎に在る理論において――異っているのである。

第二に、右のような一般理論の構成においては、私は「資本主義社会における富の端初的型態」(“elementare Formen”)は商品である」(マルクス『資本論』の最初のことば)と解することから出発して展開されるマルクスの一般理論および、同じく彼の『ドイチェ・イデオロギー』に述べられている「所有」(Eigentum)の一般理論[10]に、示唆されたものであったことについて若干のコメントをしておきたい。

一部の学者は、近代的私所有権について私が『所有権法の理論』において述べた理論は、マルクスの『資本論』の単なる法的概念への焼きなおしにすぎない、と解しておられるようであるが、私はそのような理解をそのまま受けいれることはできない。マルクスの「商品」の理論は「商品の価値」の理論なのであり――マルクスの「商品の価値」という概念は、西洋諸国やわが国の日常用語や経済用語や一般の経済学用語とは異って、マルクスの「一般理論」のわく組の中でその一部として「構成」された・彼独自の内容をもつ・構成概念であることを、マルクスの理論になじみのない読者のために念のため付言しておく――、法制度ないし権利規範[11]については、「商品の価値」そのものを出発点として一般理論を構成するには至らなかったのである。私にとっては、「社会過程における社会行為主体の間の社会関係」(soziale Beziehungen)[12]としての“appropriieren”ないし“Appropriation”という構成概念に立脚しつつ、その構成概念(「専属利益」或いは「専有利益」[13]、“Appropriation”)を媒介として、専属利益(或いは専有利益)→財産(Eigentum)→所有権→私所有権という具体的な特殊ケースの構成概念を論理的に構成し積み上げることによってはじめて、法＝権利ないしそれらの規範にかかわる現象としての所有制度ないし所有権にかかわる「一般理論」の構成の出発点が明らかになり、その基礎の上に立脚して、マルクスの「商品」の一般理論をその社会過程としての側面(「商品交換」)に焦点をおいて再構成することができたのであった。

もっとも、『所有権法の理論』を執筆した当時の私は、今日の私の理解からすると、M・ヴェーバーの右の理論を正確に理解し得ていたわけではなかったが、私が『所有権法の理論』のはじめの部分に書いたような形で一般理論を敢えて試みる勇気を得たのは、太平洋戦争中に疎開先の神奈川県の与瀬村(現在の相模湖町の一部)で大塚久雄教授からM・ヴェーバーの“Appropriation”の理論の御教示を受けたことによるのであって、ここにあつくその学恩を感謝するしだいである。

(9) Max Weberの“Appropriation”の理論についての私の理解と、法社会学にとっての意味づけと、については、川島「共同体分析のための若干の問題提起——Max Weberの“Appropriation”の概念を中心として——」川島・住谷編『共同体の比較史的考察』一九七三年アジア経済研究所一—二二頁、同「紛争解決と法的制御」『法社会学講座』第五巻一九七二年二七頁以下、同「「権利」および「所有」」『法社会学講座』第九巻一九七三年九—一四頁、同『「法」の科学理論』一九七七年日本放送出版協会五六頁以下等。これらの論稿は何れも、右『著作集』第二巻および第三巻に収録した。

(10) これらを、私がここで言っているような意味での「一般理論」と見ることについては、おそらくマルクス研究者やマルクス主義者によって承認されないところであろうが、私のせまい知見の範囲では、山田勝次郎『マルクス 資本論』(一九三六年岩波書店一九頁)に述べておられるところ——「直接的に与えられた具体的諸材料のさまざまな発展型態を分析しつつ……最も単純な、最も一般的な、最も抽象的な範疇（『資本論』では、あらゆる商品生産社会に共通する原素的な商品型態）を、発き出なければならない。この仕事が終るや……綜合的説明の端初として、この最も単純な、最も抽象的な範疇から出発して、……より複雑な、より具体的なものへと向上しつつ……」――は、ここで述べた私の見解と一致するのではないかと思われる。そうして、私は山田氏のこの本によって多くの示唆を得たのである。

(11) 私は、「権利」の概念を「法」ないし「法規範」の核心的要素として理論構成する試みを、いくつかの論文をとおして模索し、注(9)に引用した『法社会学講座』第五巻および第九巻所収の論文および『「法」の科学理論』のそれぞれの引用個所において一応の結論を提示したが、その後若干の機会にそれをさらに補正して今日に至っている。この点に関する論文はすべて右『著作集』第二巻・第三巻に収録した。

(12) Max Weber, *Wirtschaft und Gesellschaft*, 5. Aufl., erster Halbband, Erster Teil, Kapitel I, §1. II ff.

(13) Max Weber の“Appropriation”の訳語として、はじめ「専属利益」を用いたが、のち「専有利益」をも用いることにして今日に至っている。詳細については、川島「家族法の立法過程における法律家の役割」『現代家族法大系』第一巻一九八〇年有斐閣七頁以下、一五頁注(14)(右『著作集』第三巻収録)を参照されたい。

四

なおこの機会に、私が『所有権法の理論』のはじめの部分において述べた一般理論と、山中康雄教授の『市民社会と民法』(一九四七年)との関係について一言しておきたい。山中教授のこの著書は、奇しくも私の『所有権法の理論』と同じく、近代市民社会と民法との関係に焦点をおく、という点で問題意識を共通にしている。山中教授は右著書の最初の小部分を戦前に発表されたのみで[14]、他の部分は一九四七年の右の著書によってはじめて公表されたものであった。また私の『所有権法の理論』も、戦争中に「講義案」

として印刷に付し、東大内部での学生用の教材として公刊したものであり、戦後に若干の訂正加筆ののち、一九四七年にその原稿を出版社に手交し、当時の出版用紙の窮迫事情により遅延してようやく一九四九年二月に至り出版の運びとなったのであった。そうして、このような事情で私が出版の実現を待望していたときに、山中教授が、前述した意味で私と同じような問題関心のもとに——「私のやうな考へかたのもとに意識的に法を研究せんとする者が一人もないやうに思はれる現状に対して、いたく不満を感ぜざるを得ない[15]」——右の野心的な大著を公刊されたのであるから、私は「〔同じような問題意識〕のもとに意識的に法を研究せんとする者」の一人として直ちにこの本を熟読したのであった。たしかに、『市民社会と民法』との関係というこの本の題名にあらわれている問題意識に関するかぎり、私が予想したとおり私ときわめて近いものであったが、その出発点となっている方法論的基礎および研究対象は私とは大へんに異っていることを発見した。したがってまた、すでに印刷工場に入っていた私の原稿に敢えて加筆して山中教授のこの本に言及することをしなかったのである。当時、教授が私と同様に知的野心ないし冒険心をもっておられたことに深い共感をおぼえ、またその主張されるところも私の『所有権法の理論』の第二章と非常に近似しているのでおどろいたしだいであった。

しかし、教授の『市民社会と民法』と私の『所有権法の理論』との間には重要な相違点があるので、ここにその要点を摘記しておきたい。

『市民社会と民法』は、その表題が示す社会学的・史学的関心ないし基礎に立脚しつつも、その研究の当面の焦点を、法律学上の範疇や概念と、その相互の関係におき、従来の法律学が「法律上の範疇や概念を相互に無媒介的に絶縁し峻別しさ〔去〕るを常とする」ことを不満とし、それらの「範疇や概念の間の相互移行や否定・止揚の弁証法的関聯が存在すること」を明らかにすることを目的としていることは、教授がその「はしがき」や本文で強調しておられるとおりである。[16] それに対し、私は——近代的所有権という特殊の法型態に限定していることを別としても——、法律上の範疇や概念に焦点をおくのでなく、それらの基礎となっている現実の社会的事実の次元での社会学的分析に焦点および重点をおいていたのである。

もっとも、このような相違にもかかわらず、教授は商品交換の客体たる「物」と、その交換を実現する「人」と、その交換を実現すべき「行為」の三つを「市民法的財産法体系における最端初的範疇」として指摘しておられる。私が前に、「奇しくも」私の『所有権法の理論』と時を同じくして教授のこの本が現われたと言ったのは、特にこの点にかかわるのである。

また教授は、その分析において次のように言われる。「法律上のあらゆる範疇や概念は、相互間にそれぞれ、端初的・低次的なるものと、ヨリ高次な発展をとげたものとの関係を、幾重にも展開しつつ、厖大な論理的体系を展開せしめてゐることになる……。それはすなはち、もつとも簡単にしてもつとも抽象的な・もつとも普遍的な・最端初の範疇より出発し、それのヨリ複雑にしてヨリ具体的・特殊的な・ヨリ高次の範疇への発展的移行がなされ、後者よりさらに同様の発展的移行を見る等々、同様の多数の経過のもとに、つひに今日見られるごとき諸範疇や諸概念の厖大な集積の成立をみるにいたつたこと、いひかへればそのやうな意味での弁証法的な論理的体系が財産法において成立してゐること、を意味する。かやうな財産法体系のあますところなき分析綜合こそ、私の一生の研究目標にほかならない。[17]」この点でもまた、教授の基本的な方法論は一種の「一般理論」の構成であるようであり、そのかぎりで『所有権法の理論』における一般理論の追求と共通していると言ってよいであろう。

しかし、私は、重要な点で両者をへだてる深いギャップがあると考えたのであった。というのは、教授の研究の目標は、法律上の範疇および概念であるが、私にとっては、それらは Rechtsdogmatik たる「法律学」の所産であり、或いは制定法の条文における言語的構成物であり(たとえば、教授が最単純な基礎概念として問題にしておられるのは「人」・「物」・「行為」であるが、それらは「民法典」第一章「人」の第一条の三以下、第三章「物」の第八五条、第四章「法律行為」である)、何れにしても市民社会における「争い」conflictを処理するための手段の一つとしての裁判規範の構成部分として「構成」されたものである。それらの範疇や概念が最単純・最抽象的のものから、より複雑・より具体的なものへの論理的関係において構成されているのは、私の考えるところによれば、裁判上の処理をコントロールするための手段とするためであり、それゆえ、それらの範疇や概念が高度に論理的に体系化されていることには、「裁判規範の構成」という特殊な技術的作業に内在する合目的的考慮——政策的考慮と言いかえてもよい——や法技術の sophistication と深く結びついており、したがってそれらの間の論理的関係のすべてを、法律上の範疇や概念に本来的に内在する論理の自己発展としてのみ捉えることには、私は賛成できないのである(18)。私の考えるところでは、「民法」のドグマの体系ないし Dogmatik において諸概念の間のそのような「一般理論」的な論理的関係が成り立ち得たのは、近代市民社会ないし資本主義経済の現実の基本的な社会関係に関するかぎりその基礎があったからであり(そのことが、私の『所有権法の理論』における論点なのであった)、且つそのような基礎の上において西欧大陸の法律学が何世紀にもわたってそれらの範疇や概念を試行錯誤的に構成してきたからであった。したがって私にとっては、制定法上ないし法律学上の——山中教授のいわゆる「法律上の」——諸々の範疇や概念の間の一般理論的な論理的関係は、法律学ないし制定法の努力目標であって、実際に個々の制度や規定における範疇や概念と基礎的な範疇や概念との間にどのような論理的関係がどのように存在するかは、歴史的に文化的に思想的に、また法技術的等々に決定されるのであるが、私が『所有権法の理論』以来目ざしてきた一般理論はそのような論理的関係とは全く性質を異にしているのである。すなわち、私の言う意味での一般理論は、分析の道具としての理論であり、そこではその範疇や概念の間の関係は分析のための合理性のみによって決定され構成されるべきであり、それ以外の考慮——特に政策的考慮——が入りこむことは許されないのである。

少なくとも以上の意味において、山中教授の右の著書は、私の分析とは次元を異にし、方法論的基礎をも異にすると考えるのであるが、教授が当時において、種々の点で私と共通の問題関心をもち、非常に近似した所論を展開されたことに、私は深い共感と敬意をおぼえたしだいであった。

(14) 山中康雄「身分法の構造と性格——とくに財産法体系との関聯を問題にして——」と題して、『法律時報』一五巻(一九四三年)一・三・四・五・八号に連載されたが、未完のままで終っていた。

(15) 山中康雄『市民社会と民法』一九四七年日本評論社、はしがき五頁。

(16) 山中康雄前掲はしがき二—四頁、本文八五頁。

(17) 山中康雄前掲はしがき三—四頁。

(18) 法律上の構成概念や、法ドグマ、ならびに法ドグマの「一般理論」的体系の構造・性格・機能については、私は種々の機会に述べたが、ここでは川島「『法的推論』共同研究のための基礎理論」『ジュリスト』五五四号一九七四年二月一五日号(川島『「科学としての法律学」とその発展』一九八七年岩波書店所収)をあげておく(なお、その他の論稿はすべて右『著作集』第三巻に収録した)。

五

しかし、本書において私が追求したのは、近代的私所有権について単に社会学的な一般理論を構成することだけであったわけではない。前述したように、本書は元来、Rechtsdogmatik たる「法律学」——従来一般にこのことばは「法解釈学」と同義語として用いられているが——の一部としての民法学の「特別講義」の講義案(『物権法の基礎理論講義要綱』)に由来するのであり、民法の Dogmatik に役だつ基礎理論であることは、本書の本来の目標なのであった。

ところが、本書の出版当時すでに、私の研究に対しては、「法律解釈を怠り或いは軽視する異端である」との批判ないし非難が、有力な学者の間に存在していた。私が考えるところによれば、それは、少なくとも私の主観的意図に関するかぎり、いわれのないものであった。当時はまだ、私は法社会学について模索している程度であったのみならず、しいて言うなら、Rechtsdogmatik としての「法律学」ないし「法解釈学」は何をなすべきかについて、むしろあれこれと悩んでいたのであって、「法律学」を軽視したり、いわんや無視する気持は全くなかったのである。そうして本書も、本書のもととなった「物権法の基礎理論」の延長線上で「民法学」のための基礎理論たることを念願して書かれたものであった。そのような学界の状況と私の主観的意図とのゆえに、私は本書の「はしがき」で次のように書いたのである。

「私は本書の重点を近代的所有権の法社会学的な分析においた。……法社会学に対して加えられる非難或いは攻撃は、しばしば、法社会学が法解釈論を無視或いは軽視するということを論拠とするが、少くとも私は、法解釈論を無視し或いは軽視したために所有権の法社会学的分析を企てたのではないことを断っておきたい。法解釈学が有用であることは言うまでもない。……

さらに、法解釈学は有用であるのみならず、一つの経験科学として成立し得ることもまた承認されねばならない。すなわち、裁判所で現実に行われる具体的な法規範、特にその法技術的な観念論的構成を認識し分析し理解することは、教義学 Dogmatik とは別な・一つの科学であり、また真に創造的な法解釈論の・欠くべからざる基礎=出発点である。……(19)」

そこには、当時私がもっていた「法律学」論の基本的なアウトラインが書かれ、それとの関係で、本書の研究が「法律学」に寄与し、そのことによって法解釈論の欠くべからざる基礎＝出発点としたい、とする私の意図――大学の「講義案」であった「講義要綱」に内在し、本書においてもひきつづき存在していた意図――が述べられているのである。それゆえ、本書を理解していただくためには「法律学」や「法解釈論」についての当時の私の考えを説明しておく必要があるであろう。しかし、その詳細に立ち入ることは、この解題に予定されている紙面を超えるので、ここにごく簡単にその要点を述べておくことにしたい。

私は、「法律学」の研究生活に入って以来、いわゆる「法律学」について次のような方法論上の問題を抱いていた。すなわち、当時は、「法律学」即「法解釈学」だという考え方が言わば当然視され、そのことが「問題」として意識されることすらなかったが、果して「法律学」――「法社会学」でない・法律の条文や判例の内容を研究する「法律学」(Rechtswissenschaft)――は「法解釈学」以外には存在し得ないのか、という疑問をもちつづけていたのである。そうして、ようやく戦争末期に本書の問題ととりくんでいたころに、言わば試行錯誤的に一応の考えとして前記のような結論に到達したのであった。

その内容をもう少し具体的に述べると、第一に、法解釈学においては、具体的な係争についての法的処理の結論が、条文のことばの意味からの三段論法的推論の結論として説明されるが、その結論は必ずしも常にそのような形式的推論からのみ出てきているのではなく、しばしば――或いは、多くの場合に――、「法解釈者」の価値観ないしその体系に依る価値判断が介在していることを否定できないし、また法解釈学が示す「条文の意味の確定とそれに基く三段論法」は、そのような「法解釈者」の価値判断の正当性を論証するために言わば「後から」構成されたものである。法解釈学というものについてこのような末弘厳太郎先生の基本的見解に従うなら、それは、有用な技術ではあるが、物理学や化学と同性質の「科学」ではない。しかし、西洋の永い伝統に基いて成立している「法律学」がつくり上げた諸々の概念や法規範命題が、どのような社会的事実に基いて、何を目的にして、つくられたものであるか、またそれらの言語上の意味は何を意味したものであるのか、等の問題は、「客観的に観察できる事実」によって証明することができるものであり、その研究は「科学」の性質を有するはずである。そうして、わが国のように、法律上の概念や規範命題の体系を自らの経験や社会的事実に基いて創造したのでなく、異質的な西洋社会から「輸入」したところでは、まず右のような「科学としての法律学」によって諸々の法律上の概念や規範命題が本来前提していた社会的事実(人々が抱いていた観念・価値・思想等をも含めて)との関係を正しく理解する必要がある。——以上が、「法律学」(私にとっては右の二種の研究を含む広い意味での「法律学」)について私が抱いていた考えであったのである。

以上に略述した「科学としての法律学」および「法解釈学」に関する私の考えは、当時においてはまだ一種の試行錯誤的な未熟な試論であった。しかし、それ以来この問題は常に私の脳裡から離れず、やがて一九五五年の『科学としての法律学』や、一九六一年の「判例研究の方法」『法律時報』三四巻一—二号などを経て、法規範＝裁判規範を一種の「規範情報」と見る一九六四年以降の一連の論文(のち『経験法学の研究』一九六六年に収録)、さらにその延長線上において情報理論・サイバネティックスの基礎の上に「法規範情報を媒介とする法的制御」の理論を試みるに至り(川島編『法社会学講座』第四巻一九七二年)、また「法的構成」に関する一連の論文[20]を経て、法律学と法社会学の両者にわたる綜合的な基礎理論(前掲『法社会学講座』第五巻一九七二年)にたどりつき、さらに「争い」・「権利の争い」の一般理論、ならびにそれを踏まえた上での法律実務の経験をとおして近年にたどりついた「法律学論」(それらは、川島『「科学としての法律学」とその発展』一九八七年岩波書店に収録)に至るまで、私の研究生活において私をなやましてきたのである。そういう意味で、本書の執筆にあたって私が心の中にもちかかえ、そうしてその後模索してきた前述の試論は、ついに私の研究生活を支配する運命的なものになったのであった。

右の最後の点は当時の私にとって特に重要であった。政府が、明治初年から、私所有権制度の導入をはじめとする「近代化」政策をとり、特にわが国の伝統とは異質的な西洋の法典の大規模な直訳的輸入を敢行したにもかかわらず、同時に他面においては、伝統的な生産様式やそれと結びついた村落協同体や種々の非近代的支配関係を強力をもって温存したわが国においては、国家法——特に民法典——はしばしば、紙の上のモノローグであったばかりでなく、本来西洋の民法典が前提していたのとは異質な旧来の社会関係を強力に温存するばかりか、それを強制する機能すら果してきたのである。そういう事実を前にして、私は日本民法における「紙の上の私所有権制度」が、本来どのような社会的事実や思想の上に成立し、それを体現しているものであるのか、そこに規定されている概念や規範命題が本来西洋の法典においてもっていた——日本では現実的基礎を欠くがゆえに、現実の生活においては理解されない——意味は何か、を探究するという任務ないし目的をもつ法律学の有用性ないし必要性を感じていたのである。

このような考えに立脚して、私は本書において、私所有権にかかわる民法典の諸々の概念や規範命題の内容を、西洋の私所有権制度の法社会学的研究に立脚して明らかにする、というしごとにも多くの紙面を割いたのであった。したがって、そのしごとの視野は、民法典の編別の形式における「所有権」(第二編第三章)や、それを含む「物権」(第二編)にとどまらず、「総則」(第一編)中の「人」・「法人」・「物」・「法律行為」・「時効」にも及んでいるのである。

なお、特にこの機会に次のことを記しておきたい。本書の中で、「法人の所有」——特に、会社における構成員(合名会社、合資会社の「社員」、株式会社の株主)と会社との「所有」の関係——について論じたところ(本書初版三三九頁以下、本書三〇〇頁以下)は、戦争中に「営団」という法人型態に関連して論じた論稿(注(20)参照)に立脚するものであるが、鈴木竹雄先生が一九四四年に「共益権の本質」と題する論文の中で、まだ「駆けだし」の助教授であった私のこの論文に支持を与えて下さったことは(『法学協会雑誌』六二巻三号二九一頁以下、特に三二〇頁以下)、私にとってはこの上ない光栄であったのであり、私はそれに勇気づけられて、『所有権法の理論』に右の理論を書いたのであった。私は今、当時を思いだし、先生への感謝の念を新たにしているしだいである(ちなみに、私の著書論文を全く引用しないで、私のこの理論を私の独自の用語とともに、自己の独自の学説のごとく主張する著書や論文があることは、はなはだ遺憾である)。

(19)『所有権法の理論』はしがき(初版)三—五頁、右『著作集』第七巻二—三頁。

(20) 川島「法的コミュニケイションにおける記号的技術」同編『経験法学の研究』一九六六年岩波書店三三頁以下、同「『法的推論』共同研究のための基礎理論」(前掲注(18))、同「時効及び除斥期間に関する一考察」『法学協会雑誌』一一巻一九四〇年五月号、同「営団の性格について」『法律時報』一三巻九号一九四一年五頁以下、同「法的構成としての法人」『鈴木武雄先生古稀記念　現代商法学の課題　下』一九七五年有斐閣一三三九頁以下、同「企業の法人格」我妻栄・鈴木竹雄編『田中先生還暦記念　商法の基本問題』一九五二年有斐閣一八三頁以下、その他数編の論文。それらはすべて右『著作集』第三巻に収録した。

六

おわりに、本書における説述の形式や表現について、一言しておきたい。

(1) 本書を執筆していた戦時中の時期には、今日では想像もできない、言論・思想・学問に対する統制ないし弾圧があったので、本書の中には、今日ではあり得ない表現のゆがみが存在している。その極端な例の一つは「資本制社会」とか「資本制経済」ということばであって、当時は、「資本主義」ということばを使っている者はすべてアカ(共産主義者)とみなされて逮捕される(少なくとも尾行される)、と言われていたのである。

「無条件降伏」の結果、それまでの軍事政権は崩壊し、言論・思想・学問の自由が許されるに至ったが、そのころは本書の後半部分の原稿をとりまとめるのに忙しく、最後に、あちこちに見られた卑屈な奴隷のことばを削ったり訂正したりする作業を行なったが、敗戦直後の時期においては、私はまだそれらのすべてを明確に発見するほど頭の切りかえができていなかったらしく、削除ないし変更すべき多くの語句や文章をのこしているのである。本書出版後一〇年ほど経ったころ、その多くを発見し、自分の心の中にのこっていた奴隷的精神を見せられる思いをし、そのうちに全体を書き改めたいと考えつつ今日に至った。本書を『川島武宜著作集』に採録するに際して、全面的に表現を検討することも考えたが、結局それを断念した。一つには、時間の余裕がなかったことによるが、もう一つは、右のような断り書きを付してそのままの姿で印刷に付することは、前述したような政治的状況が研究者の心理ないし表現に及ぼした影響の歴史的記録としての意味もあろうかと考えたことによるのである。

(2)　前述したように、本書では文献の引用は極度に少ない。それは、次の理由によるのである。

第一に、前述したように、本書は「講義案」をもとにしつつ全面的に且つ根本的に書き改めたものであるが、その執筆は、「学徒総動員」(学生のすべてを軍隊に徴集すること)の結果として大学での講義が全面的に停止されてから始められたのであった。そうして、程なく私は東京から身一つで——書籍等は最小限のものをたずさえて——「疎開」して、電灯のない所に移住し、またその後、東大法学部の図書も長野県伊那の山村に移されるに至ったので、手もとのノートやカードによって或る程度原稿がまとまった段階で引用文献を検討しようとした時点では、それは不可能になっていた。そうして、終戦後に研究室の疎開図書を東京にとりもどして整理し閲覧に供せられるようになったのは、この原稿を書店に渡したのちのことであったのである。

第二に、そういう困難に加えて、私は敗戦後東京で野菜を食べることが極度に困難であった——時には、一日に三回のとぼしい食事をとることができないことも決して稀ではなかった——ので、栄養の不完全のため（当時の医師の推測）、また恐らくは戦時中疎開先でくらいランプの光りのもとで本を読んだり原稿を書いたりしたため、一九四六年一月にはじまり三回にわたって眼底出血をわずらい、他の人に本を読んでもらったり口述筆記させたりすることしかできない期間がつづいた。そういう状態では、本書の原稿に注をつけるしごとを何時始めて何時完成できるか、全く見当もつかない状態であったので、ともかくもこの程度で出版するほかはないという気持になり、かねてから出版の約束をとり交していた岩波書店からの要請に応じてその原稿を渡したのであった。

(3)　本書中には、ところどころに、押え難い不満や憤りとか皮肉などの感情をあらわに洩らす文章が見られる。これは、本書出版後、特に一九五〇年代のおわりごろ以来、私が学術的著作のスタイルについてもつようになった信念——学術的著作は冷静で、もっぱら理性的なスタイルで書かれなければならない、という主義・主張——と矛盾するのである。本来なら、私は、右『著作集』への採録に際して、前述した卑屈な奴隷のことばとともにそれらの感情的表現をもすべて抹殺すべきであった。しかし、私は、多少の迷いののちに、それをしないで、前のままの姿で再び印刷に付することにした。それらの表現は私の心の古傷を示すものであるが、同時に、そのような文章を書いたころの政治的社会的状況は私にとっては終生忘れ得ぬ苦難にみちたものであり、そのような古傷を今日の——そうして今後の——研究者に伝えたいという気持を棄てきれないからである。今後再びあのような時代が来ないことを、私は痛切にこいねがっているのである。

(4)　本書の文章のスタイルは、今日から見ると古めかしい。原稿を出版社に渡す直前に、難解な漢字を或る程度改める努力をしたり、また文語体のかたい表現を口語体の柔い表現に直す作業も行なったつもりであるが、今日になってみると古めかしい表現という感じを免れない。それらを改めることは、時間さえかければ困難ではないが、私としては理論的ないし論理的に不適切な表現を改めることに時間を費やすことにして、右のようなスタイルの古めかしさには目をつぶることにした。読者の御ゆるしを請うしだいである。

七 「所有権の現実性」について

なお、本書には収載しなかったが、私は「物権法の基礎理論」の一部として、近代市民法ないし「民法」における「所有権と占有権との関係」を研究し、その結果を「所有権の観念性――所有と占有――」と題する論稿にまとめて、一九四二年から一九四四年にわたり『法学協会雑誌』(六〇巻一〇号、六一巻一・八号、六二巻六号)に発表したのち、表題を「所有権の『現実性』――『観念的』所有権との対比において――」と改めて『近代社会と法』(一九五九年岩波書店一七一頁以下)に、さらに同一表題で右『著作集』第七巻(一九八一年)に、収録した。

民法典――そうしてその母法たるフランス民法典やドイツ民法典――においては、占有権は所有権その他の物権とは全く異質的な権利である。物権法の中に編成されている「物権」のうち、占有権以外の他の権利はすべて、明確に「所有権」と一定の関係をもっている。すなわち、所有権以外のそれらの権利(いわゆる用益物権・担保物権)は、すべて所有権から派生したものであり、所有権との関係は全体と部分の関係にほかならない。しかるに、占有権は、権利としての性質においてのみならず、同一の権利客体に対しても、所有権やその他の物権と相互に独立して並存しているのである。しかも、およそ「権利」というものは、その法律上の根拠――「権原」――が存在することを当然の前提としているのであるが、「占有権」という権利は不法な占有に基いても成立する――たとえば、盗人でさえ、盗物に対する占有権を有するものとして保護される――のであるのみならず、そもそも「占有権」というものが果して「権利」であるのか、それとも「事実」であるのかということがヨーロッパ大陸法において議論されてきているのであり、そうして、このことに対応して、いわゆる占有訴権についての法律学の説明には、他の種々の「物権」に比べ何となく明快でないものがあり、且つ実際上も占有権に基く訴——すなわち占有訴権の事件——は非常に少ないのである。

ところで、このような所有権——ないし所有権から派生する物権——と占有権との関係に関する従来の法律学の説明は、一つの「解説」としては理解できるものの、何故そのような関係に在る占有権を承認しなければならないのかという私の疑問は解消されなかったので、所有権と占有権との関係について私なりに納得できる説明はないものかと考えたのであった。

実のところ、いわゆる「占有理論」は一九世紀のドイツ法学界における最大論争点の一つであって、今さら所有と占有との関係をもう一度問うがごときは、全く時代おくれの問題意識ではないか、と自問自答もしたのであった。しかし、それにもかかわらず私が右の疑問に目をつぶって通りすぎることができなかったのは、後になって考えてみると次のようなことに帰着するようである。

というのは、民法典に書かれているような近代市民法的所有権は、明治以来の広汎な国民の実生活の場面における社会的事実とは異質なものであり(ただし、第二次大戦後の農地改革以後は別であるが、私がこの研究に着手したのは戦前のことである)、そのような所有権制度が輸入されて法律の条文の上で規定されても、われわれ——少なくとも私——は実感をもって受けとり理解することができなかったのである。それゆえ、私は前述したような私自身にとっての問題意識、すなわち一九四〇年代までの日本における現実の——法律の条文の上での、ではなく——所有制度ないしその意識との対比において西欧近代市民法上の所有制度の特質を理解したいという問題意識から、自分なりに“gewere”を理解してみたいと考えたのである。

しかし、ドイツの法史学者の著述において常に見られる「gewere は『権利の衣』である」という説明——これは、日本のすべての学者によっても、“gewere”について与えられる説明であるが——は、その具体的な法現象の説明ないし理解なしには単なる抽象的な比喩でしかなく、当時それらについての理解をもたなかった私にとっては、“gewere”というものを理論的に理解する手がかりとはならなかったのである。私は、ドイツ法の文献——中でも特に Eugen Huber, Die Bedeutung der Gewere im deutschen Sachenrecht, in *Festschrift im Namen und Auftrag der Universität Bern*, 1894 をとおして“gewere”の種々の具体的な法律関係を理解することによって、「権利の衣」という比喩の含意を知ることができたのであった。また、近代私法における「占有権」とは対蹠的のものであるところの“gewere”については、従来もわが国の学者の研究がないわけではなかったが、それらは、近代的所有権の観念性(と私が呼ぶところのもの)との対比に焦点をおくものではなく、またわが国の幕藩体制以来の遺制に焦点をおくものではなく、言わば外国の法史学上の問題として“gewere”を説明することに重点をおくものであったように、私には思われた。

ともかくも、このようにして私は、所有権と占有権との関係の前史としての・それと対蹠的の・“gewere”の研究に踏みこんだのであったが、この研究は、次の二つの側面でその後の私の研究につながることになった。

言うまでもなくその一つは、『所有権法の理論』の中の「所有権の観念性」に関する私の理論である。“gewere”の現実性と私が呼ぶところのものは、当然自明のものとして説明され、したがってまた見過されてきた——少なくとも私の目には見えないものであった——「所有権の観念性」というものを、可視的のものにする分光器の役割を、私にとって果したのであった。そうしてさらに、私はこれに立脚して、民法における物権変動の観念性、および、その公示ないし対効力をも統一的に理解する理論を構成することができたのであった。

もう一つは、この「現実的所有権ないし物権」とも呼ばれるべき gewere の理論によって、私はわが国に広汎に存在してきた幕藩体制からの遺制たる現実の所有制度ないし物利用制度(たとえば、特に入会権)——国家法たる民法とは次元を異にする慣習法(習俗の次元に存在する権利秩序)における制度——の特質(すなわち、所有権の「現実性」)を理論的に理解する手がかりをも得ることができ、また、それに関する法理論の構成という法律学的(juristisch)なしごとを試みることができたのである(それらに関する著作は右『著作集』第八巻・第九巻に収録した)。

念のため付言するが、右のように言うことは、幕藩体制以来の習俗次元の所有ないし物支配がゲルマン法のゲヴェーレと同一である、との断定を含むものではない。というのは、従来ドイツの法史学において論ぜられているのは、「争い」(conflict)を前提としその争いにおいて議論("dispute")され且つ裁判の「理由づけ」とされる「法的根拠」に関するものであるが、右に述べた私の問題意識は、「争い」として現象する以前の段階としての習俗の次元での所有ないし物支配——すなわち、Max Weber のいわゆる "Appropriation"(「専有利益」)の一特殊型態——に関するものであるからである。さらに、これまた言うまでもないことながら、私が右のように言うことは、日本の法制史学において論ぜられているところがゲルマン法のゲヴェーレと同一である、などというような断定を含むものではない。というのは、明治初年の裁判所の判決について法制史学者が論じているところもまた、「争い」とそれから生起した「議論の争い」に対する裁判の「法的根拠」に関するものであるが、幕藩体制下の日本社会と「ゲルマン法」の前提たる社会とがどのように或いはどの程度に異りまた相似ないし共通しているかについては、私には何らの発言の能力も権利もないからである。[21]

(21)　以上に私が述べた「争い」・"dispute"(争論)・「法的根拠」・「専有利益」等の概念——それらは私が構成した概念であるが——については、右『著作集』第三巻所収の諸論文を参照されたい。

■岩波オンデマンドブックス■

新版 所有権法の理論

1987年 8月28日　第1刷発行
2009年11月17日　第4刷発行
2015年12月10日　オンデマンド版発行

著　者　川島武宜《かわしまたけよし》

発行者　岡本　厚

発行所　株式会社　岩波書店
〒101-8002 東京都千代田区一ツ橋2-5-5
電話案内 03-5210-4000
http://www.iwanami.co.jp/

印刷／製本・法令印刷

ISBN 978-4-00-730326-5　　Printed in Japan